政法高职学生职业素养培育研究

张 静 著

中国财富出版社

图书在版编目（CIP）数据

政法高职学生职业素养培育研究／张静著 . —北京：中国财富出版社，2018.6

ISBN 978－7－5047－6711－0

Ⅰ. ①政… Ⅱ. ①张… Ⅲ. ①政法工作—职业道德—教学研究—高等职业教育 Ⅳ. ①D926.17

中国版本图书馆 CIP 数据核字（2018）第 133540 号

策划编辑	谷秀莉		**责任编辑**	谷秀莉		
责任印制	梁 凡 郭紫楠		**责任校对**	孙丽丽	**责任发行**	王新业

出版发行	中国财富出版社	
社 址	北京市丰台区南四环西路 188 号 5 区20 楼	**邮政编码** 100070
电 话	010－52227588 转 2048/2028（发行部）	010－52227588 转 321（总编室）
	010－52227588 转 100（读者服务部）	010－52227588 转 305（质检部）
网 址	http://www.cfpress.com.cn	
经 销	新华书店	
印 刷	北京九州迅驰传媒文化有限公司	
书 号	ISBN 978－7－5047－6711－0/D·0149	
开 本	710mm×1000mm 1/16	**版 次** 2018 年 6 月第 1 版
印 张	13.75	**印 次** 2018 年 6 月第 1 次印刷
字 数	232 千字	**定 价** 42.00 元

前　言

　　职业素养是一个很新的概念，一般指从业个体内部稳定的对职业活动起关键作用的品质和能力。国外针对职业素养的专门研究很少，其中，得到广泛认可的有德国的双元制职业教育体系、英国BTEC①教学模式、加拿大和美国的CBE（Competency - Based Education）模式。伴随着职业教育的空前发展，我国对职业素养的研究刚刚起步，一些学者对职业素养的内涵、必要性、意义以及培养的途径等作了一定的研究。

　　一般来说，职业素养包括职业理想、职业技能、职业道德、职业尊严、职业生涯规划、就业与创新能力六个方面。如果说职业技能是明显的专业技能，是显性素养，职业道德、职业思想（意识）、职业行为习惯则具有广泛的普遍性，是隐性素养。显性素养和隐性素养，共同构成了一个人所具备的全部素养。

　　职业素养从构成上看，具体体现在学习能力、沟通能力、组织协调能力、意志品质、进取心和求知欲、职业道德、责任意识、团队意识等方面。这些正是高职教育所要重点关注的，因为它恰恰体现了高等职业教育"职业性"的内涵。目前，从政法高职学生就业情况分析来看，有相当一部分毕业生不能胜任岗位需要，职业生涯不能顺利进行，这些问题可能与政法高职学生的学习环境、当前教育体制及学生自身特点有关，政法类高职学生除了要具备扎实的专业知识以外，以往容易被忽视的职业素养，也尤为重要。

　　本书从职业素养的界定及特点出发，论述了职业素养在高职教育中的重

───────────────

　　①　BTEC是英国"商业与技术教育委员会"的英文简称，该委员会主要进行相关行业的职业教育培训并形成了具有自身特色的教育模式，在国内被称为"BTEC"教学模式。

要性，以高职政法类学生人才培养目标为导向，以政法类高职学生的专业人才培养目标和人才培养定位为基点，在对政法类高职学生岗位素质构成进行深入分析的基础上，借鉴人力资源可持续发展理论、强化理论、人本主义理论、建构主义理论、需求层次理论等理论，对学生自我管理素养、人际交往素养、敬业与忠诚素养、学习与创新能力素养四种政法高职学生必须具备的基本职业素养的培育特点以及培养途径进行了详细阐述，并对影响政法高职学生的择业因素进行了分析，在总结政法高职学生择业方法和途径的基础上，提出了提升政法高职学生就业的途径。

本书研究的创新之处在于研究领域新，很少有研究者对政法高职学生的职业素养进行专项研究，研究结论对政法高职学生职业素养理论体系的完善起到补充作用。对政法高职学生职业素养，本研究采用了访谈等方法进行实证研究，填补了政法高职学生职业素养实证研究的空白。

此外，本研究在进行中也遇到了一些困难，存在一定不足之处，望专家、学者提出宝贵意见。

作　者
2018 年 3 月

目录 Contents

绪　论

一、研究背景

目前，我国的大学教育还不能满足所有学生的就学需求，以至于每年仍有很大一部分高中毕业生没有机会进入大学就读，接受高等职业教育，让学生为以后的就业做好准备。在经济全球化的大背景下，一个国家产业国际竞争力的强弱，关键就在于它所能获得的利益多少，而获益的多少是由不同的国家产业结构所决定的。20世纪80年代初，我国就进入了通过调整产业结构来助推经济发展的阶段。在全球经济化的发展进程中，我国要想优化产业结构，还要加大力度、拓宽范围、提高层次。"十三五"规划纲要也强调了农业的基础地位，只有大力发展新兴产业，促进服务业发展，提高制造业核心竞争力，才能推动我国第一、第二、第三产业共同发展。

因此，在社会主义市场经济条件下，社会对高素养、高技术就业岗位的需求持续增加，而随着科技进步和生产方式的转变，大量用工、靠体力吃饭的时代正在远去，学生毕业后就业竞争激烈，就业难成为当前突出的问题。社会的进步和快速发展，必定促使人才需求多元化，现在的社会要求就业人员具有相应的技能，并且要求从业人员同时拥有现代职业意识和创新意识，有较强的职业学习能力。现代社会往往更加欢迎技术含量高、综合素养强的人才，因此，如果学生能够在高职教育阶段培养形成良好的职业思想和道德，以及一定的职业行为和习惯，无疑在进入社会后会更受欢迎。当然，这些都不是靠传统的数理化教学就能实现的，也不是仅靠就业前的快速职业培训就可以培养出的，而只有在高职阶段对学生进行职业素养教育，才能使学生更有可能成为企业所需要的高素质人才。为了适应当今社会对于人才的需求及渴望，我国2010年颁布的《国家中长期教育改革和发展规划纲要（2010—2020年）》强调：要增强职业教育的发展，增强我国专业技术人员的培养，在这十年不断形成及培养经济大发展所需要的专业型院校及人才。

经过多年的发展，我国高等职业教育体系已经具备了一定的规模，现已拥有成熟的专业性强、形式多样、教学新颖、紧跟时代需求步伐的专业型高等职业教育框架，在框架结构的指导下，我国的职业教育已拥有非常成熟的体系。我国教育部网站发布的《全国职业教育工作专项督导报告》显示，我国现阶段高等职业教育在校生已经突破1000万人，创造了历史新高，在全部高等教育体系中占了42%的比例。不仅在校生明显增加，配套的高职类教育院校也显著增多，2016年我国高职类院校有1430所，同比增加6.0%。招生人数在所有高中以后的院校中占比达到47.0%，年度招生达到了338万人左右。

对学生提前进行职业素养培育是有一定的必要性的，因为职业素养培育其实就是帮助学生对以后的职业生涯规划进行自我认知，通过一定的课堂教育和实践学习，让学生能够提前在教育阶段就认识到自身的优势和兴趣爱好，可以对自己的综合能力和以后的发展方向进行全面定位，也可以培养学生的自我潜能，帮助他们提高以后的社会竞争力，进行个性的养成，避免以后在进行职业选择时出现盲目就业现象。现代企业人力资源管理的主要内容是职业生涯管理，而职业素养培育又属于职业生涯管理的一部分。本书所研究的就是校企合作实施职业生涯管理，这样可以合理配置企业资源，使员工更好地发挥自己的才干；同时，也能调动学生的积极性，让他们更尽心地投入工作，更好地实现企业的组织目标。马斯洛的人类需求层次理论指出，人的需求是有层次的，职业素养培育的目的就是更好地提前为企业开展人力资源管理，使员工各个层次的需要得到满足，尤其是不断实现他们高层次的需求，制订合理的职业生涯规划，实现他们的职业生涯目标。高职院校学生职业发展能力随着企业的不断改革与发展，对企业生产和管理方面的影响越来越大，只有员工的职业能力和水平得到提高，才能使企业降低成本，快速向前发展，从而企业才能高效、有序运行。由此，招聘高素养人才就成了企业人力资源管理的目标和行为之一。

二、研究目的

本书的研究目的是探讨在当前高职教育阶段，高职院校应该如何更好地开展政法高职学生的职业素养培育，如何更好地培养政法高职学生的自身职业意识，指导政法高职学生进行职业规划，也为学生以后踏入社会和就业做好准备。研究以建构主义、人本主义和需求层次论等理论为基础，同时借鉴了其他国家的职业素养培育方法和体系，提出了政法高职院校更好地培育学生的职业意识、职业技能、职业道德习惯以及职业行为习惯的具体方法，本研究成果在今后的高职教育与企业的人力资源管理中具有指导意义，也可为其他学者的相关研究提供一定的借鉴。

三、研究意义

本研究具有两方面意义：

（一）理论指导意义

从理论角度来看，目前我国国内学者对高职教育阶段的学生职业素养培育和技能培训的研究较少，特别是很少有系统性地阐述政法高职学生职业素养培育的研究，同时，对于培养方式、培养内容和培养体系等方面的研究，成果也较少，所以本研究在政法高职学生职业教育和职业技能内涵研究的基础上，通过分析现有教育问题，提出了基于建构主义、人本主义和需求层次理论的职业素养培育内容框架，对其实现路径和方式进行了归纳总结，为以后更好地开展政法高职学生高职教育阶段的职业素养培育提供了一定的参考，研究具有非常大的理论指导意义。

（二）实践研究意义

本研究通过对我国现有高职教育阶段政法高职学生职业素养培育的情况进行梳理，指出，现有高职教育阶段，一些学校与企业合作，共同展开对政法高职学生的职业素养培育的行为，对提高企业培训效果和人力资源管理都有一定的实践意义。

四、职业素养相关研究

随着职业教育的发展，国内外专家、学者对职业素养的概念内涵及培育展开了深入研究。笔者希望通过梳理国内外对高职学生职业素养研究的概况，探索政法高职学生职业素养培育的理论基础和策略。

（一）国外高职学生职业素养培育相关研究

笔者在查阅关于国外职业教育的文献时发现，国外专门针对职业素养培育的研究非常少，他们将这种存在于职业知识与技能之外的、非职业知识和技能范畴的，并且对终身发展的各方面起关键作用的能力，称为关键能力、职业能力或者职业素质。其中，关键能力、职业能力的概念起源于 20 世纪 70 年代的德国和美国。德国学者首先提出"关键能力"的概念，认为关键能力就是在职业生涯中起关键作用的综合能力，是具体的专业能力以外的能力，是方法能力、社会能力和个人能力的进一步发展，且对职业生涯、社会存在和个性发展等起关键性的作用。美国学者则认为职业能力是与纯粹的专业知识和技能无直接联系，非职业知识和技能范畴的能力。除了在概念表述上与国内有所不同以外，国外的学者很少将这项起关键性作用的能力单独作为一个研究课题，而是将其融入职业教育的模式，体现在素质培养效果里。

1. 国外职业素养培育相关研究

某科学机构对职业素养有过这样的定义：素养就是人类行为活动的一个约定俗成的东西，是一个人的基本诉求，是一个人在学习、生活中个人人格魅力的展现。职业素养，又被统称为职商（Career Quotient，CQ）。换而言之，素养是人在工作或学习、生活中所必须具备的素质基础，主要包括家庭和学校两大教育类别。在发达国家，部分学者还曾经对特殊能力做过定义：作为一个社会人，要在社会实践中实现自我价值、提高个人能力，除了要有基本的素养外，还要有别人不可及的特殊能力，如知识、交际、技能、外语甚至一些特别的沟通能力，并要在一生中不断学习，通过不断学习来进一步提高个人能力，超越别人，从而获得成功。据一些成功人士讲，职场中要想获得成功，需要有基本的立足技能，这些可以概括为以下几个部分：听说读写能力；思维能力；个人人格；交际能力；组织能力等。各国国情不一样，人们的素质教育也不一样，因此，对素养没有固定的说法，但有些相同的基本技能：语言、教育、运筹和应用能力，包括对网络的了解、交流能力、学习能力、创新意识、严谨负责的态度等。当然，这些都离不开教育，即所谓的国民素质教育。

在 1940 年前后，一些欧洲国家就已经开始研究关于高等学校学生的职业素养培育方面的问题了。20 世纪 40 年代以后，在研究飞行员工作中的绩效问题时，美国人约翰·弗莱纳根（John Flanagan）提出了关于工作分析的主要任务，工作分析是对工作行为中所需要的职业素养的一种阐述，因此，他打开了一个关于人力资源管理中对于素质问题研究的新领域。《美国职业教育印象与思考》一书中提到，国外的职业教育是把"以人为本"当作教育的准则，比如，美国就是通过改变教育的学年制，在职业教育与高等大学教育之间建起沟通机制的，这种做法不但能激起学生的学习热情，而且对学生的思想有很大的促进作用，能使学生保持一种良好的学习心态；而美国同样对于学生职业中的动手能力特别看重，常常政策性地鼓励学生多参加实践，在实践中学习，不断思考，努力提高自身的综合动手能力，同时在实践中磨炼自己，使自己的思想和心态在实践中越发成熟。《韩国职业教育思考》一书中提到：学生在接受高等教育的同时，还应不断加强他们的爱国精神和民族精神的教育，同时应该培养多元化的民族文化，加强学生的思想教育，让学生树立正确的人生观和价值观，除此之外，对于一些必备技能和道德品质，也应该特别培养，要让学生明白忠诚对于一个人的重要性，此外，积极向上的民族自豪感和民族精神也非常重要。《德国职业教育综述》一书中提到：在德国，全社会都在营造重视职业教育的学习氛围，20 世纪末，德国把职业教育正式纳入法律，并确立了它在法律中的地位，且对于职业教育的价值给出了明确的界定，他们认为，职业教育的学位和高等专科的学位是对等的。对于选择职业教育的学生，应帮助他们树立积极、正确的学习心理和职业心理；同时，加强学生的自立能力，使其不断完善自我，不断发掘自身的创造力和独当一面的能力，在解决问题的过程中提高自信心，面对问题时能更加冷静和成熟。《日本高等职业教育的课程结构及启示》一书中说到：在日本，职业学院特别重视学生的思想品德和个人能力的全面发展，不断发挥人文教育在学生的人格培养中的积极作用，在职业院校中增设了一些人文课程，如人文、艺术、舞蹈、音乐、经济等，人文教育和科学教育互相平衡，使学生能够多角度、全方面地思考问题，从而提高学生的综合能力和素质能力。

2. 国外高职学生职业素养培育体系相关研究

（1）德国的双元制职业教育体系

德国的职业教育形式得到了广泛认可，其中，"双元制"是德国高职教育最核心、最具特色的内容，也是德国职业教育成功的关键。"双元制"职业教育模式实际上就是校企合作、工读交替、教育与生产实践相结合的办学模式。"双元制"的特色主要体现在以下几个方面：一是校企合作实施教育；二是工读交替，受教育者既是学生又是学徒；三是受双重法律的约束；四是专业理论课与实训操作课相结合；五是作业与产品的双重考核形式。在此模式下，学生有足够充分的时间进行企业见习实习，在实践的过程中就能完成关键能力即职业素养的培育。

（2）英国 BTEC 教学模式

英国 BTEC 教学模式产生于 20 世纪 70 年代，是一种国际上较有影响力的职业教育证书课程。这种模式的特点：一是教学的核心是学生的发展；二是旨在构建学生的跨学科、跨领域综合知识体系；三是以多种多样的教学形式调动学生学习的积极主动性，丰富学生学习的情感体验；四是以培养学生的综合能力为目标；五是注重考核学生解决实际问题的能力。以上指标都是 BTEC 教学评价的依据。

（3）加拿大、美国的 CBE 模式

CBE 模式在加拿大、美国等发达国家运用得较为广泛，是一种以能力为基础的教育模式。CBE 教育模式的目标就是要培养受教育者从事某种职业所必须具备的职业能力，这种能力包括知识、技能、态度和评价四个方面。在课程的设计过程中，首先会聘请一些业内的精英人士组成专家委员会，分析解读岗位的性质及需要，从而确定从事这一职业所需具备的能力，然后组织相关教学人员根据教育教学规律制定培养该行业所需求的能力的课程标准，再依此施教。CBE 课程的最大优点就是根据市场导向及企业需求设计课程，从而避免了教育与实践相脱离的现象。

比较分析国外的高职人才培养模式不难发现，它们都具有一些鲜明的共性特点：首先，均以终身教育为目标；其次，以关键能力或职业能力培养为本位；最后，适应市场需求，与企业接轨。

（二）国内高职学生职业素养的相关研究

随着学术界和职业界对职业教育研究的不断深入，国内对高职学生职业素养培育的理论研究已经取得了一定的进展。研究的主要内容：高职学生职业素养培育的内涵、必要性、意义、职业素养的现状以及职业素养培育的途径等。

1. 研究职业素养的内涵

黎光明（2011）从职业素养应该包含什么样的内容开始研究，提出职业技能并不是职业素养的一部分这样的观点，他指出，职业素养包含的是从业人员在工作中的精神品质，这样的精神品质不是先天就有的，而是后天在工作中培养出来的，并且针对不同职业的工作人员进行研究，发现他们在职业素养上的要求大致相同，并由此大致阐述了职业素养的内在特点。徐亚琼（2012）认为，职业素养包括职业道德素养、敬业意识、吃苦耐劳精神、团队合作态度等，是一个多层次的立体式概念。陈鑫（2013）在结合前人研究的基础上提出了全新的观点：职业素质除了包含职业能力、职业认知或者职业道德抑或职业活动习性之外，更需要的是职业竞争以及在职业竞争中与其他人的合作，在合作中实现不同职业的从业人员互相交流自己在创业、贡献中的所得。通俗地说，职业道德就是在工作中能够时刻遵守职业准则，尽到自己的职业义务和责任；职业行为习惯表现为在岗位的工作中不断地进行职业技能的学习，虚心向他人请教，做事严谨认真，有较强的集体荣誉感以及合作的能力，服从上级的指挥等方面的素质。陆刚兰（2014）将职业素养扩展到了教育行业，她的观点：在高职院校的教学过程中，应该明确高职院校的教育目的，即培养高素质的技能型人才。在培养这样人才的过程中，需要时刻着重对两个方面进行培养：一方面是培养学生之后要从事的行业所需要的专门化的素养，主要包括专业的技能、就业所需要的能力等；另一方面是非专门的素养，非专门的素养是指一个合格的高职院校毕业生除了自己的专门知识外，还应该具备的职业道德、政治素养、合作意识、优秀的心理素质等。

裴燕南（2015）指出，职业素养包括两个方面的素质：一是在职业中需要有专门的职业技能、良好的职业习惯、正确的职业方向；二是在工作过程中要自学先进的理论知识，要有勇于实践的精神并要积极适应社会提出的各种要求。

2. 职业素养培育的必要性和意义

教育是入口，就业是出口，有学者认为，高职教育就是针对市场设专业，针对企业定课程，针对岗位培养人，使学生成为符合就业要求的劳动者，并且在此基础上充分考虑学生的就业工作，努力提高学生的就业率。还有学者认为，我国目前的高职教育没有将学生职业道德塑造和职业素质教育放在与专业技能教育同样重要的位置，导致学生显性职业技能强、隐性职业素养低。因此，职业素养培育对于职业教育事业发展及国家经济社会进步来说，具有重大意义。

3. 职业素养培育存在的主要问题

有学者通过观察和研究学生的职业表现，发现高职学生的职业技能普遍掌握不错，但隐性的职业素养则不太令人满意，主要表现为吃苦耐劳、诚信、责任心、团队协作等方面的不足，反映在课程教育上，具体的问题有教师重理论轻实践，教学内容脱离社会及企业的需求；教师对企业职业素养的要求认识不清，导致在教学活动中对职业素养的培育只能泛泛而谈，内容空洞，毫无说服力，达不到培育学生职业素养的要求。职业素养培育的问题不仅存在于教育者身上，有学者认为，高职学生生源多样、复杂，学生在思想上自我意识强但自我控制力差，在行为上主动积极性不高，决心大而行动小等特点也是影响其职业素养提高的重要因素。

4. 职业素养培育的方法与策略

针对职业素养培育的策略，有学者从企业用人需求出发，提出了"立足企业需求，校园课堂与职场课堂相融合"的培训策略，强调培训内容要系统、全面、实用，包括认识自我、认识企业、认识职业世界和人职匹配四个方面。也有从学校的教学改革出发，提出转变教育者的教育理念，提高对学生职业素养培育的认知，制订切实可行的培育方案，加强对学生会团委工作的指导，从活动中培育、发展学生的职业素养观点的，他们认为开展专门的职业素养教育课程是培养学生职业素养的基础，要在各门基础课和专业课的教学中引入职业素养教育的内容，并且要明确其具体要求。有学者从职业素养评价体系出发，强调应从职业意识、职业知识和职业能力三方面建立学生职业素养评价体系，应注重实施过程和结果评价，完善反馈机制。这些为客观、公正地评定职业素养，提供了量化依据。

王希旗（2013）认为，学校在培养职业素养较高的学生的政策上，需要注意的是，要积极改进和突破学科体系，不断丰富教学内容，不再拘泥于枯燥的课本知识，在考核学生的时候应该从多方面进行，不要仅仅通过考试来对学生的学习成果进行评判，而是要融合社会实际的需要来调整评判标准，并通过评判标准的调整，不断让学生注意在学习中培养自己的职业技能和职业素质。梁慧超（2014）提出的观点和上述观点有着相似之处：各个学校应该开放、包容，多将自己本院校的专业和社会上的需要结合起来，将社会上需要的职业素养同教学的内容相结合，培养新型人才，不断改良课程标准，将课程教育与职业素养培育的结合作为新的课程标准，并用这种新的标准来指导实际教学活动。潘愈元（2014）认为，高职教育时间较短，在较短的时间内对学生进行相关的职业技能培训，本来就是一件很紧张的事情，不能再在课程时间内对学生进行专门的职业素质教育，而应该在职业技能的学习过程中加入职业素质的培育。高中和（2014）通过学习和在教学活动中进行探索，将自己的经验出版总结为《现代企业文化与职业道德》，为高职院校的教学课改提供了思路。李永萍（2015）通过探索提出，要想让高职院校的学生更加顺利地就业，就应该将院校对口的企业文化提前纳入学习课程。蒋著（2015）的意见是，要培养素质较高的学生，首要的是具备素质较高的老师，只有不断地培养教师的职业素养和专业技能，才能在对学生职业素养的培育中起到示范的作用。应文豹与王秋梅（2015）从教师自身方面着手研究，提出教师应该提升自己的形象，通过教师自己的影响，提高高职院校学生的职业素质。王希旗（2016）针对如何提升高职院校教师水平的问题，提出了以下观点：邀请企业的管理人员以及技术专家，针对企业现在所需要的技术人才以及需要什么样的人才召开座谈会，让教师和广大学生可以直面企业，提升自己的职业素质。蒋著（2016）指出，学生要想提升自身的职业素养，就需要多接触社会，通过实践、企业实习、义务劳动，全方位地提升自己的职业素养。张广贤（2016）根据现阶段高职院校的课程设置，提出了应该增加更多教学课程的建议，如加设美术、绘图软件、摄影等选修科目，让学生的课程更加丰富，总体上创造出更浓厚的人文气氛。李永萍（2016）提出了将高职院校学生的培养和企业文化紧密相连的培养模式，以不断提升学生的职业素质。因此，为了能够培养出一大批高素质的人才，高职院校就应该不断加强与单位的沟通合作，针对企业需要什么样的人才对高职院校的学生进行培训，让学生都能够通过培训具备先进的技术和较高的职业素养，使其毕业之后能够直接进入企业工作，从而实现高就业率。

5. 有关职业素养培育的其他方面的研究

寿祖平（2012）对职业技能的形成和训练进行了研究，他的研究主要是讨论了现阶段我国大多数职业技能的形成和训练方法之间的关系，其研究从实际工作经验、技能训练、技能形成的过程三个方面入手。郭燕（2011）则从武汉某中学的电工技能训练着手，提出了在高职教育阶段开展学生技能训练的必要性和可实施性。张海英（2014）在其研究中提出了提高职业教育的地位以及创新现有职业教育管理模式的方法，该学者认为，学校的职业教育应该构建一个真正适合学生职业技能提升的训练平台，应该加快调整我国各学校现有各种操作技能训练课程的设置。唐锡海（2014）也针对职业技能训练环境谈了自己的想法，认为要对职业教育实验内容进行改革，增加其工艺性和综合性，只有提高职业教育的实践教学质量，才能真正培养好学生的实践技能，并且才能更好地提升各个学校学生的市场竞争力，也只有这样才能更好地创造一个良好的职业技术教育环境。党继农（2012）在其研究中提出，应该把职业素养教育纳入我国各类学校的教学计划，并应该在教学大纲中体现理论课程和实训课程的结合，只有这样，教师的教学过程才能更充分地融入学生的职业素养教育。樊清华（2013）则认为，我国现有的职业素养教育的理论课程设置还有一定的不足之处，必须进行创新改革，特别是需要打破原有的以学科为主体的教学体系，应将其进一步转变成以职业能力为基本核心的教学体系，而对职业素养的培育，应该是课程的重点教学内容。而另外一位学者贺芳（2013），则进一步探讨了如何在我国现有的各类高等职业素养教育体系中更好地融入各行业优秀的企业文化。该学者认为，要想提升学生的职业素养，一定要工学结合、校企合作。

艾文娟（2013）指出，用人单位随着市场竞争的日益激烈对服务质量的要求越来越高，特别是多元文化、价值观共存的现状，使得现代从业人员更应具备一种崇高的、不息的内在动力来支撑他的成长和发展。学生职业技能的培养固然重要，但是提升学生以职业精神、职业道德和职业礼仪等为内涵的职业素养更为重要。因此，探索高职学生职业素养提升和管理的新机制，培养出适应现代企业需求的人才，显得非常有意义。张勇智（2012）的研究也是从职业教育人才培养模式出发，重点探讨了职业教育人才培养模式的历史和现状，讨论职业教育人才培养中存在的一些典型问题。其研究指出了与教育发达国家典型的职业培养模式发展趋势相比我国人才培养模式的不足，同时针对我国职业教育人才培养典型案例进行讨论，提出了主要建构类型。李薇（2015）的研究则主要从我国高等职业教育"三融合"人才培养模式角度出发，认为应该学校和企业融合、职业资格证书和综合职业技能课程融合、技能教育和人文素养教育融合，这样才能构建一个完善的教学体系和师资培养体系，在其研究中，通过对几个典型的"三融合"人才培养模式案例作对比，提出了尽早进行职业教育的重要性。而关晶（2015）在其研究中认为，高等职业教育人才培养必须要"工学结合"，职业技术教育只有以就业为导向，才能更好地推动职业教育科学发展。

从国内外资料对职业素养培育的研究中，我们可以发现，不仅是我国重视学生的职业素养培育，其他国家也对高职学生的职业素养培育特别重视，并取得了突破性的进展。近些年，各大职业院校也开始推崇"一切以学生为本"的职业教育理念，从而使得教育管理者和工作者开始重新思考学生职业教育中职业素养的培育问题，同时对于教育思路和教育方向也做了重新定位。然而，从整体上来说，在教育的整个实践中，教育工作者的思想和行动仍存在不统一的问题，例如，学校软硬件设施不足，教师队伍素质参差不齐，学生学习效率低等。上面所述的文献资料，对高等职业院校的职业素养教育从各个方面和各个角度做了不同的描述，在职业教育的定义和培养方法等方面已形成一定的研究成果，不过整体上还停留在理论阶段，缺乏具体的实践，尤其是在某些职业素养培育方面，还缺乏具体、有效的方法，这一方面还需要我们做进一步的研究。

五、课题研究的理论基础

(一) 人力资源可持续发展理论

本书所研究的人力资源可持续发展，是指人力资源具有可持续性，也就是我们说的，在人力资源开发过程中，对人员的优势进行开发和发扬，而对劣势进行改良，使其进入一个良性循环的过程。人力资源的可持续发展属于外延型发展，除数量上的提高外，通过可持续发展，人力资源还可以提高自身的质量，如劳动者的技能熟练度、技能质量、专业知识等，都能通过可持续发展得到提高。

一般而言，人力资源的可持续发展有三方面的内容，首先是人力资源自身的储备，人力资源要想更好地可持续发展，必定要进行人才储备，比如，对企业自身人力资源情况有全面的认知，多方面地选拔人才，对人才进行综合培养，这样才能更好地适应企业未来的发展。其次是人力资源的合理利用，企业往往对人才有着日益增长的需求，所以应合理、有效地让职工能力得到充分利用。最后是开发人力资源，任何时候人力资源都要不停地开发，如人事部门开展教育、培训，或者是人才为了满足自身的职业发展需要主动参加各类培训教程，进行自我职业生涯设计和自我学习增值。由此可见，人力资源的可持续发展是离不开对人力资源的储备、利用和开发的，储备人才是可持续发展的基础，人才利用是可持续发展的目的，而人才开发则是一个人力资源不断循环的过程，三者之间是相互连接、缺一不可的。

(二) 强化理论

强化理论由四要素构成——强化、改造、操作、学习，该理论主张通过刺激学习来加强学习的效果，认为我们可以通过一些元素和手段的加强或削弱来改造自身行为，并通过实践形成习惯。在高职教育阶段，通过强化学习培养学生较强的职业意识，是现在教改的重要目标之一，只有这样才能将职业教育和社会实际需求紧密结合起来，也才能更好地推动我国职业教育的发展，通过基于企业需求的强化学习，可以解决当前社会存在的一些院校因为投入不足造成学生职业素养差的问题，提高学生的专业技术水平，比如与企业合作，培养、提高学生的实践能力，推进人才强国培养目标与国外先进职业教育的接轨。

（三）人本主义理论

早在 20 世纪 50 年代末 60 年代初美国就出现了一种新的心理学理论——人本主义理论，其研究代表学者就是我们所熟知的马斯洛和罗杰斯。人本主义的学习理论与其他学习理论的不同之处就在于其肯定学习者整个人成长历程的重要性，且更加看重发展学习者的自我个性，十分注重对学习者自身学习经验和潜能的启发，在该理论下，学习者通过自我肯定，从自己的学习角度来感知、理解世界，最终达到自我学习的目的。罗杰斯在其研究著作中提出，人类本来就具有与生俱来的对学习的渴望和潜能，这种心理倾向会在一定的信赖环境中完全释放出来，也就是说，当学生在学习自己感兴趣的内容和自身需要的内容的时候，最容易激发人体内部的学习兴趣，这种令人心理安全的环境可以很好地促进学生努力学习，所以教师不仅仅是学生课堂知识的传授者，也应为学生创造更好的学习环境，成为学生学习过程中最好的"促进者"。

随着社会的快速发展，世界各个领域都发生了很大变化。世界的变革迫切需要那些本身能力很强的高素养人才，特别是具有创新精神的人才。但是，国内传统的应试教育往往难以培养出综合能力强的个性人才。因此，素质教育是这个时代发展的必然要求，高职教育阶段进行职业素养教育，就是更好地实现素养教育的重要手段。而要提高职业素养教育的质量，就必须与实际的学生教育需求紧密结合，教育工作者对学生的教育应以人为本，认真研究学生在物质和精神上对于职业教育的真正需要，从而更好地开展职业素养教育。

（四）建构主义理论

建构主义理论指出，知识是人们基于认识过程，在和客观活动的交流中形成的。该理论强化主体和客体间的活动，把认识的重构看成学习阶段的主要因素。建构主义理论强调，要基于学生这一核心要素，借助对信息的处理与构建来获得有关知识，老师要从知识的讲授人员变成学生自觉构建认知的帮助人员与推动人员，因此，在建构主义理论中，老师和学生扮演的角色有了转变。

建构主义理论重塑知识认知和学习认知，促进了教育理念的改进。该理论强调，在教育阶段一定要关注学生学习是不是主动且存在一定的建构性，教师是课堂活动的主要规划人员，一定要尽快地给学生认识并建构知识提供众多的认识手段与条件气氛。在这一阶段，教师群体变成学生建构知识阶段的协同人员，学生群体从之前的竞争或者平行关系变成具有建构价值的协同者。而且，教学活动比较关键的是教育客体要构建本身的心智架构，如认识、意志与感情。

（五）需求层次理论

马斯洛在1943年首次提出了需求层次理论。在他的研究中，每个人的需要都是从最基本到最复杂的，也就是说，按照需要的重要性进行一定的排列，最基本的需要往往就是食物和住房需求，而最复杂的需要就是个人自我价值实现的需要。马斯洛把人的需求分为生理、安全、社交、尊重及自我实现五个层次。吃住是人最基本的生理需求；人类追求周围环境和自身机体安全的需求是第二层次的需求；渴望成为机体的一部分，给别人爱也希望得到别人的爱，是社交需求；渴望得到别人的尊重，证实自己的实力和地位是尊重需求，它分为两种，第一种是外部尊重，第二种是内部尊重；将自己的个人才能发挥到最高地步，也就是说，人可以干自己满意的工作，获得最高层次的需求，感到快乐，这是自我实现的需求。人的需求是层层递进的，为了实现个人的理想抱负，人就要进行职业规划，这样才能实现自我实现的需求。

根据马斯洛需求层次理论，员工在自己低层次需求得到满足后，会更加关注自己更高层次需求的满足，更加重视自己在企业的发展。企业如果能科学地利用人力资源，最大限度地发挥每个员工的才干，降低自己的生产成本，就能获得竞争上的优势。然而，这又和员工的忠诚度息息相关。员工的不满和离职将直接阻碍企业的快速发展。因此，现代企业越来越关注员工的发展需求和员工对于企业的满意度，不断满足员工更高层次的需求，合理地利用人力资源。

第一章　职业素养概论

一、职业素养的界定

职业素养是一个很新的概念。在早些时期，人们多数把焦点放在职业人员职业技能的操控上面，认为只要把技能掌握好了，就能胜任相关的岗位工作，职业能力被狭隘地认为职业素养。但是，随着社会经济的发展，职业人员的潜力被不断地发掘，人们越来越看重职业人员除了职业技能以外的内涵与外延，职业能力的概念得以深化和提升，从而催生出了职业素养的概念。职业素养的内涵很广。不同学者基于不同的研究领域、研究方向、研究视角、研究目的等，对职业素养的概念及基本内涵作出了不同的解读，大致可以分为以下几种：

第一种是从学术的角度对职业素养概念进行划分。在学术界，职业素养的内涵一般包括职业道德、职业意识、职业行为习惯和职业技能。钱平和李婉妮是这类的代表。前者根据"素质冰山理论"，提出职业素养的内涵是通过学习、自我陶冶和锻炼，从事某种工作、专门业务或完成特定职责所具备的专业技能和道德操守的总和，包括职业思想（意识）、职业道德、职业行为习惯和职业技能四个方面。后者在其研究中认为，职业素养包括职业道德、职业理想、职业行为习惯和职业技能四个方面。

第二种是从职业的角度对职业素养概念进行划分。在职业领域，职业素养的内涵更为细化，包括合作意识、创新精神、道德修养等方面。有学者认为，职业素养是产学对接的关键，具体包括合作能力、沟通技巧、自学能力、创新能力、人际交往、身心素质、思想品德、专业理论和操作技能等要素。

第三种是相对泛化的职业素养概念。《职业素养基础》阐述了职业素养的概念及其基本内涵：职业理想、职业技能、职业道德、职业尊严、职业生涯规划、就业与创业能力六个方面。

笔者认为，在上述的几种维度划分中，有的显得交叉重复，如职业行为习惯与职业意识和职业技能容易混淆，行为习惯是在意识的基础上产生的，而行为又属于技能的范畴，因此，这三个维度在实际研究中难以界定清晰；有的则显得过于精细，如合作能力、沟通技巧、自学能力等，其实都属于职业技能的范畴，过多的维度容易给实际研究带来一定的困难。因此，笔者认为，将职业素养划分为职业技能、职业道德与职业意识三个维度，更有利于概念的清晰界定与实际研究。综上所述，职业素养就是学生在校期间培育的且在职业生涯中不断发展及完善的综合素质与涵养，包括职业技能、职业道德与职业意识三个维度。

二、职业素养的特点

（一）职业素养的特点分析

1. 突出"职业"的特色

职业教育的"职业"特点，是它区别于其他普通高等教育的最大特点，这就决定了职业教育不仅要对高职学生进行技能培养，而且要结合高职学生自身的特点，使他们树立正确的世界观、人生观，培养其职业道德、职业意识、职业责任等。高职学生职业素养的培育，也要突出"职业"的特点，在培养实践中结合专业特点、行业发展趋势，以专业知识和实践技能传授为基础，重点培养与"职业"相关的学习思考能力、实践动手能力、环境适应能力等，以满足"生产、建设、管理和服务一线高技能型应用人才"所应具备的职业能力需求。这是高职学生职业素养培育最基本的内容和能力。

2. 突出"企业"的特色

职业教育人才培养目标是由经济社会发展和岗位需求标准所决定的。企业用人标准在不断地发生改变，其对从业人员的职业素养要求越来越高，高职院校应深入企业了解和吸收企业先进文化，掌握企业的需求，形成完整的人才培养方案。在学校的教育教学中，应通过校企合作、工学结合等模式，重点培养高职学生的人际交往、团队合作、责任意识和敬业精神等职业素养隐性要素，这不仅是企业对职业教育人才培养的新要求，也是高职学生增强自身就业竞争力的关键。

3. 突出"创新"的特色

企业员工具备较强的开拓创新能力，是企业在激烈的市场竞争环境中获得先机的"利器"。然而，现阶段高职学生在职业素养上缺乏这种能力，容易被工作岗位上突然出现的困难绊倒，缺少克服困难的意志力，更不具备创业的基本素质。因此，开拓创新能力的培养，应成为新形势下高职学生职业素养培育的目标。对高职学生进行专门的创业教育，有助于培养学生的创业意识与能力，发掘学生的创业潜能，引导学生开展创业实践，帮助学生获取更多的创业经验。对高职学生创新能力的培养，也是学生职业素养培育可持续性发展的体现。

（二）高职学生职业素养培育的功能特点

1. 促进高职学生职业素养的养成

高职学生职业素养的培育，应当较好地满足学生多元化的发展需要，在此基础上实现学生、学校和社会的共赢。以生为本，提升高职学生的职业素养水平，是职业素养核心德育模式的主要功能和作用。以职业素养为核心的德育模式，应当特别注重价值观教育和职业观教育，在此教育理念下设计高职德育的内容和形式，特别是将职业观置于首要的位置，使学生形成优良的职业操守与职业道德，帮助学生逐渐完成向社会化、职业化的过渡，为学生未来的职业发展提供坚实的物质基础，同时也为学生未来的人生发展开拓独立自主的空间，使学生在德育中受到良好的职业素养熏陶，在实践中不断践行并提升自身的职业素养，成长为具有扎实专业知识、良好职业态度、优秀职业素养的勤奋踏实、基础扎实的专业人士。

2. 促进高职院校德育效果的达成

高职德育要取得良好的效果，必须要顺利实现以下两个转化：一是将教师所教授的品德规范具体内化为高职学生内心的思想观念；二是将学生的思想观念具体化为各项品德实践。以职业素质培养为核心的高职教育，本身的特征是职业性、实践性和社会性，它要求在高职教育中理论课的教学时间和实践课的教学时间比例达到 1∶10，实践课的教学具体有校内实验课程、模拟实训课程、毕业设计创造等，除此之外，还包括到具体的企业进行实习、实训等。这既是培养学生高超的职业技能的主要教学过程，同时还是进行德育实践、形成良好道德品质和行为的德育过程。实践是道德体验的重要形式，同时还是将道德体验予以深化和发展的重要动力，通过实践的体验将外在的德育内容内化成稳定持久的个人品质，是学生强化自我意志，完善自我认知，形成高尚品德，综合素质得到全面统一，并最终达到良好的高职德育效果的过程。

3. 推动高等职业教育改革的进程

以职业素质培养为核心的高职德育，本身是一种相对开放的德育模式，体现出高等职业教育发展要更加贴近经济发展、贴近社会需要的改革方向，能在一定程度上推动高等职业教育改革的进程。纵向上看，高职德育的最终目标不仅仅是培养好学生，更应该是培养良好的员工和良好的公民，德育的内容和要求是与时俱进的，会随着经济社会的发展进步而不断发生改变。对于高职德育而言，专业不同，对职业素养的要求就不同，德育的内容和形式也就相应地要体现出专业性特色，只有这样才能达到良好的职业素养培育效果。横向上看，高职教育与市场经济发展关系密切，高职德育也不能"闭门造车"。高职学生的活动范围很广，除了家庭和学校外，他们还经常与企业和社会接触，他们的职业素养和个人品德修养的形成会受到多方面因素的影响，同时，他们道德修养水平的高低也反作用于各个环境。因此，需要构建一个家庭、学校、企业、社会多元一体的高职德育网络，这就是以职业素质培养为核心的高职德育模式，是高职教育改革在德育改革方面的进步体现。

（三）高职学生职业素养培育的运作特点

1. 高职学生提高职业素养自我养成意识是前提

高职学生是职业素养养成的主体，高职院校应培养学生自觉树立自我教育的意识。职业意识是高职学生职业素养自我养成的第一步，即学生在校期间通过认识自己的个性特征与个性倾向，认识自己的优势与不足，结合外界环境，确定自己的发展方向与行业选择范围，对自己的未来有意识地做出规划。高职学生要有意识地加强自我修养，在思想、情操、意志、体魄等方面进行自我锻炼，培养良好的心理素质，增强应对压力和挫折的能力，善于从逆境中寻找转机，发挥主观能动性，自觉养成实现个人发展所需的职业素养。

2. 高职院校建立职业素养系统培育体系是关键

高职院校要把职业基本素养的养成工作作为重点，将其纳入学生培养的系统工程，使学生从进入学校大门的那一天起，就明白高职院校与社会的关系、学习与职业的关系、自己与职业的关系。高职院校建立的系统培育体系，应全面培养高职学生的显性职业素养和隐性职业素养，构建理论与实践一体化的课程体系，形成以真实工作场景为载体、课内外实训并举的教学模式，突出实际的应用性；注意将表扬鼓励与挫折教育相结合，将职业基本素养的培训贯穿于日常考核；成立相关的职能部门帮助高职学生完成职业基本素养的全过程培养，如成立高职学生职业发展中心，开设职业生涯规划管理，配合提供相关的社会资源，并及时向学生提供职业教育和实际的职业指导。

3. 利用社会资源强化高职学生职业素养是保障

高职学生职业基本素养的培养，除了依托学校与学生本身外，社会资源的参与支持也很重要。有发展远见的企业会越来越意识到，要想获得较好职业基本素养的高职毕业生，就必须积极参与到职业院校学生的培养体系中来，通过多种方式帮助学生获得符合企业自身用人需求的职业素养。第一，企业可以提供实习实训基地，与学校联合培养高职学生；第二，企业家、专业人士可以多走进高校，直接提供实践经验，宣传企业文化；第三，企业可以进一步完善社会培训机制，走进校园，对高职学生进行专业的入职培训以及职业素质拓展训练。

三、职业素养在高职教育中的重要性

（一）高职教育

高等职业教育是在我国社会经济与教育产业共同发展、相互融合的趋势下衍生出来的一种教育模式，俗称高职教育。从 20 世纪 80 年代形成至今，外界对高职教育的概念及内涵一直没有统一、明确的说法。《教育大辞典》中的有关条目解释，高等职业教育"属于第三级教育层次，包括职前专业技术教育及职后的相关再教育"。在国外，很少有国家使用"高等职业教育"一词，即使有，也与国内所理解的概念有所差别。有学者通过比较国内外的"职业教育"，定义我国"高职"的内涵与外延，即西方的"高等专业技术教育"，即技术人员、工程师层次的职业人才的教育和培训。也有学者以培养目标和课程计划为依据，结合人们对高等教育的认识和实践，重新界定了高等职业教育，就是主要实施实际的、技术的、职业的、特殊专业课程计划，培养技术型人才的高等教育。《教育部关于加强高职高专教育人才培养工作的意见》中明确，高等职业教育就是要培养拥护党的基本路线，适应生产、建设、管理、服务第一线需要的，德、智、体、美等方面全面发展的高等技术应用性专门人才；学生应在具有必备的基础理论知识和专门知识的基础上，重点掌握从事本专业领域实际工作的基本能力和基本技能，具有良好的职业道德和敬业精神。

（二）高职学生职业素养

职业素养是指人们在从事相应的职业活动过程中所表现出来的综合品质，一般包括职业道德、职业意识、职业行为习惯和职业技能四大要素，具体可体现在合作素养、创新素养、道德素养、专业素养等方面。可见，职业素养是劳动者自身通过具体的职业活动实践和自我完善等途径，后天逐渐养成和发展起来的、较为稳定的品质。职业素养是劳动者的各种行为总和的内化体现，是与具体职业活动相关的各种素养总和。不同的职业对人的素养要求不同，但都包含从事某种具体职业所具备的素养以及为获得这些素养所具备的潜力。

关于职业素养的构成及其重要性，也可以用著名的冰山理论来解释。假如把一个人的全部才能看作一座冰山，那浮在水面上的部分（占冰山体积的1/8）是他所拥有的资质、知识和技能，这些是显性素养；而潜在水面之下的部分（占冰山体积的7/8）是隐性素养，其包括的职业道德、职业意识和职业态度，可称之为职业基本素养。显性素养和隐性素养的总和，就构成了一个人所具备的全部职业素养。由此可见，约7/8的隐性素养支撑了一个人的显性素养！因此，一个人的隐性素养决定着他未来职业发展的深度与广度。职业素养的内容十分丰富，因此，本书所指的职业素养侧重于隐性职业素养方面的具体内容，具体为职业道德、职业意识、职业行为习惯等。高职学生职业素养,是指作为准职业人的高职学生在从事和胜任未来职业活动中所必需的综合品质和行为规范。从上面冰山理论中关于职业素养的构成来分析,高职学生职业素养同样包含两个部分的内容,即显性职业素养与隐性职业素养。显性职业素养是指职业技能,隐性职业素养是指职业道德、职业意识、职业行为习惯等需要后天教育与环境作用不断养成内化的品质。

(三) 高职学生职业素养教育

高职学生职业素养教育是指针对高职院校学生所进行的职业素养养成教育。它必须遵循职业发展和职业素养养成规律,通过学校教育、职业实践和自我修炼等途径,帮助学生养成在未来的职业活动中所需的内在品质和外在行为方式。高职学生职业素养教育的目标是提升高职学生的全面素质,帮助其一毕业便能尽快适应和胜任其所从事的工作,为高职学生职业生涯的可持续发展奠定坚实基础。根据职业素养的冰山理论,高职学生职业素养教育主要包括以下内容:

1. 显性职业素养教育

显性职业素养教育主要是指职业行为和职业技能等相对比较容易通过教育和培训获得的基本素养。高职院校的教学及各专业的培养方案,就是针对社会需要和专业需要,为培养高职学生的显性职业素养而设定的。

2. 隐性职业素养教育

隐性职业素养教育主要是指在"工学交替"的教学与实训过程中,有意识地培养学生的职业道德、职业态度、职业作风等方面的教育。隐性职业素养是高职学生职业素养的核心内容。核心职业素养体现在很多方面,如独立性、责任心、敬业精神、团队意识、职业操守等。如今,很多大学生生长在"6+1"的独生子女家庭,在独立性、责任意识、与人分享等方面存在一定欠缺。因此,高职学生应该有意识地在学校的学习和生活中主动培养独立性,学会分享、感恩,勇于承担责任。

(四) 职业素养培育在高职教育中的重要性

1. 职业素养培育是政法企业转型的需要

当前我国正处在特色的转型升级时期,政法行业需要有大量高素质人才作为支撑。尤其是随着海外市场的打开，政法企业想要在世界范围内占有一席之地，就必须更加重视高职院校政法高职学生综合素质的提高。政法高职学生不仅要学习政法专业技能知识，更要学会认知，学会如何做事，学习如何提高职业素养，学习如何在所从事的政法工作中灵活、全面地应用知识。对于企业来说，要适应多变的市场经济，适应政法行业突飞猛进的发展，就要更加重视与人的合作，更加注重团队精神。这就要求在校的政法高职学生要学会更好地协调各种关系，运用合理和适当的方式来处理矛盾和冲突，从而把自己培养成一个专业过硬、有社会责任感和事业心的优秀政法类人才。职业素养教育和德育的目标有内在的一致性，相应地两者在功能上也具有统一性，都能起到促进学生良好职业素养养成，提升学生整体精神面貌和品行修养的作用。职业素养教育的主要功能，是帮助学生解决未来职业生活中可能出现的个人职业成长与职业发展问题；高职德育的主要功能，则是帮助学生养成在实际生活中可以冷静面对问题、理智分析问题、正确解决问题所需的心理品质和坚韧毅力，成为能适应社会发展和需要的合格公民。两者教育功能的结合，恰好能达到企业和社会对高职学生人格品质的完整期望。意识到这一点，高职院校在开展工作时，就应该有意识地整合职业素养和德育两个模块的教学内容和组织开展形式，改善条块分割的现状，协调整体和局部的关系，突出职业素养内容在德育体系中的重要地位，加强德育教师培训，设计合理的德育顶层框架。

2. 职业素养培育是学生提高自身竞争力的需要

政法类毕业生的就业情况从表面上来看总体乐观，但是高质量的就业相对较少，归根结底，这并不仅仅是因为人才过剩产生的竞争压力，而是各级各类学校培养的人才还达不到社会、企业的需求。这几年在北上广都出现了政法企业出高薪却聘请不到合适的人才，求职者有能力却找不到心仪工作的情况。当代社会对学生的职业素养越来越重视，用人单位也陆续加大职业素养在录用考核时的比例。因此，高职院校是毕业生进入职场的训练基地，那么学校就要对"准职业人"负责，结合政法类专业的特色，加大对高职学生职业素养培育的力度，树立正确的就业观念，以使学生成功就业，尽快适应职业岗位的需求，从而在政法企业中发展成为骨干的"政法人"。职业素养教育必须紧贴行业产业的发展趋势，突出从事相关行业所需的基本职业素养，达到帮助学生提高与职业相关方面的道德品质和行为修养的目的。而高职德育目标中主要的一部分，是使学生获得未来职业生涯发展所需要的精神品质、价值观念和行为习惯。由此可见，两者在目标上具有一致性。目标追求的一致性，说明职业素养教育和德育在教育理念、体系建设和实施进度方面也具有内在的协同性。从某种程度上来说，高职院校甚至可以运用同一套教育理念、使用同一个实施方案同时开展职业素养教育和德育，两者互为基础、互相促进。许多高职院校一直致力于加强职业素养教育和德育教育，虽然成效不差，但过程艰辛。高职里的职业素养教育和普通德育教育在实际工作中实质上是分离的，职业素养教师以专业必修课程的任课教师为主，集中在专业课堂和实训活动中培育学生的职业素养，检验学生发展程度的平台也仅限于专业课堂和活动；负责德育教育的人员是思政专任教师和负责学生管理工作的教师，他们对专业知识的认识较少，只能开展普适性的德育教育，对高职学校学生的针对性不强。认识到职业素养教育与德育教育在教育目标上的一致性，高职院校就可以把两者组织协同起来，构成一个和谐的有机整体，以达到事半功倍的教育效果。

3. 职业素养培育是时代赋予高职院校的使命

要想在当前的市场经济中占优势，企业需要更加具备团队合作意识、高度责任心的员工，因此，职业素养越来越被政法类企业所注重。高职院校政法类毕业的学生，本身知识层面就不如本科生、研究生、博士生过硬，想要增强自身的就业竞争力，加强职业素养必不可少，因此，这也是时代赋予高职院校的使命。从另一方面来说，随着我国高等教育迈向大众化阶段，学历层次较低的高职生职业发展空间有限，为实现多年人力资本投入的回报，也为满足高职学生接受更高层次职业教育的需求，现在越来越多的政法类专业学生专科毕业后会通过专升本等形式进入本科学校继续学习。高职教育的重点是只为某一特定的职业岗位服务，而本科层次的职业教育则为多个行业、多个岗位服务，增加了人才的可迁移性和可持续发展的能力。培养目标的差异，尤其体现出职业素养培育在专科教育阶段的重要性，因为只有这样，才能让这部分学生在进入本科后顺利地实现高职与本科职业教育的有效衔接，满足学生多元化的发展要求。

高职院校职业素养教育的主要途径是专业教学和实操训练，但仅仅依靠这两种方式，职业素养教育的成效十分有限。德育活动可以作为高职院校全方位开展职业素养教育的环境载体，为职业素养教育提供相对开放的环境、真实具体的场景，德育活动的开放性和多样性，能为职业素养教育提供更广阔的发展空间。高职院校德育的开展形式有多种，除了规定的理论教学和党团活动外，还有各级各类的文体竞技、环境创设等。德育是学校里面智育、德育、美育、体育几种教育类型中覆盖范围最广的，以它为载体开展职业素养相关内容教育，能使学生在有形的活动中感受无形的职业理念、职业道德和情感态度，既符合高职院校对学生职业素养培育的需要，也符合高职学校响应国家教育政策和国家发展战略加强道德教育的需要，从而最终为使人才培养质量实现由量到质的提高服务。近年来"用工荒"的问题越来越突出，这虽然对高职毕业生造成的影响不及本科毕业生大，但也提醒着高职院校需要不断加强职业素养教育，突出学生的职业能力，挖掘学生的发展潜能，帮助学生在激烈的市场竞争中脱颖而出。借助德育这一载体，以点对点的方式将职业素养的要素与德育目标的要求对接起来，使职业素养自然而然、合情合理地贯穿到德育教学内容中，有利于学生职业素养的形成，也赋予了高职院校德育内容和德育活动更强的生命力和感染力。

第二章　政法类高职专业人才培养目标与分类

一、政法类高职专业及岗位分类

随着党的十五大提出"依法治国、建设社会主义法治国家"，法治成为国家和社会发展的重要目标，政法类相关职业人才受到社会各领域的欢迎。各政法高职院校适时进行了院系调整，除了综合性大学原有的政法类相关职业系发展壮大为高职政法类专业院外，各理工类院校也纷纷结合自己的专业特色设立政法类相关职业系。政法类相关职业人才的培养一时呈蓬勃之势。同时，为了适应市场经济建设的需要，各政法高职院校进行招生分配体制改革，人才市场化、社会化。目前，政法类高职专业含政法类相关职业、马克思主义学、社会学、政治学、公安五个门类。

（一）政法类相关职业

政法类相关职业类下设高职政法类、经济法、国际法、国际经济法、劳动改造法、商法、刑事司法、政法类相关职业、行政法、涉外经济与政法类相关职业、知识产权法、律师、涉外经济法、经济政法类相关职业事务、行政政法类相关职业事务、矫正教育、监所管理等专业。

（二）马克思主义学

马克思主义学类下设科学社会主义运动与国际共产主义运动、中国革命史与中共党史等专业。

（三）社会学

社会学类下设社会学、人口学、社会工作、公共事业管理、劳动与社会保障、公共关系学、公共政策学、城市管理、城市和社区管理、社区管理、公共管理、人力资源管理、劳动经济、人事管理、民族理论与民族政策、社会工作与管理、家政学、人口社会学与人口工作、行政管理、土地资源管理、文化产业管理、会展经济与管理、国防教育与管理等专业。

（四）政治学

政治学类下设政治学与行政学、国际政治、思想政治教育、国际政治经济学、外交学、政治学、行政学、行政管理、民政管理、教育行政管理、行政管理办公自动化、公共关系学、公共政策学、乡镇建设与管理等专业。

（五）公安

公安类下设刑事科学技术、刑事侦查、国内安全保卫、技术侦查、经济侦查、经济犯罪侦查、预审、痕迹检验、文件鉴定、法化学、法医学、公安学、警察管理、治安管理、出入境管理、边防公安、公安管理、公安保卫、警察指挥与战术、交通工程管理、治安管理、侦查学、治安学、安全防范工程、消防工程、核生化消防、禁毒学、警犬技术、警卫学等专业。

二、政法类高职专业岗位就业现状

政法类高职院校大体指传统上以高职政法类专业为主的高职院校，政法类高职院校作为高职教育中的一个特殊群体，与其他高职教育相比具有其自身的特点。首先，在专业设置上，以高职政法类专业和政法类相关职业类专业为主，以培养高层次政法类相关职业专门人才为目标。其次，经过专业的学习和训练，政法类高职院校的学生具有较强的政治敏锐性，面对矛盾和纠纷表现得更为理性。最后，高职政法类专业教育是实践性较强的人文社会科学，政法类高职院校担负着培养未来政法类相关职业工作者的重任，因此，从教育效果而言，其直接关系着法治建设的成败，对于建设法制社会的作用将是直接而深刻的。

（一）政法类高职院校学生就业现状

在麦可思研究院连续四年发布的"中国大学生就业报告"（即"就业蓝皮书"）中，高职政法类专业和高职高专政法类相关职业事务专业一直位列就业率最低、失业人口最多、专业对口率低的专业门类。在中国法制社会的快速发展时期，政法类相关职业专业毕业生的"滞销"，不得不引人关注。一方面，政法类高职院校毕业生待就业人数庞大、就业率低；另一方面，经济的快速发展和法制社会的建设，需要大量的政法类相关职业专业人才。人才输出与市场需求之间的矛盾，到底是如表面上所反映的供大于求还是实质上的供不应求？这是解决就业问题首先要弄清楚的。但是，仅仅简单对比中国和欧美等法治成熟国家律师的数量比，并不足以说明我国政法类相关职业人才实质上供不应求，我们必须认识到中国处于法治社会的初期阶段，传统政法类相关职业思想仍发挥着较大的影响，社会对政法类相关职业人才的吸纳能力有限。在公众政法类相关职业意识没有显著提高，全社会的法治状态未明显改善的情况下，依靠培养大量的政法类相关职业"专门人才"，从而加速中国的法治化进程，只是一个美好的愿望。

由于历史和现实多重因素的影响，政法类高职院校毕业生基于一种思维定式，把公检法机关作为就业首选。但国家公务员招考不稳定、职位有限，使"国考"成为当前竞争极为激烈的考试之一。各政法高职院校 2012 年应届本、专科毕业生有 44.5 万人，2012 年规模最大的公务员招考和政法干警招考，面向普通各政法高职院校毕业生的职位共 6655 个，吸收率约为 1.5%。2012 年，公务员招考明确招录政法类相关职业类的职位共 866 个，排除要求取得司法资格证的 58 个，指定为退役军人的 9 个和要求有基层工作经历的 49 个，应届高职政法类专业毕业生可报考的职位有 750 个，加上政法干警招考面向普通各政法高职院校毕业生的 1585 个职位，最多可吸收政法类相关职业类毕业生 2335 人。事实上，因为政法干警考试不限制专业，理论上所有专业的毕业生都可报考，政法类相关职业类毕业生的最终录用人数可能远远少于这个数字。此外，对政法类高职院校毕业生具有一定吸引力的律师行业和企事业单位，由于对政法类相关职业职位的应聘者资质和能力普遍要求较高，使众多的政法类相关职业专业毕业生望而却步。政法类高职院校面临的现实问题是，毕业生人数庞大，但就业途径相对单一、就业机会有限。

（二）政法类高职专业人才就业困境的原因分析

1. 培养目标定位存在偏差

教育理念，简单来说就是教育者希望通过教育活动培养出什么样的人的观念，在高职教育阶段具体化为相应的人才培养目标。现代高职教育的三个主要职能是培养人才、科学研究和服务社会。政法类高职教育作为高职教育的重要组成部分，其主要目标是培养政法类相关职业专门人才。从我国各政法类高职院校确定的培养目标来看，高职政法类专业本科教育是要培养专门从事政法类相关职业工作的高级专门人才，专科层次的政法类相关职业教育的目标，是培养实用型政法类相关职业人才。但随着各政法高职院校的扩招和高职教育的逐步普及，全社会的学历层次已经有了较大提高，各企事业单位和其他用人单位对学历的要求普遍提高，对政法类相关职业专业的求职者既要求有较高的学历起点，又要求有较强的实际操作能力，而这两个方面是本、专科政法类相关职业教育都不同时具备的，本科教育重视高职政法类专业理论和专业知识而忽视实际操作，专科层次重视实务训练却又无相应的学历。

2. 政法类专业盲目扩招

20 世纪 90 年代中后期以来，随着建设社会主义法治国家目标的确立，各政法高职院校顺势而动，不仅传统意义上的政法类高职院校进行大规模扩招，纷纷进行院系调整，将政法类相关职业系发展成为高职政法类专业院，而且几乎所有综合性大学都组建了政法类相关职业系，甚至一些理工科院校也结合自己的专业优势组建起了政法类相关职业系。各政法高职院校一方面进行招生分配体制改革，将人才推向市场；另一方面却基于利益的最大化而忽视市场规律，导致人才"滞销"。

3. 课程设置宽泛

首先，就专业课的设置而言，各政法类高职院校的政法类相关职业专业，除根据 1998 年教育部高职政法类专业课程设置标准，将 14 门高职政法类专业核心课程确定为专业必修课之外，还结合各学校的特定培养目标制订人才培养方案，确定其他专业的必修和选修课程，如警察院校开设的警察法、治安管理处罚法、犯罪学等课程。此外，在传统教育理念的指引下，高职政法类专业教育和其他学科教育，共同承担着培养学生正确的人生观、价值观和世界观的基本任务，政法类高职院校的思想道德教育更是不容忽视。因此，几乎所有的政法类相关职业专业所开设的课程都包括马克思主义哲学、邓小平理论、马克思主义政治经济学等公共必修课，加上心理学等基础课程，政法类相关职业教育的课程达几十门，几乎涉及我国现行的所有部门法。各政法类高职院校的高职政法类专业，以平均 60 门课程计，实习之外的 7 个学期平均开设课程 8~9 门，课堂教学占了学生的大部分学习时间。其结果是学生仅限于对高职政法类专业专业知识的"系统学习"，而无法进行深入钻研，"广博有余而精深不足"，并缺乏运用政法类相关职业知识分析和解决实际问题的能力。

4. 疏于学生综合素质的培养

政法类高职院校的大学生的就业困境，很大程度上是由其素质无法满足社会对政法类相关职业人才的需求，理论有余而实践不足造成的。这反映在"就业蓝皮书"中，就是对毕业生三年后的跟踪调查表明，多数高职政法类专业毕业生最感遗憾的是专业教学中实习、实践环节不够，而对于职业发展影响最大的口头沟通能力和积极、主动学习的能力，在专业学习过程中没有完全建立。其原因有二：一是理论课程的设置过多，过于密集，实习、实践环节开设不足；二是教学方法上以理论传授为主，课堂教学仍以教师的系统讲授为主要形式。虽然各政法类高职院校也有借鉴英美法系国家的判例教学法实行案例教学、门诊式教学，试图改变学生被动参与现状的情况，但由于我国没有判例法制度，因而无论是教师讲授还是课堂讨论，都主要是围绕该部门法的相关政法类相关职业、法规条文，更大程度上是"为了贯彻'理论与实际相结合'的原则"，以便于学生更好地理解相关政法类相关职业，而在本质上不同于英美式的"判例教学法"。因此，这种课堂讨论依然只是辅助教师讲授，或者说只是教师论证自己所传授知识的一种方式。在这种教学方法的影响之下，高职政法类专业教育方式依然停留于知识的传授，而没有能够提高学生的职业技能。也就是说，现在的高职政法类专业教育模式，依然是以知识教育为主，与职业教育相脱节，不能满足社会对实用型政法类相关职业人才的需求。

5. 就业观念滞后

政法类高职院校因多年来就业渠道的相对稳定而形成的"皇帝女儿不愁嫁"的心态，目前仍然保持有很大的惯性，反映在毕业生身上，是自主择业意识和创业意识淡薄。许多高职政法类专业毕业生认为到公检法等政法部门就业才是"专业对口"，才能真正发挥专业特长。同时，由于公检法部门的工作相对比较稳定、社会地位较高，这样就造成部分毕业生对政法部门"情有独钟"，而宁愿放弃其他就业机会。对于各政法类高职院校来说，则对学生就业缺乏引导，具体表现：忽视职业规划工作，就业服务手段落后，就业指导教材建设、就业实践活动不足，就业师资队伍建设落后。

（三）促进政法类高职院校专业人才岗位就业的思考

政法类高职院校毕业生就业面临较大的压力，因此，要采取切实有效的措施，扎实做好政法类高职院校毕业生的社会就业工作。

1. 培养目标应合理定位

目前政法类高职院校的人才培养以本科层次为主，还有高职高专教育和研究生（包括专业人才和博士）教育。鉴于前述原因，政法类高职院校应逐步限制专科层次招生规模，同时鼓励专科阶段学生通过主动学习获取更高层次的学历，以满足社会对高学历实践型人才的需求；对本科阶段学生，应创造条件加强社会实践环节，加强综合素质的培养，提高其职业适应能力，在培养目标上定位于实用型政法类相关职业专门人才；研究生阶段的培养，则应定位于研究型高级政法类相关职业人才，经历本科阶段和研究生阶段的学习后，要达到既懂实务操作又具有一定科研能力的人才培养目标。

2. 重视学生综合能力的培养

（1）打破专业、院系间的藩篱，鼓励学生跨专业、跨学科、跨院系选修课程

大多数政法类高职院校在人才培养方案中规定实行学分制，学生在校期间包括专业必修课、公共课、基础课和选修课在内，修满规定学分原则上即可毕业。学分制的实行是为了在培养学生的专业素养之外拓宽学生的视野，尊重学生的自主选择，为学生的多样性发展提供可能。因此，学分制的实行

关键在于选修课的设置。但是，由于学生自主选修课程会给管理带来不便，大多院校的选修课有名无实，通常由某一专业的学生统一选修某一门课程，只是在考查方式上不同于专业必修课。为给学生多方面的素质和能力发展提供可能的空间，政法类高职院校有必要打破专业和院系间的障碍，允许学生跨专业、跨学科甚至跨院系选修课程。

（2）开拓社会实践渠道，培养学生的实践能力

政法类相关职业人才的基本素质由三个要素构成：系统掌握高职政法类专业知识、具备良好的政法类相关职业素养、具有扎实的政法类相关职业基本技能。传统的政法类相关职业教育方法过于偏重知识的传授，对实践能力要求不高，缺乏必要的实践（职业技能）训练，学生的实践能力较弱。政法类相关职业毕业生不能迅速适应政法类相关职业的岗位要求，缺乏人才竞争力，不能满足社会需求，导致就业难。因此，必须在政法类相关职业教育中增强实习、实践环节，以培养学生的实际操作能力。①开展模拟法庭教学。模拟法庭是在特定场所内再现真实法庭场景并对法庭审理过程进行模拟。在教师的指导下，学生充分发挥主体作用，通过角色分配参与模拟法庭审理，将实体法知识与程序法知识运用于具体案件，了解和掌握处理案件的方法和技巧，对于政法类相关职业所需的基本能力的锻炼，能起到较好的作用。②课程见习和实习。在开设民事诉讼法、刑事诉讼法、司法文书等课程期间，安排学生深入法院、检察院、公安部门、律师事务所见习，掌握政法类相关职业的实践技能及操作技巧。在专业实习环节，由专业的实习指导老师进行科学而严格的职业指导和管理，同时，进行实习效果的跟踪调查和评估。③鼓励学生利用假期进行社会实践。社会实践活动可以使学生直接切入现实生活，了解现实生活中发生的真实案件、政法类相关职业运作真实状况，初步检验学生所学的知识，并使学生真正体会到理论与实践的差距，清楚地认识到自身专业学习中存在的不足，促使他们关注社会现实，增强学习的主动性和积极性。同时，培养学生从政法类相关职业的角度观察社会、观察现实、思考问题的能力，培养其服务社会的意识和高度的社会责任感。

3. 重视职业规划工作

政法类高职院校毕业生就业困难，一方面是因为高职政法类专业教育本身存在不足，另一方面也与高职政法类专业学生没有进行科学、有效的学业、

职业生涯规划，不了解社会上的职业、岗位对专业知识及个人素质的需求有很大的关系。调查表明，有相当数量的政法类高职院校学生报考政法类专业，是出于本人或家人对该专业良好就业前景的潜在评估和预期。但是，学生在进入大学之前，人生观、价值观、世界观均未完全形成，只能基于对未来职业的憧憬而作出专业选择，这种预期带有很大的主观性和盲目性，缺乏对自己能力倾向和政法类相关职业前景的正确、客观评估。这是造成政法类高职院校毕业生就业率低、就业后跳槽率高的重要原因之一。

职业生涯规划是"个人结合自身情况以及制约因素，为自己实现职业目标而确定的行动方向、行动时间和行动方案"。政法类高职院校应重视和加强职业生涯规划课程的建设，使学生通过系统的学习，把个人发展与社会发展结合起来，通过对职业兴趣、职业性格、职业能力的测评和自我剖析，在全面、客观地认识决定职业生涯的个人因素、社会因素、主观因素、客观因素与环境因素的基础上，进行自我定位，设定自己的政法类相关职业职业生涯发展目标，制订相应的学业、培训、实践等设想和规划，采取各种积极的行动去达成职业生涯目标。职业生涯规划教育的另一个重要目标，是培养学生的职业适应性，使得学生能根据政法类相关职业需要调整自己的知识结构、能力结构以及应变能力，从而增强自身的持久性就业能力。

4. 建立就业跟踪调查和信息反馈机制

一是各政法高职院校要充分利用网络平台，提供就业信息，加强与社会企事业单位的沟通与联系，畅通就业渠道。二是要完善就业跟踪与评价机制。在我国，相较于其他职业，从事政法类相关职业工作的门槛较高。2001年，我国正式实行国家统一司法考试制度，法官、检察官职位的获得，除必须通过统一司法考试取得司法职业资格外，还要通过招录法官、检察官的公务员考试。问题的关键在于，统一司法考试要求报考者必须获得本科毕业证和学士学位，这就使得政法类高职院校学生在毕业前无法参加司法考试，很难实现毕业后就能就业。那些立志进入公检法系统的毕业生，很有可能要在毕业后经过多次考试经长达几年的时间才能实现所谓的"对口"就业。因此，对高职政法类专业就业率的调查不同于其他专业，有必要进行更长时间的跟踪。三是教育主管部门要对专业设置进行宏观调控，对与市场关系密切的专业，按需求允许进入与退出。

三、政法类高职专业人才培养定位

（一）高等职业院校人才培养目标定位概述

1. 人才培养目标内涵

高等职业院校的人才培养目标是"根据一定的教育目的和约束条件"，经过一定的教育培训过程，"对教育活动的预期结果即学生的预期发展状态所作的规定"。它是根据国家的教育目的和学校定位，对培养对象提出的特定要求，更涉及培养类型、培养途径、培养模式等多方面问题。人才培养目标在一定范畴内就是人才培养的质量目标，在教育目的系统中居第三个层次，即培养目标体系应该规定人才培养的方向和标准，决定人才培养的基本要求、规格和模式，重点在于体现专业人才的专业属性和层次特征。

高等职业院校的人才培养目标是社会需求的归结，更是高等职业教育育人属性的基本要求，高等性是其基准，职业性是其内涵，区域性是其特色，社会性是其价值取向。人才培养对象的方向问题，是高职教育质的规定性，简单概括来说，高等职业院校人才培养目标有两大特征：一表现在人才培养目标的层次性和特定性上，即为生产一线培养各种高级的实用型、技术型人才；二表现在人才培养目标的针对性和区域性上，即面向社会市场和职业岗位需求安排教学资源。这种人才培养目标的规定性，把高等职业院校与普通高等院校、中等职业院校从根本上区别开来。

2. 人才培养目标定位标准

（1）国际社会对高职院校所培养人才的共同要求

高等职业教育及其相应的专门教育机构的定义和设立，在国际上存在差异，但高职所具有的双重属性即层次上的高等性和类型上的职业性，已得到国内外教育理论界和实践界的普遍认同。当前大部分发达国家，如德国、美国、英国等，都把高等职业类教育作为高等教育的重要组成，将不同形式的高等职业院校归属于实施高等教育的主要机构；联合国教科文组织第18届大会通过的《关于职业技术教育的建议（修订方案）》提出："在选定某一特定行业分支前，所有学生都必须有这样的一个学习阶段，即学习每个大的职业部门都需要的基本能力。"这表明职业教育应该在常识培训后学生具备一定基础技能的基础上，按职业特定需求对从业者的素质提出的更具体的要求，来培养社会人才。根据联合国教科文组织《国际教育分类标准》的划分，高等职业院校的人才培养目标，定位为"承担具有高度技术性和负责性工作的技术人员或经营管理人员"，具体表现在这类人才知识结构的复合性、能力结构的综合性、人格素质的全面性三个方面；同时，该标准指出"5B类教育"即高等职业教育是"实用的、技术的、职业的"。本书所指的高技能人才，基本对等于《国际教育分类标准》中提到的技术型人才。

（2）高职院校所培养的人才需具备的四大特点

纵观对于高等职业院校人才培养目标的动态表述，核心思想是一致的，即此类人才具备以下四种显著特征：一是人才要求的高级性，该类人才必须具备与高等教育相适应的基本知识、理论，同时，掌握较强的实践动手能力和分析、解决实际问题的能力；二是知识能力的技术性，不只是学历上的高，知道"是什么""为什么"，更强调技能上的高，要知道"怎么做"；三是人才类型的职业性，该类人才要具有很强的动手操作能力，从业后要能够很快适应岗位需要，为社会谋求直接经济效益，这必然要求其具备较高的职业素养和敬业精神；四是人才岗位的基层性，随着高等教育的大众化以及产业技术结构的调整和升级，生产、建设、服务第一线的工作已不限于中职及以下层次人员，根据工作性质，高等职业技术人员也可能要投身于广大生产实践最基础的工作岗位。

（3）职业技能鉴定和职业资格认证

职业技能鉴定的主要任务，是测度劳动者所掌握的完成职业活动所必备的知识水平和运用相应技能完成职业活动的能力，作为一种具有独立特性的标准参照型考试，其难度、区分度等基本参数与常模参照考试不同；另外，在实施的过程中，需要多种测试评价方法和手段交替使用，职业技能鉴定是笔试、面试、团体与个体施测相结合的综合性考试，对于不同职业活动从业人员需采取不同的鉴定方式。

职业资格证书是表明劳动者具有从事某一职业所必备的学识和技能的一种证明文件，职业资格证书制度是国际上评价和鉴定劳动者技能水平或职业资格的最重要的标准和依据。随着各国对职业教育重要性认识的提高，职业教育发展比较成熟的国家大多已经建立起专业化水平较高的资格考试制度，也设立了机制相对健全的资格认证机构，如美国的"全国职业技能标准委员会"、英国的"国家职业资格委员会"等。我国职业资格认证方面，一直依据的是《中华人民共和国劳动法》第六十九条的规定"国家确定职业分类，对规定的职业制定职业技能标准，实施职业资格证书制度"，我国的职业资格证书一般分为初级、中级、高级、技师和高级技师五个等级，其中，三级以上经鉴定合格的对应的那部分劳动从业者，是高等职业院校的培养目标。

3. 人才培养目标定位的重要性

人才培养目标是各级各类学校对其培养的人的具体标准和要求，对具体学校具体专业乃至整个地区或国家的教育结构体系，都意义重大，对高职院校而言，人才培养目标定位的重要性具体体现在以下四个方面。

（1）导向作用

人才培养目标的定位问题，是高职学校特色的本质反映，体现着职业院校的发展方向，关系到职业技术教育的服务方向；人才培养目标定位问题将带动教育体系内部结构的显著调整，社会对人才层次要求的上移和类型要求的多样化，必然会导致大批没有特色、运营困难的职业院校通过裁减、合并或转向等方式谋求发展，从而教育布局得以整合优化；此外，人才培养目标定位反映到专业学科的发展方向上，会造成教育领域热、冷门专业的分化，继而推动教育学科专业力量的发展变革。

（2）纽带作用

人才的培养是一项系统工程，要在传承历史典范的基础上与时俱进，及时吸收先进的教育理念，学习先进的教育教学方法，但是，人才培养目标作为学校整个教育教学工作的出发点，其重要地位是一以贯之的，学校各项工作，如制订培养方案、选择教学内容、安排教学环节等，都需围绕基本目标展开，该目标若定位不明，势必会影响一系列教育活动的正常运行。

（3）激励作用

人才培养目标定位是学校各项工作的终极落脚点，学校绩效评价的指标，归根结底在于是否达到人才培养目标的要求，因此，鲜明、统一的人才培养目标，能对学校各项工作的实施产生无形的鞭策、驱动作用，也为同类学校之间借鉴学习、争优保先树立了一个可衡量的标杆。

（4）保障作用

人才培养目标定位明确与否，直接影响到学校培养效率的高低，决定着培养效果的优劣，人才培养目标的错位、失位及越位，都会不可避免地导致教育资源的浪费和教育效率的低迷，因此，科学、明确、合理地定位人才培养目标，是实现教育资源优化配置的前提条件，是整个国家教育事业健康、和谐发展的基石。

4. 人才培养目标的定位方法

随着教育技术的发展，学界对于现代高等职业院校人才培养目标的定位问题，逐步从原来的感性思考向科学化的理性决定发展，如今主要借助的分析手段是职业分析理论和方法。职业分析对某种工作的内容、任务、完成难度及对工作人员的要求等抽象内涵赋予一定数学逻辑指标，进行全方位的程序分析和检测，该方法立足于职业岗位本身对从业者的标准要求，通过分析职业群的具体内容，分析人员能够较清晰地把握社会职业分类体系。随着职业分析方法的日趋成熟，高等职业院校得以构建出较准确的定位框架，从而实现人才培养目标的科学、准确定位。

1958年国际劳工组织制定了《国际标准职业分类》，根据当时的社会职业状况，将职业划分为8个大类、83个小类、248个细类、1881个职业；我国也已于1999年颁布了第一部对职业进行科学分类的权威性文献和工具书——《中华人民共和国职业分类大典》，根据我国现状，将职业划分为8个大类、66个中类、413个小类、1838个细类。目前，职业分析方法日趋多样，职业分析的结果日趋准确和科学，职业分析成为研究职业教育目标定位问题所必须采纳的一种基本方法，是研究国家劳动从业结构和教育结构改革的重要参考。职业分析理论和方法阐明的关于社会职业群落的大致分类及相应的从业人员能力素质要求，可视为评估高职院校职业从业人员能力素质的指标，社会上不同的职业类别，为普通高等院校、中等职业院校和高等职业院校等各级各层院校培养目标的具体化，以及最终的人才培养成效评估考量，提供了参考依据，也为检验某所高职院校人才培养目标定位是否科学、准确，提供了重要的计量参数。

（二）政法类高职专业人才的培养目标

我国政法类高职专业人才教育自1995年获批，1996年正式试办试招以来，为了明确定位政法类高职专业人才教育制度，其培养目标迄今已经经历了三次制定与修改。

第一次是1995年的制定。1995年4月11日，国务院学位委员会在《关于设置政法类相关职业专业专业人才学位的报告》中，第一次明确了政法类高职专业人才的培养目标"政法类相关职业专业专业人才学位是具有特定政法类相关职业背景的职业学位，主要培养面向立法、司法、律师、公证、审判、检察、监察及经济管理、金融、行政执法与监督等部门、行业的高层次政法类相关职业专业人才与管理人才"。

第二次是1999年的修改。全国政法类高职专业人才专业学位教育指导委员会秘书处，在总结几年实践经验的基础上，对原有培养方案（1995年版）进行了修订。修订后的培养目标为："政法类高职专业人才专业学位是具有特定政法类相关职业背景的专业学位，是为实际部门培养德才兼备的、适应社会主义市场经济和社会主义民主、法制建设需要的、高层次的复合型、应用型政法类相关职业专门人才。"这就是1999年版的《政法类高职专业人才专业学位指导性培养方案》的培养目标。

第三次是2006年的修改。全国政法类高职专业人才专业学位教育指导委员会又做了一次修订，新的培养目标为：政法类高职专业人才教育是一种专业学位教育，是一种职业养成过程，是一种精英教育。政法类高职专业人才专业学位，是为政法类相关职业部门培养具有社会主义法治理念、德才兼备、高层次的复合型、实务型政法类相关职业人才。

从1995年最初制订的培养目标，到1999年和2006年修订版的培养目标，可以看出，我国政法类高职专业人才培养目标一直是明确而稳定的，而且在实践过程中进行着不断的自我完善，政法类高职专业人才的培养目标与核心落在"培养复合型、应用型、高层次政法类相关职业人才"上，这也是政法类高职专业人才教育的"精神内涵"。从分析中不难看出，从最初制订到后面的修订，我国政法类高职专业人才的培养目标始终未变，培养定位始终未改。为了实现这样的目标，政法高职专业人才培养方案也作出了较为详细的要求，具体有：①掌握马列主义、毛泽东思想和邓小平理论的基本原理，拥护党的基本路线、方针、政策，自觉遵守和维护宪法和政法类相关职业要求，热爱祖国，具有良好的政治素质和政法类相关职业道德。②掌握较坚实的高职政法类专业理论基础和较广泛的政法类相关职业实务知识，具备政法类相关职业所要求的知识结构、思维特征和应用能力。③能综合运用政法类相关职业和政治、经济、管理、社会、外语、科技、计算机或其他相关专业知识，具有独立从事政法类相关职业实务和管理工作的能力，以及应用研究能力，能达到有关部门中级以上（含中级）专业与管理职务相适应的任职要求。④较为熟练地掌握一门外语，能阅读专业外语资料。⑤身心健康。

除此之外，《21世纪中国高职政法类专业教育改革与发展战略研究报告》也对政法类高职专业人才的培养目标提出了具体要求：一是具有扎实、系统的高职政法类专业基础理论素养，牢固掌握宽广的政法类相关职业实务知识；二是具有较强的政法类相关职业实务方面的研究能力和创新能力，具有解决重大的和疑难政法类相关职业问题的能力；三是具有综合运用政法类相关职业、经济、管理、科技、外语和计算机等方面知识的技能，具有从事政法类相关职业实务、经济管理和社会管理工作的能力；四是符合全面胜任立法、司法、执法、政权建设、行政管理和社会管理等方面中级以上专业职务的要求。

（三）政法类高职专业人才的培养定位

政法类高职专业人才专业学位的办学定位，是以政法类相关职业为背景导向的复合型、应用型、实务型高层次政法类相关职业专业教育。这一定位确定了政法类高职专业人才培养的核心任务和努力方向。各个政法高职院校依据"法指委"的指导性方案，结合自身特点，制定了本校的政法类高职专业人才培养定位（方向），总体上与国家确定的政法类高职专业人才的培养定位一致。可以说，政法类高职专业人才作为一个新设立的专业学位，其定位从诞生之初就不同于高职政法类专业本科通才式教育、普法式教育以及普通高职政法类专业专业人才专业的学术式研究型人才培养模式，政法类高职专业人才专业学位教育，应充分体现和满足政法类相关职业的基本要求，即符合政法类相关职业人的基本资质。目前，高职政法类专业学术型人才和政法类相关职业型人才的分别培养、分类管理和分别评价，已经成为我国未来政法类高职专业教育事业的前进方向和政策导向。因此，要培养合格的政法类高职专业人才，应构建一套适合政法类高职专业人才教育方向与理念的实践教学体系，而且必须以政法类高职专业人才的培养目标和定位为出发点。

（四）政法类高职专业人才的性质与特征

根据我国政法类高职专业人才的培养目标和定位，以及从现行制度与实践来看，我国政法类相关职业专业人才教育的性质与特征，主要体现在如下几个方面。

1. 政法类高职专业人才教育属于专业教育

我国政法类高职专业人才教育是一种专业学位教育，它是在"借鉴美国、欧洲等国家培养高层次应用型政法类相关职业专门人才的基础上，结合我国国情和高职政法类专业教育实际而建立起来的一种专业学位"。政法类高职专业人才教育，从教育类型上讲，属于专业学位教育。相对于高职政法类专业本科的通识教育和高职政法类专业专业人才教育的认知型教育，它更多地体现了政法类相关职业教育的职业属性，如必须按照政法类相关职业的基本要求确定培养目标，必须按照政法类相关职业要求确定课程体系和教学内容，必须按照政法类相关职业人才的培养要求，将纵向结构的学科体系改变为以适应知识、素养、技能相统一要求的横向的课程综合结构，必须按照应用类人才的培养要求建立起新的评价标准等。

2. 政法类高职专业人才教育属于高层次教育

政法类高职专业人才教育是高层次的专业教育，从以下三点可以进行说明：第一，在招生培养对象上，2009 年以前全日制政法类高职专业人才招生和培养对象，是具有国民教育序列大学本科学历（或具有本科同等学力）的非政法类相关职业专业的毕业生，2009 年也开始招收政法类高职专业人才。第二，在入学考试上，报考政法类高职专业人才的学生，必须参加每年一度的全国统一入学招生考试。第三，在国家政策上，1995 年 4 月 11 日国务院学位委员会办公室在《关于设置政法类相关职业专业专业人才学位的报告》中指出："政法类相关职业专业专业人才学位与现行高职政法类专业专业人才在学位上处于同一层次，但规格不同，各有侧重。"并且，教育部领导在 2007 年"全国专业学位教育工作会议"上的讲话，进一步明确指出：同一层次的专业型学位教育与学术型学位教育要坚持"三个同等"，即"同等重要""同等地位""同等对待"，并要求各院校切实贯彻执行。

3. 政法类高职专业人才教育属于应用型人才教育

政法类高职专业人才"在培养目标上明确指向应用类政法类相关职业人才，在培养要求上突出强调政法类高职专业人才专业学位教育是以政法类相关职业为背景，以从事政法类相关职业为导向，并以促进政法类相关职业从业人员的职业化建设为其使命的"。政法类高职院校的任务是培养高层次应用型政法类相关职业人才。应用型人才是相对于学术型人才而言的。长期以来，我们对应用型人才概念的内涵（或政法实际部门所需政法类相关职业人才层次规格）的认识仅限于本科阶段，而高职教育基本上是与之无缘的。直至中国设立第一个专业学位即工商管理专业人才专业学位，这个界限和传统观念才开始被打破。教育部原副部长吴启迪在2004年6月召开的第二届全国政法类高职专业人才专业学位教育指导委员会成立大会上指出：我们现在正在大力调整学位与教育的类型结构，要加快专业学位教育的发展，这是一个历史发展的要求……学位与教育不仅要培养大批从事基础理论研究和高职学校教学工作的学术型人才，而且要培养大批面向包括工矿企业和有关行业、部门的应用型、复合型高层次人才。

所谓培养应用型政法类相关职业人才，主要是从两大方面来讲的。第一是在制度设计层面，政法类高职专业人才专业学位教育，是以政法类相关职业的三大基本资质要求为依据的，即"作为一个政法类相关职业人或政法类相关职业共同体成员，必须具备三大基本职业资质：掌握系统的高职政法类专业学科体系的基本知识；具备政法类相关职业基本的职业素养；掌握基本的职业技能。政法类相关职业共同体不仅是政法类相关职业知识的共同体，还应当是政法类相关职业素养和政法类相关职业技能的共同体，即三者的统一"。第二是在政法类相关职业的分类中，政法类高职专业人才专业学位教育的培养目标有两个确定指向，其一是法官、检察官和律师，即政法类相关职业共同体，其二是政法类相关职业部门或社会其他行业中政法类相关职业实务岗位所需的复合型政法类相关职业人才（即广义上的政法类相关职业人）。

4. 政法类高职专业人才教育属于政法类相关职业教育

政法类相关职业教育是我国政法类高职专业人才教育最重要的一个特征。该职业教育不同于高职政法类专业专业人才的学术型教育，也不同于高职政法类专业本科阶段的通识教育、普法教育。这主要可以从政法类高职专业人才的培养目标与定位中获知。政法类高职院校是高级阶段的政法类相关职业教育。政法类相关职业的特殊性，从根本上决定了应用型政法类相关职业人才的培养模式。在现有的高职政法类专业教育的种类中，应该说，政法类高职专业人才专业学位教育在制度设计上，最集中地体现了政法类相关职业与高职政法类专业教育之间的内在联系，最大限度地反映了政法类相关职业的基本要求。具体地讲，它是政法类相关职业素养的教育养成，是高职政法类专业教育的教育属性和政法类相关职业属性的有机结合，是政法类相关职业制度与高职政法类专业教育制度的有机衔接，是政法类高职专业人才专业学位教育更高层次的职业教育。"一方面，它是以政法类相关职业为背景，与政法类相关职业资格相联系的一种职业性教育；另一方面，它又是以打造政法类相关职业专业知识共同体、职业素养共同体和职业技能共同体为特色的。应当说，政法类相关职业素养的最终形成是一个长期的过程，但政法类高职专业人才专业学位教育阶段无疑是政法类相关职业素养的教育养成的重要基础和第一阶段。此外，还需要通过司法考试和终身化的继续教育，以及在政法类相关职业人的职业生涯中逐步形成相互联系并不断强化、深化和发展的政法类相关职业素养教育养成体系"。

（五）政法类高职专业人才教育取得的成就

当下，正在稳步推进的司法体制改革，把加强政法队伍建设作为一项重点内容来抓，着力解决政法队伍招录体制不够科学、政法院校招生培养制度与政法机关用人需求联系不够密切、政法教育资源浪费等一系列问题。在国家层面提出的解决之策，即高职政法类专业教育由"学术型高职政法类专业教育"转向"职业型高职政法类专业教育"。我国政法高职专业人才教育将从以培养学术型人才为主，向以培养应用型人才为主进行战略性转变，包括法律专业人才在内的专业学位研究生教育，是我国经济社会发展对高层次应用型专门人才的迫切需要，也是增强研究生适应社会需求能力的需要。

在微观层面，则是各法律专业人才培养单位应当做好法律政法高职专业人才实践性教学的组织和实施工作，积极采取多种方式开设各类高职政法类专业实践性课程，不断探索和改革法律政法高职专业人才教学模式，为社会培养更多的高层次的复合型、实务型法律人才。"纸上得来终觉浅，绝知此事要躬行"。法律是一门实践性极强的学科，没有经过法律实践，是无法真正学好法律的。对以培养复合型、应用型人才为目的的法律专业人才教育而言，实践性法律教育显得更为重要。甚至可以说，使学生当主角、让学生通过实际动手操作、解决实际案件的实践来学习法律和技能的实践教学，应当成为法律政法高职专业人才学习的主要方式。

知识是创新的基础，实践是创新的根源。任何事物的发展都有一个过程，法律专业人才教育的实施时间不长，很多方面还不够成熟和完善，特别是各培养单位在尝试性教改中会出现不尽如人意的地方，甚至导致目前的法律专业人才并没有得到与设置初衷相适应的高度评价。为此，尽快构建合理的法律专业人才教育培养模式，使法律专业人才培养模式与培养目标有机结合，真正培养适应社会需要的复合型、实践型高职政法类专业人才，是我们的努力目标。政法类高职专业人才专业学位教育，是我国高职政法类专业教育改革的有益尝试，经过多年的不断探索和发展，可以说我国政法类高职专业人才教育已经取得了较大成就。概括来说，我国政法类高职专业人才教育所取得的成就主要如下。

1. 政法类高职专业人才教育培养了大量高层次政法类相关职业人才

自 1996 年正式开展政法类高职专业人才教育以来，我国已经培养了大量高层次的复合型、应用型政法类相关职业人才，他们分布在诸如证券行业、银行系统、公检法司系统、党政机关、各政法高职院校、科研院所、大中小企事业单位等，覆盖社会的各个领域。这在一定程度上缓解了我国市场经济建设和法治建设对高层次政法类相关职业人才的需求压力，也充实了我国法检等各系统的高职政法类专业职业人才队伍。

2. 政法类高职专业人才教育规模不断扩大

客观地讲，在改革初期，由于处于探索和试办阶段，我国政法类高职专业人才教育的规模相对较小。但是，经过一段时间的摸索之后，尤其是在 2000 年政法类高职专业人才专业学位入学考试实行全国联考以后，我国政法类高职专业人才教育的规模逐渐扩大。而且，随着培养院校数量的增多，以及招生人数和报考人数的递增，政法类高职专业已经成为最主要、最受青睐的专业之一。

四、政法类高职专业人才实践教学培养形式探索

每一种实践教学方式都有其适用上的局限性和作用上的有限性，其对学生实践能力的培养，也各有其不同的侧重点，因此，拓宽政法类相关职业实践教学的渠道，丰富政法类相关职业实践教学的形式，对不同阶段和不同基础的学生适用与其相适应的实践教学方法，以及对相同基础的学生适用不同类型的实践教学方法，来培养、锻炼学生各方面的实践能力，都显得尤为必要。而且，扩大的学生实践需求与有限的实践资源和实践方式，也要求我们必须拓宽政法类相关职业实践教学的渠道，丰富实践教学的形式，以增加学生的实践机会。

（一）联合培养基地的实践教学

以社会为市场，实行"开门办学"，增加社会与各政法高职院校的联系与交流，开展"合力育人"，是培养应用型高职政法类专业人才的有效途径。联合培养实践基地多为院校与当地法院、检察院等实务部门联合培养，共建政法类高职专业人才学位点，在基地有实践教学点，实务部门能安排来自司法实践一线的法官、检察官作为指导老师，即实践教学的指导老师，对政法类高职专业人才的专业实习、见习给予指导。

（二）政法类相关职业诊所实践教学

诊所式政法类相关职业教育是一种新型的高职政法类专业实践教学模式，它兴起于 20 世纪 60 年代的美国。政法类相关职业诊所教育，是指通过指导学生参与真实的政法类相关职业运用过程，来培养、提高学生政法类相关职业实践的应用能力，并教会学生能够像政法类相关职业者那样思考，它的教学目标是培养学生从事政法类相关职业工作必备的职业道德，帮助学生掌握从实践中学习政法类相关职业知识、办案经验和综合处理疑难问题的技能。美国学者科德林曾指出，诊所式政法类相关职业教育，是指"在律师或者高职政法类专业老师的监督下，在学生从事实际办案的过程中，培养学生处理人际关系的技能即职业伦理观念"。因此，政法类相关职业诊所教育常常被描

述为"在行动中学习"。

作为实践教学的一种途径，作为高职政法类专业教育改革的趋势之一，我国于 2000 年在美国福特基金会的资助下将诊所式教学引入我国高职政法类专业教育体系，有些培养院校将其纳入政法类高职专业人才的实践教学培养。笔者认为，诊所式教学在中国实现了本土化发展。特别是专门设置的以法科学生为主体的模拟法庭、政法类相关职业援助中心、政法类相关职业协会等高职政法类专业院校自治机构，已经成为我国诊所式政法类相关职业实践教学的一个有机组成部分，这些都为政法类高职专业人才实践教学的开展和实务型人才的培养提供了保障。

在诊所式教学的过程中，教育者和学习者把实践活动作为审视的对象，用学生自己的政法类相关职业观念来观察现实世界，并完成两个对话过程：一是政法类高职专业人才参与到活生生的司法实践当中，与政法类相关职业纠纷的多方当事人在解决纠纷中实现交往和对话，这是理论与实践的结合，也是一个多维度的交流过程；二是通过学习的过程使学生与自我对话，加深理论的学习和反思，提高学习效果。诊所式教学通过教师指导学生参与实际的政法类相关职业运用过程，来培养和提高他们的政法类相关职业实践能力，从而加深对高职政法类专业理论和政法类相关职业制度的理解。这些固定的专业化场所，是法硕学生锻炼沟通能力和提高表达能力的实验基地，"有利于消除传统政法类相关职业教育中普遍存在的理论空泛、与实践相脱节等弊端"。

政法类高职专业人才政法类相关职业诊所式教学，在各个政法高职院校并非都有开展，这里以西南政法大学为例，该校将政法类相关职业诊所教育作为政法类高职专业人才实践教学的一种途径，"包含案例学习与模拟（含疑案辩论与证据实证）、政法类相关职业咨询、普法宣传、模拟法庭、政法类相关职业援助的全部内容。与本科的政法类相关职业诊所不同的是，进入诊所的政法类高职专业人才由于已经通过了司法考试，普遍具有实习律师资格，可以代理真实的政法类相关职业案件。该校政法类高职专业人才政法类相关职业诊所式实践教学，由案卷学习、政法类相关职业咨询（值班）、真实代理（政法类相关职业援助）三个方面构成"。

诊所式实践教学中国化的实践证明，这一模式在法科学生，尤其是通过了司法考试的法硕学生中，引起了极大的兴趣和广泛的关注，为提高法硕学生的实践能力和专业素质，探索出了一种全新的教学方法。

（三）政法类相关职业谈判与辩论

政法类相关职业谈判实践教学的目的，是有意识地培养政法类高职专业人才的观察、思考、运用政法类相关职业知识的能力，它是政法类相关职业工作的重要组成部分。政法类相关职业谈判是谈判主体综合素质的最终体现，其不仅反映了谈判主体对于政法类相关职业知识的掌握，还体现出其语言、文字的表达能力、表达技巧、言谈举止的礼仪、态度等。"目前国内尚无政法类相关职业谈判方面的教科书、音像制品等，教学开展大多以讲座形式出现，如聘请一些已退休或者在职的富有经验的资深检察官、法官、律师等司法工作人员、专业技术人员来校担任教职。可见，政法类相关职业谈判实践教学操作性较差、掌握难度较大、教学开展存在客观困难"。

相对政法类相关职业谈判而言，政法类相关职业辩论较为容易操作。政法类相关职业辩论作为一种实践教学活动，具体开展可以借鉴西北政法大学的成功经验。"政法类相关职业谈判是以法庭庭审环节为主要内容，但又不完全按照现行诉讼程序进行的一种高职政法类专业专业的辅助教学活动。主要由两方参赛队在给定的基本案情的基础上，依据一定的比赛规则，自己设定和制作证据，在主持人的引导下通过出示证据、质证、辩论、陈述等环节展开论辩"。实践证明，该实践教学活动，对培养和提高政法类高职专业人才的临场应变能力、表达能力、政法类相关职业逻辑思维能力，以及灵活运用证据能力等综合素质，具有积极的促进作用。因此，与政法类相关职业谈判相比，政法类相关职业辩论的操作更灵活，有较强的可行性，而且因贴近教学实践与实际，在政法类高职专业人才教育中开展的效果比较理想。

政法类相关职业谈判是政法类高职专业人才课程的必修环节之一，在各个政法高职院校的实践教学中都有所体现，在论述时基本上都是一语带过，找不到比较丰富、翔实的资料。《贵州大学全日制政法类高职专业人才课程设置（非高职政法类专业专业）》中要求在实践课程中开设政法类相关职业谈判，第4学期开课，36课时，2个学分。政法类相关职业辩论的开展，沿袭了传统的政法类相关职业辩论赛、法庭争论等形式，缺乏创新。

（四）政法类相关职业数据库及网络服务实践教学平台的建设

为丰富实践教学内容、满足学生学习需要，应该建立政法类相关职业数据库及网络服务平台，主要包括政法类相关职业图书室、政法类相关职业案例室、政法类相关职业档案室（收集每次模拟审判的汇总材料、政法类相关职业援助中心归档的法援案件、政法类相关职业诊所教育的资料等）、网络机房、物证技术实验室等。这些都是常态化教学、管理之需，要有必要的经费保障，使之为学生服务。

1. 刑事侦查与物证技术试验

刑事侦查试验，是指政法类高职专业人才在理论教学导师、实务部门导师的指导下，进行模拟刑事犯罪侦查活动，了解犯罪心理，熟悉侦查程序与步骤，掌握侦查技能的一种实践教学活动。物证技术试验，则是通过进行科学试验，掌握发现、固定、解读物证的科学技术手段的一种实践教学方式。

刑事侦查与物证技术在现实中离我们很近也很远，很近是因为经常从电视、电影上看到或者从书本上学到有关知识，很远是因为我们如果不从事这样的工作，那么将永远无法真正接触。贵州大学的高职政法类专业实验教学中心让该校的法科学生有机会一睹其"芳容"，并能够在老师的指导下动手操作。该校高职政法类专业实验教学中心有法医物证实验室，其开设的实验项目主要有血痕预试验、血痕确证实验、血痕种属试验、毛发检验等，还有物证技术实验室，其开设的实验项目主要有工具痕迹实验、手印实验、足迹实验、文检实验等。以手印实验为例，它是要求学生掌握在现场对手印、指纹进行寻找、发现、固定、提取与分析鉴定的基本技术手段。物证技术实验室的设立以及日常化工作的开展，为政法类高职专业人才理解、掌握物证技术有积极的作用。

2. 与时俱进，引进网络实践教学服务

21世纪是知识、信息爆炸的时代，是网络信息世纪，网络教育与网络服务充斥在人们的生活、学习、工作中，积极运用现代教育技术手段，投入高职政法类专业教育，是与时俱进的做法。这些先进的现代教育技术所能提供的功能与服务，有助于政法类高职专业人才的案例实践学习，有利于政法类高职专业人才的个性化培养。

3. 与政法类相关职业密切相关的经济管理实验课程

现代法制的运行，很大程度上与经济、管理的运行是密不可分的，作为一个政法类相关职业工作者，对经济、管理的运行不了解的话，必然会影响其对经济实务中政法类相关职业运行的深刻了解，而且随着社会经济的发展、科技的进步，许多经济、管理的新模式、新的交易方式、新的经济现象出现，为使政法类高职专业人才的教育与复合型、应用型政法类相关职业人才培养目标相适应，应利用或引进各方面的良好资源，使政法类高职专业人才通过一定的经济管理实验课程的演示，了解与政法类相关职业实务紧密相关的电子商务（含电子合同、电子结算、电子票据、电子签章等）、期货交易、股票交易、债券交易、证券交易、现代物流等现代经济交易方式和活动方式。例如，西南财经大学在课程设置方面，充分利用自身资源，开设富有财经特色的课程，如西方经济学、会计学等财经、管理类专业的理论和实务课程。云南财经大学在课程设置上与之类似，依托经济学优势，开设财政金融政法类相关职业实务、税收政法类相关职业实务和公司政法类相关职业实务等课程。西南政法大学政法类高职专业人才在政法类高职专业人才学院的安排下，开设金融与证券法务、涉外政法类相关职业事务等专题。

（五）将专项职业培训课引入 J－M 实践课程的必修环节

仅安排大量的实践教学环节对于政法类高职专业人才培养来说仍显得不够，要想让政法类高职专业人才在 2~3 年内成长为政法类相关职业人，就必须在培养过程中将诸如初任检察官、法官入职培训方面的职业化培训内容纳入实践课程体系。政法类相关职业的种类比较多，通过政法类高职专业人才走上社会的职业取向，我们认为，对政法类高职专业人才至少需安排律师职业培训、法官职业培训、检察官职业培训和司法接待礼仪培训这四个专项的职业培训课程。在这方面，西南政法大学的做法非常值得我们借鉴与学习，该校开设了公安实务、检察官实务、法官实务、律师实务、行政执法实务等七大实务专题，作为政法类高职专业人才实践教学的课程。以律师实务专题为例，安排诸如律师的职业规划与执业准备、律师的职业技巧、如何做一名执业律师、功夫在庭外——律师庭前准备工作重点、律师如何建立自己的人脉等课程，与政法类高职专业人才的理论学习内容"绿叶衬红花"，相得益彰，更能从正面激发学生学习高职政法类专业理论知识的热情。此外，政法类高职专业人才实践教学形式，还包括诸如同学们喜闻乐见的政法类相关职业知识竞赛，政法类相关职业辩论赛，与基层法院、派出法庭、司法所联系开展政法类相关职业交流，派政法类相关职业专业人才前往人民法院担任人民陪审员，等等。

第三章　政法高职学生岗位素质

一、政法高职学生岗位构成

政法高职学生工作的对口岗位基本处于党政机关，党政机关是中国共产党的各级机关、组织、部门，各级人民政府所属的机关、部门，以及其他民主党派、社会团体、部分被授予一定行政权力的事业单位的总称。具体来说，主要包括党组织、政府组织和机关单位三部分，其中，党组织是指各级中国共产党委员会（如省委、市委、县委、乡委），政府组织是指各级人民政府（如国务院、省政府、市政府、县政府、乡政府），机关单位是指国家权力组织机构的各部委、司、省厅、市、区、县、乡的局（如教育部、省公安厅、市卫生局等）。政法高职学生岗位基本上由法院系统、检察院系统、公安系统、司法行政系统构成，职位包括民警、管教、检察官后备人员等。

二、政法高职学生岗位胜任力分析

（一）政法高职学生岗位胜任力需求的分析与确定

政法机关工作人员属于国家公务人员，其管理办法是参照国家公务员相关管理办法。培训是指通过一定的方式和手段，进行知识、技能、标准、信息、信念等的传授和学习。政法机关的新招录公务员培训，是指政法机关在招录新员工后对其进行思想政治以及业务能力的培训，目的是通过新入职培训让他们尽快地进行身份角色的转变，投入之后的工作，让他们在有计划和有组织的情况下，依照公务员的工作职责对个体进行培养，同时，加强他们的职业素养。这需要我们采用培训、练习等手段，对政法机关的新进干部资源进行开发、强化，以适应建设法制社会对执法办事方面越来越高的要求。政法机关公务员培训，对于优化干部的知识结构、持续有效地增强干部自身能力、规范公职人员的执法水平，都有很大的促进作用。对新招录公务员进行培训，其培训对象指的是刚从院校毕业或者有过一定的社会工作阅历，但是从未在政法机关单位任职过的新招录公务员。培训的首要目标，是使之掌握工作技能，学习各项知识体系，以便在今后的工作中更好地完成本职工作。新招录公务员具有很强的针对性，其培训重点应围绕新招录公务员应该具备的素质和能力。培训是新招录公务员职业生涯的第一步，也将影响到他们未来的职业发展。新招录公务员的培训通常以工作技能的掌握为出发点，最终目的是使新招录公务员在学习的过程中掌握技能、培养能力、养成职业观等。此外，新录用公务员培训在机制上灵活多变，在形式上多种多样，具有较强的伸缩性。一般而言，培训时间一般都会列入公务员机关的年度培训计划，培训模式也相对固定。

与传统的政法高职学生岗位培训方式不同，以胜任力模型为基础的政法高职学生岗位培训，需要打破陈旧观念的束缚，敢于接受新的观念，并对原有的固有的政法高职学生岗位培训方式进行彻底改革。同时，还需要在政法高职学生岗位培训的各个环节进行符合新的发展模式的调整，也需要对政法高职学生岗位培训主体进行调查和了解，针对政法高职学生岗位培训主体设计政法高职学生岗位培训内容。因此，以胜任力模型为基础进行政法高职学生岗位培训，需要较大的改革，更需要获得相关部门领导的大力支持。这对政法高职学生岗位培训工作的改革是否成功，有着决定性的影响。政法高职学生岗位培训部门应该认真思考，什么样的课程是业务工作真正需要的，什么样的能力是真正能胜任岗位的，什么样的人才是更有利于单位事业长远发展的。因此，在分析政法高职学生岗位培训需求时，"以我为主"的工作习惯已经不再适应，而是要主动与业务部门进行对接，对本单位各岗位职能业务进行系统分析，从需求出发，关注在业务工作中单位希望干部具备些什么能力，或者哪些能力能够更好地胜任工作，描绘出具有岗位特色的胜任力模型，并据此来确定政法高职学生岗位培训需求。想要进行政法高职学生岗位培训需求分析，就需要使用多种分析方法从多个角度进行分析，其中，大家一般都会采用的方法包括问卷调查法、具有权威性的专家系统数据库以及最简单、直接的观察法、专家访谈法等，通过这些方法，我们都可以获得关于胜任力模型的政法高职学生岗位培训情况的相关有效数据。新招录政法高职学生在胜任力的需求方面具有自身特色的东西，要想构建出较为全面的胜任力模型，就需要坚持二者的共存，只有其和睦地融合在一个共同体中，才能得出我们想要的结论。

（二）胜任力模型的构成要素分析

不同的岗位所产生的胜任力要素是不尽相同的，对这一问题进行分析我们可以得出以下结论：胜任力是可以划分为不同类别的。本研究根据洋葱模型理论来构建胜任力模型。首先，在模型的最外层，也就是最基本的能力，即鉴别力、执行力和面对不同情况的心理调适能力。这些素质是要完成好每个人自己的本职工作所应该具备的基本能力素质。其次，深入一层就是个体在完成日常工作和领导交办的事务中体现出的进一步的能力，例如，对于工作中需要起草文件的文字能力，对国家政策变化的把握能力，在工作中与同事及工作对象进行沟通交流的能力，处置工作中遇到突发事件时的应变能力。最后，在核心部分需要具备的能力则有个人在工作中的创新能力、快速学习掌握新技能的学习能力、比较广博的知识面、对于新事物的探究能力以及积极向上的事业观等。针对以上的能力，下面我们概要分析。

1. 基本胜任力要素

（1）政治鉴别力

当前中国的建设和发展依然处在高速发展的轨道，这就需要国家公职人员对我国的社会主义建设现状有深刻的认识，要能够很好地执行国家分配的工作，对于国家政策和时政都要认真了解、深入探究，特别是作为政法部门的干部，政治上的坚定性和敏感性是必备的，这都需要具有敏锐的政治鉴别能力。但是，从胜任力要素的角度出发，个体对于政治的鉴别能力是一种综合能力，它包含着对于事件的正直感，对于时事的敏锐度，对于事件的分析能力，等等。而其中的对于政治事件的鉴别能力，可以看作政法部门政法高职学生的必备能力，这也是在这一工作岗位中的通用能力。在政法部门政法高职学生的工作中，其工作信条是把政治摆在第一位，要顾全大局，甘愿为党和国家作出贡献。因此，作为这一工作的基础能力，政治鉴别力需要利用政法高职学生岗位培训来不断养成和加强。

（2）执法能力

政法高职学生必须具有较强的执法能力，要严格遵守法律所定义的权利与义务，要熟悉法律法规并且严格执法。对于和工作相关的法律条款，个体要做到深入了解，合理运用。在对法律的态度上，要做到敬畏法律、尊重法律，坚决抵制各类违法行为。在政法部门的日常工作中会面临各种情况，这都离不开对法律的依靠。当今社会的生活水平越来越高，人们对政法干部的执法要求也随之提高，因此，加强公共执法水平是我们目前面临的重要职责。从这些方面来看，执法能力是综合能力的一种体现，也是胜任力模型中的基础要素。

（3）心理调适能力

作为新人，在工作中难免会遇到各种问题，由于缺乏足够的工作经验以及待人接物方面不够成熟，新人在实际工作中所遇到的情况和问题往往和入职的预期有较大差距，那么在遇到这些问题时，如何对自己的心理预期进行定位，尽快调整自己的状态和心理，以一个平和的心态去应对遇到的问题和困难，通过努力去达成和超越，让自身尽快完成转变，就成了非常重要的能力。因此，在胜任力模型的搭建中，心理调适能力也是基本能力之一。

2. 中层胜任力要素

（1）文字处理能力

在政法高职学生的日常工作中，文字编辑工作是必不可少的。工作中需要起草各类文件，由于公文在机关单位十分重要，很多部门甚至把文字处理能力视为工作的首要能力，可见公文在各个机关单位间的运转中起到十分重要的作用。这里我们提到的公文与通常我们见到的小说、诗歌等题材不同，公文起草能力不是仅依靠个人的学历和文笔就能形成的，其行文风格也和日常的语言风格区别较大，它是一种专门的文体，想要掌握这种能力是很不容易的。这类文章的风格是正式的、严谨的，需要用精练的语言来传达想要表达的意思。这种文字上的严谨性，需要长时间的锻炼培养。并且，写公文需要的知识体系也不是我们常用的知识体系，这方面的知识体多是与政治理论、政策法规等相关联的。这类知识的学习也需要个体花费大量的时间和精力，想要建立公文相关知识体系和起草能力，就需要我们从胜任力的角度出发，不断提升自己的能力。

（2）政策把握能力

政法高职学生还需要对政策有一定的领悟能力，对各项政策的正确解读，是建设法治机关的先决条件。政法机关人员在整个执法过程中处于执法者的位置，其对于政策的把握会对执法水平起到决定性作用。因此，对政策的把握能力实际上也是一项综合能力，其中包括将经验与实际进行有机结合的能力，对法规进行解读的能力等，这种能力是可以通过有计划的政法高职学生岗位培训来后天形成并且逐渐增强的。

（3）组织协调能力

政法高职学生还要具备一定的组织协调能力，具体来说就是在组织活动中所体现出来的计划能力、组织能力、人际沟通方面的能力等。政法机构的社会定位决定了它会与各方面都产生一定的关系和接触，其办事人员的组织协调能力无疑十分重要。在协调工作中，最重要的是要具备解决突发事件的能力，需要个体对事件有深刻的认识，对于事件的发展趋势和变化要及时掌握，甚至要有对于突发事件的预判能力，力求将可能出现的问题解决在萌芽状态。对于事件发展中所涉及的各类问题，要尽量调整好各种关系，准确地掌握事件的发展方向，在出现预料之外的事件后要用冷静的头脑去解决问题，用科学的方法对事件进行分析，对于事态的发展要有所掌控；需要个体在做决定时进行准确的判断，果断地作出选择，对于各方面的资源进行全面的整合，推动各项活动有序进行。这个能力不是天生就有的，而是需要经过各种训练和现实经验来掌握的。因此，组织协调能力也是胜任力模型要素中很重要的一部分。

（4）语言沟通能力

政法高职学生在日常的工作中需要有很强的语言沟通能力，因此，政法高职学生需要具备比较优良的语言表达能力，在表达过程中要突出重点、语言流畅，在工作中要学会尊重和自己意见不同的人，还需要坚持自己的一贯原则，同时灵活地与各方进行接触，力求合作的氛围轻松、和谐。特别是在互联网高速发展的今天，人们获取信息的渠道更加快捷而直接，语言表达能力就显得更加重要，因此，针对政法高职学生的语言表达能力的培训十分必要，怎样才能够最快速、明确地和不同对象打交道，并且准确地了解他们的诉求，不仅需要对政法高职学生的语言表达能力进行培训，还需要让其长时间参与实践活动，通过切身体验来锻炼、提升相应能力，这种能力体现在工作中直接决定了工作效率的高低。

（5）信息化能力

当今世界已经进入信息化时代，政法机关的信息服务水平也越来越高，可以说日常基础性的工作已经离不开电脑了。高速发展的时代，信息更加开放、快捷，大众对于政法人员的监督工作加强了。这就对信息化方面的服务要求越来越高，越来越要求综合性执法，信息服务的范围也在不断扩大。现如今，网上的信息发布是人们对政法机关进行了解的一个重要途径，及时的信息发布可以大大拉近执法部门和群众之间的距离，也是提高执法部门服务效率的重要途径。这就要求政法高职学生具备很强的信息处理能力，要求他们可以及时地处理各类信息问题。信息化能力必将成为政法高职学生的基本技能之一。

3. 深层胜任力要素

（1）创新能力

创新是推动事物发展的主要动因。特别是如今，政法机关的职能不断转变，其管理范围和手段都在不断变化，这对相关政法高职学生的创新能力要求不断加强。随着社会的发展，新的问题层出不穷，新的挑战也正不断地考验着政法机关的执政能力，如果在面对这些问题的时候因循守旧、不思创新，那么只会使自己的处境越来越被动。因此，对新招录人员来说，创新能力的培养不容忽视。创新向来都是在原有知识的架构上进行的，没有一定的知识积累和掌握，是无法进行创新的。在开拓创新的过程中，意识层面、知识技能层面缺一不可，因此，对创新能力的培养要从思想意识层面入手，以培养知识技能为主，二者共同培养，不能忽略任何一方。

（2）自我学习能力

在当今这样一个信息爆炸的时代，知识不断推陈出新。政法高职学生需要不断地主动学习新知识，充实自身的知识储备。因此，自我学习能力就显得尤为重要了。政法相关从业人员可以依据自己的工作需要，对已有的知识储备通过实践的方式进行检验和测试，在实践中寻求科学的学习方法，对于工作中需要用到的知识技能及时更新,选择多种方法如阅读、参与实践活动、网络学习甚至是向工作中表现优异的人进行学习来提高自己。社会发展瞬息万变,政法高职学生需要快速适应这样的发展,并且对发展的方向有所把握。自我学习能力也是胜任力模型中不可缺少的一部分。

(3)事业观

职业和事业的关系一直是用人单位希望能解决好的问题。对待工作的态度,往往决定着一个人在工作上取得的成就的大小。但是,事业观作为一个人的内在动力之一,很难通过某一具体的课程来完全实现。只有本人在内心完全认同自己从事的工作,才会将其内化为需要为之不懈努力的事业。除了这一点之外,其他胜任力要素都是帮助政法高职学生更好地适应新工作的重要因素,也是逐渐帮助其建立认同感的重要条件。

政法高职学生岗位胜任力模型的构成要素见图3-1。

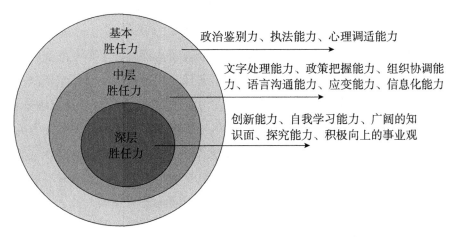

基本胜任力　　政治鉴别力、执法能力、心理调适能力

中层胜任力　　文字处理能力、政策把握能力、组织协调能力、语言沟通能力、应变能力、信息化能力

深层胜任力　　创新能力、自我学习能力、广阔的知识面、探究能力、积极向上的事业观

图3-1　政法高职学生岗位胜任力模型的构成要素

(三)基于胜任力模型的政法高职学生岗位培训体系架构

当前社会,通过政法高职学生岗位培训来解决单一问题或需求已经跟不上发展的节奏,政法高职学生岗位培训组织者应把眼光放得长远一些,在力求通过政法高职学生岗位培训解决当前需求的同时,也能够着眼未来的发展状况。这种基于胜任力模型的政法高职学生岗位培训,无疑是在发展过程中必须要坚持的一项重要的战略原则,要加强对政法高职学生岗位培训各个环

节的精心设置。政法机关原有的政法高职学生训练体系过于笼统，只是单一地致力于增强某几个方面的业务能力。而基于胜任力模型的政法高职学生岗位培训，更加强调专业能力、基本能力、发展能力等，并坚持差异化管理模式。对各个不同工作方向的新招录政法高职学生开展与其岗位相适应的政法高职学生岗位培训课程，最终目标就是要提高新招录政法高职学生的岗位胜任力。

基于胜任力模型的政法高职学生岗位培训所采用的激励教学方式，可以吸引学员主动地参与到政法高职学生岗位培训中来。想要吸引政法高职学生岗位培训者主动参与，政法高职学生岗位培训必须要把对新招录政法高职学生的能力培养和职业规划发展结合起来，调动他们参与政法高职学生岗位培训的兴趣。还要加强政法高职学生岗位培训的重要性，通过对政法高职学生岗位培训结果的考核来作出整体评价，把考核结果和评优推荐挂钩，等等。政法高职学生岗位培训不仅可以促进他们的自身发展，还会给他们带来利益，因此，政法高职学生岗位培训十分重要。

在以胜任力模型作为政法高职学生岗位培训基础时，需要考虑到因材施教的情况。对政法高职学生岗位培训主体进行政法高职学生岗位培训时，要坚持效用原则，对政法高职学生岗位培训主体的胜任力模型进行准确分析，及时对政法高职学生岗位培训者进行强化与检测。因为政法机关的公务人员有很多不同的岗位，不同岗位的工作内容差异性也很大，所以他们所需要的岗位能力标准也不同。政法机关在政法高职学生岗位培训时，应对不同工作岗位的特点予以充分考虑。不仅如此，对于不同阶段的参训人员，也要提供不同的政法高职学生岗位培训内容和方法，不同的岗位培训形式也有较大的不同，有的以理论学习为主，有的以技能实践为主，有的则需要更加侧重于个体能力素质的强化，这都是基于不同岗位的胜任力模型得出的侧重点。学以致用，政法高职学生岗位培训的终极目的，是让新招录政法高职学生更好地胜任自己的岗位，尽快进入工作状态。课堂的教学模式太单一，需要给予他们参与实践的机会，让他们在实践中寻找、掌握完成工作的要领，真正做到有工作能力，为今后的发展打下更好的基础。对于所学知识的巩固与强化，也会提升政法高职学生的岗位培训效果。巩固可以使得政法高职学生岗位培训者真正掌握政法高职学生岗位培训知识，而强化是在实践过程中通过实践经验来实现的。这种强化需要在政法高职学生岗位培训后进行，也需要在工作中不断地加强。

（四）基于胜任力模型的政法高职学生岗位培训设计管理

1. 确立胜任力的政法高职学生岗位培训形式

通过多样化的政法高职学生岗位培训方式，合理安排各项政法高职学生岗位培训有机进行，最大限度避免政法高职学生岗位培训因占用工作时间而带来的困扰，对政法高职学生岗位培训计划进行改进，制订出更加合理的政法高职学生岗位培训时间，这样可以大大提高政法高职学生岗位培训效率，同时，要想方设法调动政法高职学生参与政法高职学生岗位培训的积极性等。需要各个机关单位积极地组织相关人员，对上级部门下达的任务认真、高效地完成，对于政法高职学生岗位培训进行合理的安排，可以选择在工作中相对空闲的时间段进行政法高职学生岗位培训，并且针对不同职位和单位可以明确各自的政法高职学生岗位培训时间，这有利于受训者合理安排自己的时间，有利于提升他们的参与度。新招录政法高职学生，可以依据自己所在岗位的需求，进行相关的胜任力发展，自己选择学习的内容和方式。对于这样的安排，人事部门需要在进行工作安排时给予时间上的便利，也需要给予一定的资金支持。

2. 建立基于胜任力模型的政法高职学生岗位培训制度

为了加强基于胜任力模型的政法高职学生岗位培训的力度，需要将有关基于胜任力模型的政法高职学生岗位培训经历记录在学生档案中，并将政法高职学生岗位培训结果和职务晋升等升迁奖惩制度挂钩。例如，晋升某一级别的政法高职学生，需要在一年内完成相关政法高职学生岗位培训，而且必须在相应的测试中全部达标，否则将不具备晋升资格。对于新招录的政法高职学生，也要严格要求参训时间，否则无法给予相关定级，等等。类似的制度，可以强化人们对于培训的认识。除此之外，针对政法高职学生岗位培训，还可以按参与者年龄、层次的不同来分别设置相应的培训制度，这样可以将政法高职学生岗位培训与政法高职学生自身的职业规划紧密结合起来。可以依据不同的年龄层，设置相应的政法高职学生岗位培训方式和内容，这样就能与受训者的自身发展更好地联系在一起，年龄不同政法高职学生岗位培训的测试标准也应不同，但都要严格地按照不同阶段的要求进行分层评估，其评估结果作为参训人员升职调岗的依据和参考。

3. 对基于胜任力模型的政法高职学生岗位培训进行有效管理

政法高职学生岗位培训工作要做到有效管理，需要从多方面入手。因此，在政法高职学生岗位培训过程中必须做到规范化，规范政法高职学生岗位培训的全部过程，从准备到启动再到最后的善后工作，都需要进行严格的规范。在规范的同时要做到科学管理，对于政法高职学生岗位培训，要坚持有序、活跃和有效的要求。同时，需要对政法高职学生岗位培训的需求进行调研，对结果展开分析，从而不断地完善政法高职学生岗位培训模式，使政法高职学生岗位培训效果真正落到实处，抵制单一追求政法高职学生岗位培训要求而没有考虑实际情况的政法高职学生岗位培训现象，力求政法高职学生岗位培训可以促使政法高职学生在工作中发生巨大转变，但需要在政法高职学生岗位培训中重视政法高职学生存在的个体性差异。

例如，在办公厅机关工作的政法高职学生，存在着年龄的差距、职位的不同，知识上也存在差异。通常在年龄方面，大多数人都在 35 岁以下，年龄高者所占比例会减少。并且，在较为年轻的干部中，学历也存在较大差异，其中绝大部分的新招录政法高职学生至少是本科学历，还有部分为硕士或者博士学历。专业技能方面则以文科专业所占的比例最大。以上差异在政法高职学生岗位培训中要做到全面考虑，它的复杂构成和较大的差异性，是影响政法高职学生岗位培训结果的重要因素之一，想要更好地实施基于胜任力模型的相关政法高职学生岗位培训，就要求管理者在管理的过程中对于各个因素可能造成的影响作出较为全面的考虑。必须对政法高职学生之间存在的差异引起重视，对其进行"区别对待"，加强基于胜任力模型的政法高职学生岗位培训的针对性，力求在政法高职学生岗位培训中达到最好的培训效果。

同时，在政法高职学生岗位培训期间还需要注重对学员的管理工作，好的管理能让政法高职学生岗位培训的效率和成效都有较大的提高，反之亦然。试想一个作风散漫、态度不端正的学员队伍，如何能取得良好的政法高职学生岗位培训效果？但是，在学员的管理过程中，如果一味地"从严"，缺少方式、方法，不注重关心、关怀，也必然会使学员管理陷入"外紧内松""阳奉阴违"的状况。特别是现在的新招录政法高职学生以"90 后"群体为主，他们的自主意识强烈，思想多元，如果不善于与他们进行沟通交流，他们容易产生逆反心理，进而给政法高职学生岗位培训管理工作增加难度。因此，其需要加强管理中的人文关怀和科学性。此外，还需要注重培养学员的自我管理能力，这样，一方面能够发挥他们自己的主观能动性，另一方面也是培养自我管理能力的一种良好的实践。

（五）基于胜任力模型的政法高职学生岗位培训体系实施

1. 更新政法高职学生岗位培训观念

一个单位的政法高职学生岗位培训体系有其传承和习惯。政法机关的性质区别于企业，因此其问题的暴露往往是一个缓慢的过程，而且并不明显。再加上机关的响应速度相应缓慢，这就造成了政法高职学生岗位培训的滞后和内容的陈旧。这也是机关单位任职的政法高职学生岗位培训往往受到诟病的原因。想要在这样的情况下有较大的改善，就需要多方面共同努力。首先就需要在政法高职学生岗位培训观念上有所改变。这是所有工作开展的基础。政法高职学生岗位培训不是要简单地完成培训任务，而是要上升到改变干部整体素质和个人专业能力的高度，它是将业务发展推向新的高度的重要助力。所有参训者和政法高职学生岗位培训组织者都需要改变固有观念，提升主动意识和参与意识，这样可以大大提高政法高职学生的岗位培训效果。

2. 政法高职学生岗位培训方式的转变

传统的课堂讲授方式对大多数年轻的新招录政法高职学生来说，没有足够的吸引力，如果大量的课程以这样的方式开展，效果必然不会理想。因此，除了观念要转变外，在政法高职学生岗位培训方式上也需要创新形式，提高政法高职学生岗位培训课程对学员的吸引力。在实际操作中，我们除了可以根据胜任力模型开发各种不同的课程外，还应加入大量的实训课程，请相关部门的业务骨干共同探讨实训方式，将理论的课程与实际的操作结合在一起，让学生在实训过程中体验到工作的特点，发现问题。体验式的教学往往会让学生在政法高职学生岗位培训过程中有完全不同的收获，同时也能巩固他们学到的理论知识，这样他们就会有比较好的基础，以学得更好、更深。

除了实训课程外，在开发政法高职学生岗位培训课程时，可以尝试将一些胜任力模型内的能力要素应用到其他一些活动，例如，开展一些户外拓展活动，精心设计任务点的任务目标，在完成任务的同时加强学员的团队凝聚力、应变能力、发散性思维能力、语言沟通表达能力等各种能力，以激发培训参与者参与培训的兴趣，使其能够积极参与其中，从而收到良好的效果。

3. 找准核心要素

政法高职学生岗位培训的效果是否理想，核心的问题就在于胜任力模型构建是否准确、合理。只有抓住核心要素，找到需要解决的问题的关键，才可以在构建胜任力模型的时候不至于找偏方向。政法高职学生岗位培训课程的开发和课程架构的搭建，都是基于胜任力模型的，因此，作为根基的模型是否合理，其重要性不言而喻。

4. 高层领导的重视

政法高职学生岗位培训制度只有得到由上至下各级领导的大力支持，才能顺利开展、实施。

三、政法高职学生员工岗位成长因素

（一）政法高职学生员工岗位成长的特征

我国政法高职学生的员工岗位成长因素具有以下主要特点：一是起点高，在学历层次、政治条件、年龄要求等入职条件上，远高于《公务员法》规定的资格条件；二是广口径，在区域、户籍、身份等方面有逐渐放开的趋势；三是竞争性增强，通过选调、公考、选聘、遴选、公选、竞争上岗等形式，竞争性选拔以取得资格和职务；四是员工岗位流动性增强，调任转任、挂职锻炼等更为频繁和经常化；五是重基层，强调政法高职学生下基层锻炼，注重其在基层工作的经历和表现；六是阶梯化，规定工作年限、任职资历等方面的硬性条件，要求政法高职学生必须经过长期的锻炼和考察，从普通公务员进入后备人才梯队锻炼培养再选拔任用，随着自身内在能力素质的提升，在领导员工岗位的阶梯上逐级晋升。

（二）政法高职学生员工岗位成长的影响因素

政法高职学生的员工岗位成长因素是个人素质、组织环境和宏观社会环境共同作用的结果，内外条件组合的优化和互动程度，在一定程度上决定了政法高职学生员工岗位成长的速度和质量。政法高职学生的员工岗位成长，受到自身能力和条件的约束和影响，更受到外部环境施加的作用力影响。政法高职学生的员工岗位成长必须扎根于社会的大环境，必须紧靠时代脉搏，只有这样才能超越其自身发展的限制。

1. **个体因素**

政法高职学生的个体因素是其岗位成长、职位晋升的基本前提和关键因素。影响新时期政法高职学生岗位成长的内部因素有很多，根据国家行政学院课题组的调查结果，这些内部因素主要有自身素质、事业心、理想信念、创新精神、是否宽容公正等。另一项调查显示，一名优秀公务员最应具备和提升的个人素质包括高尚的道德人格、执着的敬业精神、深厚的理论修养、合理的知识结构、顽强的意志品质、坚定的政治信仰、强烈的公仆意识、正确的成就动机、勇于和善于创新的能力。由此可见，政法高职学生在员工岗位成长过程中，必须时刻关注个体价值观和能力素质的全方位提升。政法高职学生提高个人素质和能力的途径很多，被动接受组织培训和职位调派并不能实现最好的能力提升，关键是靠自身努力，树立崇高的职业理想，积极主动地在实践中学习，不断强化自身素质和能力，量变产生质变，最终获得成功。

2. **组织环境因素**

在职业发展过程中，组织环境对个体员工岗位成长有着全方位的影响，在我国，政法高职学生与其他类型人才的岗位成长情况相比，组织环境的影响最大，有着管理体制机制方面的更多较严的限制：从公务员入口开始，取得公务员身份需要符合组织规定的资格条件，并通过竞争性的招考；公务员的工作调换由组织安排，不同于市场化就业取决于人才的自由流动和供求双方的自主调节；公务员队伍中政法高职学生的职数更是受到严格的编制控制，政法高职学生必须通过一定的职务级别阶梯，具备相应的资历条件，才符合晋升的条件；薪酬福利与职务级别紧密联系的法定性，也决定了公务员的薪酬福利会受到更多组织环境的影响，不同于企业多劳多得的薪酬体系。

3. **社会因素**

社会环境是政法高职学生员工岗位成长的土壤，主要包括独特的时代需要、深厚的地域文化、和谐的家庭生活、良好的学校教育、民主的政治环境、安定的政治局面、和谐的工作氛围、健康的社会舆论等。除了民主的政治环境、稳定的政局等宏观社会环境外，能否在一个和谐、民主、团结的工作氛围中开展工作，对党政人才员工岗位成长起着举足轻重的作用。而家庭生活是否和谐、生活质量能否得到保障，是政法高职学生干事创业坚实的后盾。

（三）关于政法高职学生员工岗位成长规律的思考

1. 履历资格"包装"现象普遍

随着党和国家对公务员素质的要求越来越高，越来越多的基层公务员以及政法高职学生通过在职学历提升、丰富工作经历的方式"包装"简历。在338名调查者简历中，有131个样本的学历为政法高职学生，值得注意的是，目标样本年龄相对较高，集中出生在20世纪70年代初，平均年龄为42岁。由此可以推测，20世纪90年代初期加入公务员队伍的政法高职学生学历层次相对较低，为了应对国家层面对公务员素质要求的不断提升，以及新进公务员队伍学历普遍提档带来的晋升压力，他们大多选择攻读在职研究生甚至在职博士生来"包装""美化"简历。此外，338个调查样本中有176个样本曾有两次及以上员工轮岗交流、挂职锻炼、跨区域调职、跨领域调职、上下级机关工作经历，党校、行政学院培训等相关培训经历，虽然通过在职学习的方式可以提升公务员的文化素质和职业技能，而培训的方式则可以拓宽公务员的视野，增强其处理问题的能力。

2. 员工岗位成长因素资源稀缺且分布不均衡

根据人才环境理论，环境对人才的员工岗位成长、发展和价值实现的作用至关重要，人才处于一定的环境中，必然会受到所处环境的制约。虽然积极主动地适应环境、利用环境是人才员工岗位成长的决定因素，但是员工岗位成长所需资源的稀缺性以及分布不均衡性，会使得不同环境对人才员工岗位成长的促进作用不尽相同。假定每个政法高职学生在其任职之初所具有的自身素质和能力相同，那么在任职过程中所获得资源的差异对其成长影响很大。员工岗位成长资源包括职位资源、领域资源和区域资源，具体可以通过入口单位的性质、职能体系和行政级别来体现。

对政法高职学生样本数据进行统计分析发现，"70后"青年党政领导人才普遍具有起点高的任职特征，主要体现在两个方面：入口单位的性质和入口单位的职能。数据显示，这批"70后"县处级政法高职学生入口单位性质中，有28.97%的样本来自权力相对集中的党政领导机关，占比较高。而来自党政职能机关的政法高职学生样本中，有51%来自社会管理职能机关，29%来自财经综合管理职能机关，只有14%和7%来自相对冷门、弱势的科教文卫机关和政法机关。根据政法高职学生选拔任用管理惯例，不排除有些政法高职学生在某些"强势部门"工作因政绩突出受领导重视而"官运亨通"。统计数据显示，单位职能属于"财经综合管理部门"的所占比例达到16.3%，相较于其他较为笼统的社会管理类、科教文卫类的单位职能，所占比例较高，这证明了"强势单位"的任职经历对晋升有正面作用。由此可见，不同的入口单位性质和单位职能对公务员岗位成长的作用不尽相同，一些单位和部门的任职经历俨然成为晋升的有力跳板。

除了入口单位的性质和职能外，入口单位行政级别的差异也对党政人才员工岗位成长所需资源产生了重要影响。行政级别是指单位的行政级别，调查数据显示，只有30.35%的县处级政法高职学生是从乡村基层单位开始任职的，51.22%的政法高职学生进入公务员队伍的入口单位是省直/市直机关，其中，市直机关占比最大，达到43.63%。据此分析，可能是因为在中央机关、省直机关和市直机关工作远比直接在城市街道办事处、农村乡镇工作有着接触到高层领导，获得更多培养锻炼的机会，至少在上述单位工作对于宏观形势的了解、大政方针的领会更具有优势。而且，按照"下管一级"的组织人事工作原则，自上而下的挂职锻炼、轮岗交流、选拔任用的视野更开阔，机会更充分。

3. 秘书、组织部和团口政法高职学生升职快

通过对338个政法高职学生样本数据进行统计，发现某些特殊员工岗位在政法高职学生员工岗位成长中起着举足轻重的作用。这些特殊员工岗位主要分布于各部门秘书员工岗、组织部员工岗以及团口政法高职学生员工岗，大部分的青年政法高职学生都曾经有过一次或者两次在这三个员工岗位的任职经历，甚至有两个政法高职学生样本在三个员工岗位都曾经工作过。48.5%的政法高职学生曾供职于秘书员工岗位、组织部门员工岗和共青团口岗，据此可推断这三个员工岗位和部门的特殊性质，成为政法高职学生员工岗位成长的加速器。其中，占比最大的是共青团口岗的工作经历，达到30.18%。作为青年思想的引导者、青年活动的组织者、青年利益的代表者和青年权益的维护者，共青团政法高职学生在共青团乃至全党的事业发展中发挥着骨干力量。因此，我党历来重视建设共青团政法高职学生队伍，把共青团政法高职学生的健康成长看作全党事业生机勃勃、后继有人的重要标志。同时，共青团系统社会联系广泛，是向组织部门推荐青年后备人才的重要部门，因此，共青团口的青年人才更容易实现职业员工岗位成长。

此外，样本中有秘书员工岗位任职经历的达到 26.1%，占比同样较高。一方面，秘书员工岗位的主要职能包括沟通信息、参谋事务、处理事务，其对从业公务员的综合素质能力要求甚高，而担任秘书的公务员个人也在日常辅助领导者有效控制全局的过程中极大地提高了个人能力，为职业晋升夯实了基础。另一方面，秘书日常辅佐领导，其业绩更容易被领导发现并给予嘉奖，这也是通过这一途径更容易获得晋升的原因之一。

（四）政法高职学生员工岗位成长归纳

通过对样本政法高职学生纵向员工岗位成长履历进行研究，发现大多数成长较快的员工都经过多次频繁的调职，而每一次的调职都会伴随着职务的晋升或者会成为升职的跳板。有学者归纳我国政坛省部级政法高职学生的几条员工岗位成长路径：机关、高等院校、国有企业、共青团、研究机构等。本书通过对县处级政法高职学生样本进行分析后发现，随着我国公务员制度的深化改革，可将影响我国政法高职学生员工岗位成长的因素更加细化地归纳为以下几条：

1. 强势机关入职经历

上文已阐述因为员工岗位成长中资源稀缺且分布不均衡，会导致不同的机关性质和级别在青年党政人才员工岗位成长中发挥的促进作用不尽相同。无可否认，省、市直的党政领导机关、财经综合管理部门等强势职能单位，其入口工作机会为日后个人员工岗位成长、职位晋升提供了更多的资源和机会。而拥有组织部门、共青团口、秘书员工岗位的任职经历，更是为党政人才员工岗位成长创造了不可多得的晋升机遇。

2. 丰富的任职经历

遵循马克思主义人才观，政法高职学生要在实践中加以锻炼。实践既是我党培养和造就政法高职学生的根本途径，也是青年党政政法高职学生实现员工岗位成长的重要方式。目前的培养方式主要有"调训式"教育培养、"选派式"挂职培养、"轮岗式"交流培养、"抽调式"锻炼培养和"选调式"实践培养五种。数据显示，81.79%的调查对象都经历过跨地区、跨领域、跨单位级别的工作调动和挂职锻炼。其中，有过两项以上工作经历的政法高职学生样本达到33.5%。可见，丰富的工作经历既是政法高职学生丰富经验和重要资历的标志，更是我党培养复合型政法高职学生的重要手段，也使政法高职学生容易在更为广大的范围内被组织部门考察和调配，从而加快职业晋升的速度。

3. 学习型人才

作为学习型政府的重要组成部分，公务员的学历层次标准越来越高，而且公务员在任职过程中不能停滞不前，必须通过不断学习来提高自身知识储备，接触并掌握最新职业技能。只有学习型的人才，才能与时代要求保持一致，才能促进职业晋升道路畅通。调查数据显示，在入职后的职业生涯里，41%的政法高职学生取得了在职研究生或在职博士的学历。更有33.6%的政法高职学生通过接受党校和行政学院的专业培训，不断提升自身党性修养和业务管理水平，这些接受过党校和行政学院专业培训的政法高职学生，大多为"70后"，入职较早且学历层次相对较低，其中84%的政法高职学生样本都只有本科以下学历，可见，这些领导人才能够清醒地认识到自我学历上的弱势，并积极、主动地通过学习来提高自身素质和竞争能力。

打造学习型人才，需要政府组织和政法高职学生共同努力。不同群体的学习教育最佳时期是不同的。有调查显示，政法高职学生参加工作的前三年对理想有执着的追求，对工作有着新鲜感和积极性，这三年便是其学习教育的最佳时期。组织和个人都应该抓住这个最佳教育期，为促进员工岗位成长打下基础。组织层面，从事教育培训工作的机构和部门，应将教育培训工作纳入党政领导人力资源开发系统进行考量，创新教学方法，增强教育培训的针对性和时效性，并与政法高职学生的个人素质测评、业绩考核挂钩，而不仅仅停留在培训层面。个人层面，政法高职学生应当端正态度，不能把组织培养当例行任务，更不能产生把学习锻炼当作"镀金"、消极应付的心态，相对于被动接受组织安排的培训，政法高职学生更应该积极主动地保持学习动力，不断充实和提升自身素质和业务技能，加快员工岗位成长速度。

（五）促进政法高职学生健康员工岗位成长的建设构想

近年来，多地出现政法高职学生参加工作不久即被提拔的情况，类似"最年轻美女镇长""最年轻县长"的新名词，层出不穷。这些年轻政法高职学生的快速升迁经历，引起公众对于中央党政政法高职学生选拔任用相关规定的大量争议和质疑，根据中央出台的《政法高职学生选拔任用工作条例》，公职人员若提任县（处）级以上领导职务，"由下级正职提任上级副职的，应当在下级正职工作三年以上"，而这些快速升职的个例，并不符合国家规定，他们频繁地更换岗位，在短暂的工作经历中是如何保证为人民做实事的？很多地方为响应中央提倡提拔年轻政法高职干部的号召，机械地以"破格"的名义，为了响应提拔而提拔，甚至出台文件量化领导队伍中年轻政法高职学生的比例，如此行为很有可能造成"拔苗助长"的后果，导致社会争议频繁出现。因此，政法高职学生如何才能健康成长，成为一个严肃的社会化问题。

1. 政法高职学生健康成长的影响因素

青年党政领导人才与市场环境下的企业经营管理人才及专业技术人才相比，在管理体制机制方面有更多较严的限制，难以自由选择工作环境和工作岗位，也不能完全依照自身努力决定自己的职业前途和发展空间，具体表现在：第一，公务员队伍中领导干部职数受到严格的编制控制，有限的领导职位与政法高职学生无限的事业追求和持续进步的内在素质构成了矛盾；第二，取得公务员身份需要具备一定的资格条件，并通过竞争性的招考，其竞争相较于其他人才竞争更显激烈；第三，政法高职学生的选拔培养有着复杂而严格的程序和规则；第四，政法高职学生的员工岗位成长需要经过一系列的职务级别阶梯，并应具备相应的资历条件；第五，公务员实行常任制，事实上成了职业终身制，除非违法犯罪被取消公职，一般都要工作到退休；第六，公务员的工作调换由组织安排，尽管近年来增加了轮岗交流、基层遴选的机会，也绝不可能像市场化就业那样完全取决于人才的自由流动和供求双方的自主调节；第七，公务员薪酬福利与职务级别紧密联系的法定性，也决定了公务员不可能像企业员工那样凭借自身努力来争取更为优厚的薪酬待遇。在这样特殊的员工岗位成长管理体制机制的约束下，政法高职学生在员工岗位成长过程中是否会产生投机钻营、抱怨等待、职业倦怠等心理，从而影响其健康成长，是值得关注的。

2. 政法高职学生健康成长的目标和理念

片面、狭隘的成功观念认为政法高职学生职务、级别上的晋升是其事业理想的重要目标，晋升不仅说明个人内在素质的成熟与优秀，也是对个人政绩和贡献的肯定和褒奖。但现实是，全国公务员队伍总量大，但处级以上职位不到80%，如果一味地以职务、级别的晋升作为激励条件，不仅是不现实的，也是有消极效果的。即使层层选拔了一大批优秀的政法高职学生走上领导员工岗位，但更多的政法高职学生滞留在平庸、消极的工作状态，也是不适当的。目前，公务员队伍中出现的职业倦怠心理、责任意识淡漠、履职能力弱化、兼职混业、以权谋私等问题，多少与其狭隘、片面的职业观有关，也与当前人才培养选拔任用机制的不尽完善有关。鉴于此，应当对影响政法高职学生的员工岗位成长因素给予高度重视，对其进行系统优化，使政法高职学生树立健康、合理的员工岗位成长目标。

3. 促进政法高职学生健康员工岗位成长的具体措施

（1）坚持正确的指导思想和基本原则

理论指导实践，促进政法高职学生健康成长的各项措施，必须建立在高举中国特色社会主义伟大旗帜，坚持以邓小平理论、"三个代表"重要思想和科学发展观为指导思想的理论基础上，坚持党管政法高职学生的原则，坚持德才兼备、以德为先的用人标准，不断推进党管政法高职学生的科学化、民主化、制度化。坚持"德才兼备，以德为先"的选人、用人新原则。坚持德才兼备，突出以德为先，抓住了当前领导班子和政法高职学生队伍建设的关键。不仅要从根本上加强党员政法高职学生对"德"的修养，更要从制度上完善对"德"的考核，从体系上完善对"德"的监督。党管政法高职学生的科学化，是指按照实际情况推进政法高职学生制度的制订和实施，合理拓展党管政法高职学生的外延，对各类政法高职学生进行科学、动态管理，建立科学的政法高职学生新陈代谢机制和科学的政法高职学生考评体系；党管政法高职学生民主化，是指在政法高职学生的选拔、考核、培养、任免、奖惩等各个环节，扩大政法高职学生工作民主化，通过推行民主推荐、民主评议、公开选拔、差额考察、任前公示等方法，使人民群众能够充分行使"四权"，坚持群众路线不动摇；党管政法高职学生制度化，是指落实党管政法高职学生的方针，就是要将党的政法高职学生选拔任用的路线、方针、政策制度化，任何政法高职学生的选拔任用，都能依靠法定程序和制度，真正建立公开、民主、竞争、择优的用人机制。

（2）拓宽人才准入口径，完善竞争选拔机制

进一步拓宽政法高职学生的入口，选拔优秀人才进入公务员队伍，既要将当前鼓励青年人才到基层建功立业的各种形式纳入制度化的轨道，如对选调生、大学生村官、城市社区服务人员、"三支一扶"人员等公共领域就业的人才给予定向培养和选拔，也要从自主创业、企事业单位、"两新组织"中选拔青年人才进入党政人才队伍。在选拔青年政法高职学生的具体途径方面，有调查显示，超过70％的基层公务员认为公开选拔是相对较好的方式，也有超过15％的基层公务员认为现如今的选拔方式来源单一、入口窄，阻碍了优秀年轻政法高职学生的选拔。公开选拔和竞争上岗，有利于解决工作流动难题。青年政法高职学生培养模式的探索，必须遵循其员工岗位成长规律，科学设计，优化配置，梯次开发，丰富培养模式，并保证各种培养模式能够有序衔接、效用整合。要想不断完善竞争选拔机制，可以考虑采取以下措施：第一，加大竞争性选拔人才的力度，使竞争性选拔工作制度化、常态化。降低或消除竞争性选拔的"门槛"，鼓励和推荐符合条件的政法高职学生积极参加竞争，将通过竞争性选拔的青年优秀人才纳入后备人才库进行管理，将日常的委任制与考任制有机结合起来。第二，进一步公开化、平等化、规范化党政人才培养选拔标准，转变组织工作"神秘化"的状态，消除人才培养选拔方面的"潜规则"，逐步扩大领域、区域范围，统一各级各类党政人才的培养选拔标准，并使之具有稳定的政策法规形式，引导用人单位按照标准育才用才。第三，进一步促进政法高职学生岗位成长资源的均衡化，保证政法高职学生在相对公平的岗位成长环境中获得更为充分的培养锻炼和事业发展的机会，包括培训学习、调研考察、挂职锻炼、轮岗交流、遴选到上级机关部门、参与领导决策、参加重大项目活动、应对突发事件等的机会。

（3）完善考核评价机制，创新激励体制

科学的考评机制，在政府层面，能够全面、客观、准确地评价政法高职学生政绩，更好地选贤任能和对政法高职学生进行有效的管理监督。在政法高职学生个人层面，则能够帮助其增强紧迫感和责任感，对推进党政领导人才的能力建设，具有基础性、长期性作用。完善政法高职学生的考核评价机制，可以从考核制度和考核方法上进行改进。在考核制度上，坚持以德、能、勤、绩、廉为基础，按照员工岗位职责逐步构建全面素质考核制度，完善考评指标体系，客观确定考核标准，做到定性考核和定量考核相结合、动态考核和静态考核相结合、日常考核和年度考核相结合、届中考核和届末考核相结合。在考核方法上，通过人才测评、任职考核、竞争性选拔考试和培训考核等环节，建立和完善政法高职学生的个人信息档案，建立各级各类党政人才基本信息库，进行经常性的分析与评价，为政法高职学生的选拔任用提供决策信息，提高人岗匹配的准确度。

此外，更应该重视考核结果的应用，建立健全考核结果反馈和通报制度，更好地发挥考核的导向作用。把考评结果作为选拔任用政法高职学生、调整不称职不胜任政法高职学生及奖惩的重要依据，做到升降合理、奖罚分明，将其作为领导队伍和政法高职学生加强思想政治建设的重要依据，作为有针对性地对政法高职学生进行培养锻炼的依据。除了完善考核评价机制外，还必须创新多样化的激励机制。在职务、级别激励之外，探索更多的薪酬福利、精神荣誉激励措施。深化工资改革制度，建立科学、合理、完善的工资制度，促使党政政法高职学生安心工作、廉洁奉公、恪尽职守。综合运用各种激励机制，坚持物质激励与精神激励相结合，对符合职务、级别晋升资格条件的政法高职学生，在无法满足其晋升要求的情况下，给予其其他补充激励。

（4）创新公务员职位分类，畅通退出机制

促进公务员职位分类的探索和创新，探索多通道的职业发展规划，适当淡化"综合管理类"公务员的唯一出路，优化综合管理类公务员中非领导职务的使用和管理，对专业技术类、行政执法类的公务员，在职务、级别上设立发展通道和多个阶梯，使公务员的职业发展有更多的途径和平台。除了上文提到的要着眼于形成择优选才机制，拓宽党政领导"上"的渠道外，还要抓紧形成党政领导淘汰机制，解决党政领导"下"的问题，畅通退出机制。

主要通过建立职务任期制度、任职试用期制度、辞职制度、部分政法高职学生职务聘任制和免职制度等，支持和鼓励政法高职学生有条件地通过调任、辞职、提前退休等方式转入党政部门以外的企业、事业单位，或自主创业，消除事实上的"政法高职学生终身制"，在开放、流动和竞争的人才环境中，实现人才多方面的社会价值，疏通政法高职学生正常"下"的渠道，畅通退出机制。

（5）引导、树立正确的价值观和职业发展观

以政法高职学生作为主体，引导他们树立正确的价值观和职业发展观，是促进政法高职学生健康成长的根本。坚持全心全意为人民服务，密切联系群众，是我们党的优良传统和政治优势。作为我国重要的人才队伍，政法高职学生必须首先树立为人民服务的价值观，加强党性修养，牢固树立马克思主义的世界观、人生观、价值观，树立正确的权力观、地位观和利益观，践行党的宗旨。立党为公、执政为民，是新时期党员政法高职学生贯彻落实科学发展观的内在要求，在各级党委和组织部门任职的政法高职学生，要始终把人民群众的根本利益作为一切工作的出发点和归宿。在工作中，要强化责任意识和组织意识，引导政法高职学生正确对待权力、地位、荣誉和政绩，更新职业发展观，淡化"官本位"观念，使其以谋取国家利益和社会公共利益为己任。同时，对安心基层、恪尽职守、忘我工作、不辞辛苦的政法高职学生，除在职务、级别晋升上给予更多的优先考虑外，还要强化精神激励，给予其心理慰藉。

第四章　政法高职院校学生自我管理素养

一、政法高职院校学生自主发展意识

（一）对"自主发展"概念的界定

分析"自主发展"的概念，我们首先需要明确"自主性"是自主发展的核心要素和内在本质特征。"自主"一词最早出现在康德的著作中，意指人们对自己意志和行为的自由决定；在马克思主义的视野里，自主是主体人的一种内在规定性和本质特性，自主亦是主体自身的一种能力，这种能力又是主体素质的综合体现。自主有两个尺度——第一个尺度描述个体的客观状况、生活环境，是指相对于外部强迫、外部控制的独立、自由、自决和自主支配生活的权利和可能；第二个尺度是对主观现实而言，是指能够合理运用自己的选择权利，有明确的目标，坚韧不拔和有进取心。自主的人善于确定自己的目标，不仅能够成功地控制自己所处的环境，而且能够控制自己的冲动。每个人都有自主意识、独特个性，因而能进行一定的自主活动，表现出自主性。自主性是人的主体地位的确证，表明了人所具有的一定的能力、权利和责任，它具有自愿性、目的性、坚定性三大特性。而"发展"则是自主发展的关键性特征。现代发展观认为，发展从根本上说就是人的发展，就是个体通过对自己的认识、剖析和定位，以一定的策略和社会规则标准为中介，对自身内在潜能的不断挖掘。其潜能的开发更重视心理行为潜能，包括智力因素和非智力因素、个性和社会性等方面的展示和进步。基于发展心理学视角，发展是指获得新结构或引起心理结构改变的过程，是个体内部进行的连续的、导致结构性改变的变化。

综合以上内容，笔者认为，自主发展就是个体通过对自我的认知、剖析和定位，合理运用自己选择的权利，有效地借助外界的帮助，并与外界相互作用，通过自我规划、自我决策、自我学习、自我调节、自我监控、自我评估、自我教育等活动，使个体的情感、能力、个性等各方面的内在潜能得到不断挖掘，最终获得人生意义的彰显和自我价值的实现与超越。一个自主发展的人，就是具有较强的自主发展意识、明确的自主发展目标、良好的自我发展策略、强烈的主动实践能力和较强的自主学习能力，在活动中能够自我调节、自我监控，能够作出正确的自我评价，并在生活中不断地自我塑造和自我教育的人。

（二）理论基础

1. 弗洛伊德的自我发展理论

自我发展是弗洛伊德人格理论的核心。弗洛伊德认为，人是一个能量系统。人们依据本能来行事，却经常遭遇到反精神投入过程的阻碍作用，而阻碍就会消耗能量。如果人的精神是一种处处等势的均衡结构，也会浪费大量的能量。本着节省能量的原则，人有必要建立一些类似水坝的结构，在这些结构之内，把精神投入的阈值提高。这样，精神能量就可以在不同位置达到一种平衡状态。如果把原初的精神结构叫本我，那自我和超我就是根据这个原则从本我中发展出来的，既限制本能赤裸裸的满足，又节省能量。他认为，人格由"伊底（本我）""自我""超我"三部分组成。"伊底"包含一切与生俱来的本能冲动，它是人格中一个最难接近而又极其原始的部分。其中，各种本能冲动都不管什么是逻辑、道德，而受"快乐原则"的支配，盲目地追求满足。在他看来，婴儿的人格完全属于"伊底"。"自我"是现实化了的本能，是在现实的反复教训下，从"伊底"中分化出来的部分。它依据现实原则作用，有知觉、记忆和思考的能力，既要获得满足，又要避免痛苦，负责与现实接触，并在"超我"的指导下，监督和管制"伊底"的活动。"超我"是道德化了的自我，是人格最后形成的、最文明的部分，反映着社会的道德要求和行为准则，其功能是控制行为。"超我"按完善原则行事，执行着父母早年所曾执行的职权。父母施行的惩罚职权，变成了"超我"中的"良心"；而父母施行的奖励职权，则变成了"超我"中的"自我理想"。弗洛伊德还认为，人格的动力学说就在于"伊底""自我"和"超我"三者的固定交互作用，也就是说，"自我"在"超我"的监督下，只允许来自"伊底"的性和挑衅的冲动得到有限的表现。总而言之，弗洛伊德的自我发展理论启示我们，要接纳"本我"，重视"本我"，合理引导"本我"；要把握"自我"，实现自身与外界环境的协调统一，进而促进自我的发展；要建立健康的心理防御机制，实现"超我"。

2. 米德的符号互动理论

20世纪初，社会理论学家开始关注微观层次的现象，致力于发现人际互动的基本过程。哈佛心理学家威廉·詹姆斯于1937年最先使用了"符号互动"一词，他认识到，人类有将自身看作客体进而发展自我感觉和关于自身态度的能力。查尔斯·霍顿·库利提出了"镜像自我"，他认为，人们对于他们自己的感觉，通过观点采择过程而得到发展。而米德借助进化论以及威廉·詹姆斯、查尔斯·霍顿·库利和约翰·杜威三位思想家的思想，将相关概念组成了浑然一体的理论体系——心灵、自我、社会贯穿于社会互动之中。米德是最先对"符号互动"理论进行系统阐述的现代思想家，被公认为"符号互动"论的鼻祖。

米德认为，人们具有独特的心智过程，能够用符号来表示环境中的客体，并且能悄悄预演针对这些客体可选择的行动方案，抑制不适当的行动方案，选择一种公开行动的合适路线。他称这一过程为想象性预演。

其主要观点如下：第一，观点采择能力和自我的出现。米德认为，个体的观点采择能力与自我的获得具有相同的含义，每个个体都会在采用他人观点的同时设想他们在他人眼里的样子。第二，符号沟通和自我发展。米德认为，"主我"和"客我"的互动是自我的本质，而人际沟通尤其是以语言形式进行的符号沟通是理解"自我本质问题的关键"，他强调人能够像对待客体一样用符号来标示自己，并将自我的发展分为嬉戏阶段、游戏阶段、自我的发展即泛化的他人三大阶段。第三，社会交互作用和自我的发展。米德强调社会交互在自我发展中的作用，他认为，如果缺乏社会交互作用，那么符号沟通将不可能发生，而且自我也不可能通过观点采择过程产生。他指出，自我的完全发展需要经过两个阶段：第一个阶段，个体的自我仅仅由其他各个体对他的态度所构成；第二个阶段，自我还要由普通大众对他的社会性态度构成。这两个阶段使得自我得以完全形成。第四，认知是自我的核心。他认为，自我意识而不是情感体验为自我提供了一个核心和基本的结构，而它本质上是一种认知。

总而言之，米德的"符号互动"理论对政法高职院校学生自主发展的重要启示如下：提高政法高职院校学生的观点采择能力，从而使政法高职院校学生走向综合、系统的自我反观，进而为自我意识的进一步整合、完善提供基础；提高政法高职院校学生交互反观的自我意识和自我能力，使得他们的"主我"和"客我"产生互动，从而使他们能够在各种情景中进行界定、分类，以及让自身与周围的事物包括他们自身相调适，并能够对自我进行评估与权衡，进而采取最适合他们自主发展的行为路线；提高他们的社会交互能力，从而使他们在共生关系中实现自我的独立；加强对政法高职院校学生自我认知能力的培养，激发他们的自主发展意识。

3. 马斯洛的人本主义人格理论

人本主义理论者包括文艺复兴时期著名的人本主义思想家，启蒙时期的思想家、教育家卢梭，以及后来的教育家费斯泰洛奇、杜威、苏霍姆林斯基等进步主义者。他们反对教育无视儿童的自由、平等，反对无视儿童的情感、需要、动机、兴趣、目的、理想价值等因素，反对对儿童本性的压抑，强调教师要尊重儿童的个性，关心儿童，信任儿童，强调教育的目的是促使人类的身心得到和谐发展，包括思维、热情和性格的发展。正如卢梭在《爱弥儿》中指出的，"教育的最大秘诀是使身体锻炼和思想锻炼相互调剂"。费斯泰洛奇也认为，教育的目的在于按照自然的法则全面地、和谐地发展儿童的一切天赋。联合国教科文组织发表的《学会生存——教育世界的今天和明天》确定了一个指导教育发展方向的基本思想，"人类发展的目的在于使人日臻完善；使他的人格丰富多彩，表达方式复杂多样；使他作为一个人，作为一个家庭和社会成员，作为一个公民和生产者、技术发明者和创造性的思想家，来承担不同的责任"。《教育——财富蕴藏其中》则进一步指出，"教育不仅仅是为了给经济界提供人才，它不是把人作为经济工具而是作为发展的目的加以对待的。教育使每个人的潜在才干和能力得到充分发展，这既符合成为任何教育的从根本上来说是人道主义的使命，又符合成为任何教育政策指导原则的公正的需要，也符合既尊重人文环境和自然环境又尊重传统和文化多样化的内涵发展的真正需要"。

马斯洛是人本主义心理学的创始人,他主张人本主义心理学要以正常人为研究对象,研究人的经验、价值、欲求、情感、生命意义等重要问题,以促进个人健康发展,提高个人的尊严和价值,达到自我实现的目的。马斯洛的人本主义人格理论,分为需求层次理论和自我实现理论两大块。马斯洛认为,人类是由一系列具有生命意义的和满足内在的需求所驱动的。他按照强弱和先后出现的次序,将需求分为生理需求、安全需求、归属和爱的需求、自尊需求、自我实现的需求五个层次。他指出,任何一种需求浮现于意识中的或然性,都取决于更具优势需求的满足或不满足状况。占优势的需求将支配一个人的意识,并自行组织去充实集体的各种能量;不占优势的需求则被减弱,甚至被遗忘或否定。当一种需求被满足后,另一种更高级的需求就会出现,转而支配意识生活,并成为行为组织的中心。

马斯洛的自我实现理论,是其人本主义人格理论的重心。马斯洛认为,可以把人类的基本需求分为高级需求和低级需求。生理需求和安全需求为低级需求,是人和动物所共有的,高级类人猿也许有爱的需求,而自我实现的需求则是人类独有的。自我实现的需求是实现生命价值的成长需求,其目的是扩展我们的经验,充实我们的生命,将我们拉向宏大的愿景。自我实现概念在马斯洛的整个学术研究过程中,被多次从不同的角度加以说明和界定:从人类需要的角度谈人的自我实现——自我实现概念实质上就是充分发挥自己的潜力所能达到的境界,这种境界是人的本性所规定的东西,它是人性中必然的东西,不是外在的力量强加给人的;"成为他所能成为的一切"——他把人的自我实现视为人不断自我调整自身心理倾向,实现自身潜能或潜力的一种需要。自我实现就是自我发挥和自我完善,是自我价值最大限度的实现;竭尽所能,使自己趋于完美——马斯洛强调自我实现有个过程,人在这个过程中竭尽所能,使自己趋于完美。自我实现是指人的天资、能力、潜能得到充分的开发和利用,使人趋向完美的过程,在此主要强调的是自我实现是个动态的概念;高峰体验——自我实现的优点就是人在高峰体验时的特点,高峰体验是人自我实现的一个极其重要的表现。马斯洛描述了自我实现者的15种特征:能准确地知觉现实;悦纳自己、他人和周围世界;能自然地表达自己的情绪和思想;超越以自我为中心,而以问题为中心;具有超然独立的性格；对于自然条件和文化环境的自主性；对平凡的事物不觉厌烦，对日常生活永感新鲜；具有高峰体验；爱人类并具有帮助人类的真诚愿望；有至深的知交，有亲密、温暖的家人；有民主的性格，能尊重他人的人格；道德标准明确，能区分手段与目的；具有哲理的、善意的幽默感；具有旺盛的创造力，不墨守成规；对现有文化更具批判精神。

总而言之，马斯洛的人本主义人格理论启示我们：引导并激发政法高职院校学生的需求，使其潜能充分展现；"以学生可持续发展"为中心，尊重学生，满足他们个性化的需求，引导他们充分地认识自我，增强自信心，挖掘潜能，最后达到自我实现的目的；鼓励他们自我选择和进行自我潜能的开发，使其尽可能成为他们所能成为的一切。

4. 社会互动理论

该理论指出，每个学习的个体，在一出生就进入了一个人际交往的世界。个体的学习发生在他们与其他人的交往与互动中。苏联心理学家维果茨基是该理论的代表人物，他认为，个体的发展通过语言学习得以发生，文化得以传达，思维得以发展。其互动理论的一个中心概念，是中介作用，有效自主发展的关键，在于个体和中介者之间的交往互动。与该理论相一致的还有费厄斯坦的中介作用理论，他认为，中介作用是赋予权力，帮助学生获得发展、进步，使其学会处理问题，适应各种文化情境和社会变化，以及拥有应对挑战所需要的知识、技能和策略；中介的作用涉及中介者和学习者之间的互动，以及学生的积极参与；中介作用强调的是一种相互性，即学生对教师的中介者意图的反馈作用。他指出，中介具有12个主要特征：重要性——教师要使学生认识和领悟到某个特定任务的意义和价值；超越当前的目的——教师培养学生可持续发展的能力；让对方明白意图——教师在呈现某个任务时，要让学生明白自己的意图并对该意图作出反馈；胜利感——使学生意识到自己所面对的任务并产生满足感；对自己行为的控制——培养学生的自我监控能力；确立目标——培养学生自我规划的能力；挑战——激发学生的潜能，使他们获得最大程度的自我实现；认识变化——培养学生的自我评估能力；相信积极的结果——培养学生自我调节的能力；共享——使学生理解合作；个性——承认和尊重学生的个性和独特性；归属感——形成一种学生赖以发展的文化氛围。

总之，社会互动理论指导我们加强对政法高职院校学生自主发展整个过程中目的性、计划性、监控性、评价性等方面的培养，并指导我们在教学中注意加强师生间的互动，使学生主动、积极地参与到活动中来，增强他们的自主意识并不断地提高他们的自主发展能力。

5. 建构主义理论

瑞士心理学家皮亚杰指出，"教育既是这种社会生活的反映，也是适应这种社会生活的工具"。学校教育活动培养人的社会实践活动，其中，学生是受教育的主体。皮亚杰认为，主体的认识起源于活动，活动在主体的智力和认知发展中起着重要的作用。学生作为活动的主体，通过躯体动作或思维运算，对现实的、客观的环境进行建构、转换，逐渐掌握其中的转换机制，从而获得相应的知识。主体的活动具有主动性、能动性和创造性。主体的认识结构建构过程，包含同化、顺应、平衡和自我调节等环节。其中，同化是指主体在机能上把客体整合到自己的活动格式中；顺应是指主体改变自己的活动格式以适应客体的特征和变化。在主体的建构过程中，如果过分强调同化，即主体只顾及自己的兴趣爱好和情绪体验，而置客体的特征和变化于不顾，主客体之间的信息转化就必然受阻，导致"自我中心化"；而主体如果单纯地顺应作用，又将流于模仿，失去创造性。因此，同化作用与顺应作用在认识结构建构中应处于和谐状态，这就是平衡。自我调节则是主体为实现平衡所作出的一切努力的内在机制和驱动力。

从建构主义理论的学习观来看，其强调学生的理解性、重组性，认为学习活动是学习者主动建构的过程，是学习者根据自己的知识经验对外部信息进行主动选择、加工和处理并获得意义的过程，而不是被动接收信息的过程，别人无法替代。从学习者的角度出发，建构过程既是发挥学习者主动性的过程，也是培养学生创造性的过程。学习过程的实质就是新旧知识经验的冲突引发认知结构的重组过程，因此，应培养学生自我塑造和自我教育的能力，使他们将"他有知识"转化为"真正的己有"。从建构主义的教学观来看，它既强调学生的主体性，同时又肯定教师的主导作用，主张"教学相长"。它认为，学生是意义建构的操作者，而不是知识的被动接收者和容器；教师是学生意义建构过程中的帮助者和促进者，而不是知识的提供者、灌输者。教师与学生之间的充分交流和沟通，有助于学生对知识的深刻理解。在整个教学活动中，教师必须随着教学情境的变化而不断改变自己的知识结构和教学指导方式，以便更好地促进学生的自我完善和发展，因此，教师同样是教学过程中的学习者，其必须不断地建构自己的知识体系，使教学活动达到"教学相长"的境界。

总之，学生才是教育的主体，教师应在教育过程中给予其相应的支持和辅助，创设各种富有趣味性的学习情境，为学生搭建多元的展示平台，让学生在学习实践中自觉建立起科学的人生观、价值观、世界观，帮助他们建立当今社会需要的能力体系，成为具有综合职业能力的可持续发展的高素质劳动者。建构主义也译作结构主义，该理论的最早提出者可追溯至瑞士著名的儿童心理学家皮亚杰，他认为学习实际上是在原有图式的基础上建构新的认知图式的过程，儿童具有主动建构图式的能力，通过对同化和顺应过程的自我调节，其认知图式不断地得到发展和完善。从建构主义理论的知识观来看，它强调知识的动态性、相对性，认为知识仅仅是人们对客观世界的一种假释和假设，而不是问题的准确答案，知识会随着人类的进步不断地被推翻并随之出现新的假设。因此，在学生整个发展过程中，应激发他们自主地检验、分析、判断，使学生走向"思维中的具体"，进而走向自我完善和发展。

6. 人的全面发展理论

马克思、恩格斯在他们的合著《神圣家族》中提到，人的社会特征必须是在一定的历史条件下，在特定的社会关系中，通过生产劳动及其他社会实践体现出来。他们指出，人的生产劳动是有意识、有目的的活动，提出了人的全面发展的学说，即人的发展与社会生产的发展是一致的。传统条件下由于生产力的低下，人类的劳动分工较为单一，造成了人的片面发展，而近代生产力的飞跃发展，对劳动者提出了更高的要求，只有具有广泛和宽厚的基础知识的劳动者，才能够更快地适应生产的需要，发展出新的技能。传统的技能传承方式已远远跟不上技术的更新换代，高素质劳动者的培养需要现代教育的参与。马克思指出，人的全面发展是指人的脑力与体力充分而协调的发展，成为"会做一切工作的人"，成为"具有尽可能广泛需要的人"，成为"高度文明的人"。正是因为有了人身体与精神的统一，人才能从事生产劳动和其他社会实践活动。当前我国处于社会经济高度发展时期，随着产业结构升级调整步伐的不断加快和新技术工艺的不断被采用，脑力劳动和体力劳动的界限逐渐模糊。一个人一生从事同一种职业、同一个岗位的现象将逐渐消失，这就需要社会劳动者摆脱狭隘的专业范围，使自己能够根据社会的需要或自己的喜爱自由选择职业，能从事多方面的活动，参与多方面的社会联系，能充分发挥自己的才能，丰富自己的精神生活。而所有的这一切，都必须建立在人的全面发展的基础上。因此，通过发展学生的潜能，使其养成良好的学习、生活习惯，促使学生形成适合自己的、可持续发展的工作学习模式，是高职院校培养学生全面素质和综合职业能力的立足点。

7. 马克思主义的科学实践活动观

马克思主义认识论认为，实践是人类发挥能动作用的体现，人是劳动主体，具有从事生产劳动、改造自然界的能力；人还是社会关系的主体，具有改造环境的能力。这确立了人在实践活动中的主体地位。它指出，"人的主体性和能动性是在通过感性实践活动同客体发生真实关系的过程中，才能显示出来的"。"教学活动作为培养人的社会实践活动，是以增强学生的主体意识、发展学生的主体能力和培养学生的主体人格为目标，试图通过活动来引发学生主体与环境客体之间的相互作用，从而塑造和构建教学活动主体，促进学生主体性发展的"。教师的言传身教并不能将知识传递给学生，学生必须自己体会所学到的知识，通过个体的实践总结出具有个体特性的经验，这个过程中教师起到的是引导方向、呈现知识的作用，而学生的自主学习才是关键。科学实践活动观是高职院校实行学生自我管理的一个重要哲学理论基础。

8. 学习型组织理论

"学习型组织，是指通过培养弥漫于整个组织的学习气氛、充分发挥员工的创造性思维能力而建立起来的一种有机的、高度柔性的、扁平的、符合人性的、能持续发展的组织。这种组织具有持续学习的能力，具有高于个人绩效综合的综合绩效"。学习型组织包括五项要素：建立共同愿景；团队学习；改变心智模式；自我超越；系统思考。学习型组织的一大特征就是横向结构，它打破了传统垂直管理的模式，更加强调平等和分工，强调"不断学习"的能力，成员可充分发挥自身主观能动性，自主管理。这种理论模式十分贴近学校教育模式，学校教育过程中的一般组织，如班级、学生会、社团、协会等组织形式，都是典型的学习型组织。这类组织需要学生在一个相对固定的集体中学习，通过各种组织实践活动，促进自身学习能力和自我管理能力的提升，并在集体中起到一定的积极作用。相较于传统型学生组织，学生自我管理模式更加符合学习型组织的要求，更加有利于促进学生团体中的相对平等、共同进步。

9. 可持续发展理论

可持续发展理论的内涵是既能满足当代人的需要，又不损害子孙后代的利益，满足其发展的需要。这是当社会发展到一定规模之后，人们对社会发展过程中的短期行为与长远利益关系提出的全新的战略性理论。可持续发展理论是文明社会发展过程中，人类对自身发展条件提出的新的展望观，是推动社会继续发展的重要理论。教育的发展与社会的发展起着相互促进的作用。教育对社会的可持续发展有着相当重要的基础作用。通过教育的实施，提高全民素质，把人类社会推向更高层次的发展，这就是可持续发展战略中的教育使命。"社会发展观念转变决定了教育的可持续发展观点的提出，它包括两方面的含义：一是教育的规模、布局、比例、结构要合理；二是教育要强调学生的可持续发展，学校教育要树立终身教育的观念，注重学生学习动机的激发、学习兴趣的养成、学习方法的掌握，特别是创造性学习品格的培养，包括创新意识、创新能力、创新人格的培养"。人类的发展要与自然的发展相和谐，现在的发展要考虑未来的发展，自我的发展要考虑他人的发展，这种和谐的价值观，凸显了人的素质的可持续发展。"职业教育作为开发人力资源的重要手段，应真正树立以人为本和以能力为本位的教育思想，从服务学生职业生涯发展需要出发，既要理论知识与实践能力并重，使学生很快适应社会需要，更要关注学生的可持续发展，注重学生非智力因素的开发和关键能力的培养，使学生素质的方方面面得以综合开发、全面发展"。

（三）政法高职院校学生自主发展意识分析

政法高职院校学生是否具有发展需要，学生自己想不想发展，为什么要发展，是否具有指向"自我实现与完善"的自我发展动机，是政法高职院校学生自主发展过程的起点，也是政法高职院校学生自觉、主动地寻求自主发展的心理基础。通过对这一环节的调查，我们了解了政法高职院校学生自主发展的需求意识、自主发展的认知状况以及自主发展的动力情况等。

1. 政法高职院校学生自主发展需求意识分析

笔者认为，政法高职院校学生对"政法高职院校学生应该自主发展"的理解，在一定程度上反映出政法高职院校学生自主发展的需求意识，对此，笔者特设计了以下四种回答：政法高职院校学生完全有能力自主发展；政法高职院校学生应该有自主发展的空间与平台；政法高职院校学生应在学校的引导和教师的指导下自主发展；政法高职院校学生应该不断提升自我素质与能力。对这个问题的回答，51.5%的人认为"政法高职院校学生应该有自主发展的空间和平台"，37%的人认为"政法高职院校学生应该不断提升自我素质与能力"，只有2.1%的人认为"政法高职院校学生完全有能力自主发展"。由此可见，政法高职院校学生具有非常强的自主发展需求意识，他们渴望自我能够获得完善与提升。笔者进一步通过差异检验（卡方检验）的方法对不同群体的政法高职院校学生自主发展需求意识进行了分析，得出不同年级的学生在自主发展需求意识上存在显著差异的结论，其中，卡方值为15.254，P 值为0.018，小于0.05；似然比卡方值为15.971，P 值为0.014，小于0.05。这提示在统计学意义上，不同年级的学生的自我发展需求存在显著差异，大一、大二的学生偏重于"政法高职院校学生应该有自主发展的空间与平台"（分别占48%、59.3%），而大三的学生偏重于"政法高职院校学生应该不断提升自我素质与能力"，这在一定程度上说明政法高职院校学生自主发展意识在整体的"强烈需求下"，呈现的是一种动态发展趋势。

2. 政法高职院校学生自主发展认知状况分析

人活动的自主性是以人的自我意识为基础的，而认知自我则是人的自我意识的集中表现。人只有对自我的需要、自我的价值和意义、自我活动的目的有着清醒的认知，才能达到自主的可能。鉴于此，笔者通过两个题目的调查来反映政法高职院校学生自主发展认知状况，这两个题目分别是：您对自身现有发展状况满意吗（满意、比较满意、不满意、说不清楚）；您希望在哪些方面得到改善与提高（专业知识、实践技能、职业发展规划能力、其他）。调查结果显示：对自身现有发展状况不满意的政法高职院校学生占70.7%，满意和比较满意的共占17.3%，有11.9%的政法高职院校学生对自我发展状况"说不清楚"，这一方面说明了政法高职院校学生对自我的发展有着相对清醒的认知，另一方面也说明了政法高职院校学生有着迫切的自主发展需求和广阔的自主发展能力提升空间。政法高职院校学生最迫切希望得到改善和提高的是实践技能（53.9%），其次是职业发展规划能力（15.9%），认为"在此时不需要改善和提高"的占比17.6%，希望改善和提高专业知识的调查者占比8%，这一结果和政法高职院校的总体发展形势在一定程度上是吻合的，说明政法高职院校需加大对学生实践能力的培养，加强实践课程、专业课程的开发力度。

3. 政法高职院校学生自主发展的驱动力分析

能否对自我发展进行准确的价值定位，是政法高职院校学生寻求自主发展的一个显著标志，也是政法高职院校学生追求自主发展心理基础的映射。从对于"以下哪方面最能体现您求学的目的"题目的不同回答，可以看出政法高职院校学生关于自我发展的目的观。大多数政法高职院校学生寻求自主发展的动力来自自我生存需求（46.8%），其次是实现自我价值（41%），然后是来自社会的压力（5.9%）和父母的期望（4.2%），这一结果说明，政法高职院校学生在追求基本生存需要的基础上，看重的是自主发展的内在价值和终极目标——自我实现与超越。

综上，政法高职院校学生整体上具有非常强烈的自主发展需求意识，对自我现有的发展现状有着相对清醒的认知，急切渴望在"实践能力"方面得到改善和提升，他们自主发展的动力基础主要来自"自我生存的需要"和"自我价值的实现的需要"，这一方面吻合了马斯洛的人本需求主义理论，另一方面吻合了自主发展的内在需求，呈现出良性的"自主发展"趋势。政法高职院校一方面应该加大"实践能力"的培养与提升在整个教学过程中的分量，另一方面仍应通过教学、管理、宣传等各种方式加大对政法高职院校学生自主发展意识的熏陶和培养。

政法高职院校学生具有较强的自主发展意识，主要原因有以下两个方面：

第一，现实自我与理想自我的差距激发个体不断寻求理想的自我实现。青年期是自我意识迅速发展并趋向成熟的阶段。一般地讲，青年自我意识的发展经历着一个特别明显的、典型的分化、矛盾和统一的过程。青年自我意识的发展是从自我明显的分化开始的，表现为儿童时期的那种较稳定的、笼统的"我"被打破了，明显地出现了两个"我"：一个是主体的"我"（即观察者的"我"），一个是客体的"我"（即被观察者的"我"）。自我的明显分化,使青年主动地、迅速地对自己的内心世界和行为具有了新的意识,开始意识到自己那些从来没有被注意到的"我"的许多方面的细节。于是,自我内心活动开始复苏,现实自我与理想自我的矛盾开始加剧,这种矛盾和差距激发着个体不断寻求理想的自我实现。

政法高职院校培养的是"技能型"人才,是可持续发展的"职业人",而普通高等教育培养的是"专业型"人才,高职教育与普通教育是相辅相成的教育形态。但是,在政法高职院校现实发展过程中,普遍存在认同感不足和严重的职业教育学历歧视问题。据调查显示,政法高职院校学生普遍存在着对高职教育认同感不足、对政法高职院校认同感不足、对教师认同感不足、自我认同感不足等问题,而且各类职业院校的学生都将学历歧视放在第一位,其中,高等职业院校的学生比例最高,为56.94%,这就导致了政法高职院校的学生具有非常大的心理压力,他们渴望通过自身的努力得到他人和社会的认可,他们渴望在满足自我生存需求的基础上实现更高层次的自我价值,从而获得现实自我与理想自我的统一。此外,政法高职院校的学生大部分来源于农村,他们身上承载着更多的期望与梦想,这些期望和梦想在现实中转化为强大的精神动力,让他们不断地追求理想的自我实现与超越。

第二,当代政法高职院校学生尊重自我感受与坚持自我看法的意识增强。20世纪八九十年代的青年人受到社会转型时期经济的冲击,自我意识开始觉醒。处于家庭"金字塔"顶端的他们,逐步开始围绕着"我"并从"我"出发去思考问题、审视世界。他们开始尊重自我的感受,坚持自我的看法,并把自己的存在、自我的独立价值和主体地位作为生命的意义和基本点,表现出较强的自我发展意识。政法高职院校学生作为其组成部分,理所当然地被烙上这样的印迹。

二、政法高职院校学生自我管理类型

(一) 学生自我管理

自我管理,可理解为个体自觉地对自己的思想、心理和行为进行调节、控制或约束的活动过程。方卫渤、肖培二位学者曾给出自我管理的定义:自我管理是指处在一定社会关系中的人，为实现个人目标，有效地调动自身能动性，规划和控制自己的行动，训练和发展自己的思维，完善和调解自己的心理活动的自我认知、自我评价、自我开发、自我教育和自我控制的完整活动的过程。结合学生的定位，笔者认为，学生自我管理应是指在学校教育中，为实现理想目标，学生有效地调动自身能动性，在思维上有针对性地进行自我调整，在行动上有效地自我规划、控制，并在集体生活中能够起到积极作用的过程。学生的自我管理应分为两个方面，一是对自身个体的管理，二是与所在集体的交互管理。

（二）学生自我管理模式

简单来说，模式就是用于解决某一问题的方法。而查有梁学者提出的模式定义更为确切：模式是一种重要的科学操作与科学思维的方法。它是为解决特定的问题，在一定的抽象、简化、假设条件下，再现原形客体的某种本质特性。它是作为中介，更好地认识和改造原型客体，构建新型客体的一种科学方法。模式是客观实物的相似模型（实物模式），是真实世界的抽象描写（数学模式），是思想观念和形象显示（图像模式和语义模式）。管理模式是企业在管理运行过程中采用的管理理念、管理内容、管理途径、管理方式、管理制度和管理成效的体系，它使得企业在运行过程中自觉地按照某种固定标准或者格式运行。结合以上理论基础，笔者认为，学生自我管理模式是在学校教育的大环境下，结合科学的理论指导思想和管理方法，有效地引导学生在思维、行动上进行自我教育、自我约束，在集体生活中能够起到积极意义的，具有较强的可操作性的方法。

（三）关于自我管理的研究

1. 关于自我管理的研究

自我管理中的自我含义有两种：一种是作为施事并在一定程度上涉及潜意识活动的自我（ego），一种是作为对象或客体（object）具有反身意识性质的自我或自身（self）。前者是精神分析心理学意义上的自我，后者是非精神分析意义上的自我。当今心理学对自我研究的主流是作为对象的、反身意识意义的自我（self）方面的研究。与两种自我概念相应，国外已有的自我管理研究均是在这两种自我意义上进行的。前者可称为精神分析心理学取向的自我管理研究，后者则可称为非精神分析理论取向上的自我控制（self - control）和自我管理（self - management）研究。这类研究的自我控制或管理，指的是在意识层面上在认知作用下对心理和行为的控制与调节。

较早的 ego 意义上的自我管理研究，多集中在与自我控制有关的方面。在对自我控制进行的大量研究中，研究者感到尽管自我控制与人的适应效果有很大的关系，但是它在解释良好适应机制时仍有很大的局限性，由于它的抑制和消极性质，对于一些积极的适应行为不能给予充分的解释，于是人们提出了自我适应力这样一个更具积极性质的，与完整的自我管理概念更为接近的概念。自我适应力是使个体可以调整性格特征水平和自我控制表达的习惯模式，最为恰当和最具适应性地与眼前和长远的环境条件进行相互作用的人格资源。R. F. Baumeister 等人（1994）指出，心理学界对（非精神分析意义的）自我管理问题给予真正关注，是在 20 世纪 80 年代。Wagner 和 Sternberg 1985 年的研究表明了有效的自我管理的重要性。他们的研究显示出自我管理有赖于有效的自我知识（self - knowledge）以及对自我知识的恰当运用。他们发现，自我管理的技能有助于人们在生活的各个方面获得成功。因此，自我管理是职业成功的重要成分。

从广义上来讲，大量对非精神分析意义上的自我的研究，尽管不是直接探讨自我管理问题，但多数与自我管理有着不同程度的联系。在一些研究中，自我调节（self - regulation）方面的研究，与自我管理有着最为密切的关系。自我调节方面的研究模式基本上是"目标调节"的研究模式，亦即把自我调节等同于目标调节。De Volder 和 Lens（1982）的研究表明，是否有长期的目标与学生在学校中表现的好坏关系密切。有长远目标的学生，会把现在的努力与实现长远目标的努力联系起来，在学业表现上普遍要比其他学生得到更高的等级分。然而，没有短期目标的支持，长期目标也难以实现。Bandura 和 Schunk（1981）的研究显示了短期目标的积极作用。因此，对于有效的自我管理来说，最好的做法是长远目标和短期目标兼具。Kirschenbaum 等人（1981）的研究指出，过于细致、具体、僵化的目标和计划，对于有效的自我管理也有不利影响。

在国内，关于自我管理的研究，分为对群体组织的自我管理研究和对个人的自我管理研究。群体组织的自我管理研究有企业的，也有学校的。在企业，有对领导者的自我管理研究，也有关于自我管理组织的研究；在学校，有学生管理工作方面的学生群体（集体、社团）的自我管理研究，也有关于个人的自我管理研究。自我管理研究主要是在意识层面上的研究，主要涉及学生的自我教育、学习自我管理、自律教育、自我意识、自我监控、行为控制、情绪控制（管理）、时间管理、课外活动、违纪行为、心理健康与卫生、人际关系、社会化等。

自我管理是一个古老的命题。在中华民族的传统美德中，"修身齐家治国平天下"就把"修身"放在首位，留下了"君子以自强不息""内省慎独""吾日三省吾身"等许多精当的论述，以及"头悬梁，锥刺股""卧薪尝胆"等艰苦修炼的千古佳话。自我管理始终是一个新的课题，因为时代在不断发展，每一个时代都赋予其新的内涵。建立在现代管理理论最新成果基础上的自我管理，比以往传统的自我管理有着更加深刻和丰富的内容。它不是一个简单的、追求时髦的口号，而是一门科学、一种艺术。它是人类组织管理学和人类信息学不断发展的结果，是 20 世纪最后四分之一时期内管理理论发展的最新成就——企业人本管理理论和人类心理学发展的最新成就——个性心理学和人的潜能理论的结晶。

最新的企业人本管理理论认为，"应通过以人为本的企业管理活动和以尽可能少的消耗获取尽可能多的产出的实践，来锻炼人的意志、脑力、智力和体力，通过竞争性的生产经营活动，达到完善人的意志和品格，提高人的智力，增强人的体力，使人获得超越受缚于生存需要的更为全面的自由发展的目的"。这一理论与现代管理理论——行为科学以及"现代管理丛林"中的有关以人为本的管理思想相区别，它不是停留在调动企业人员在创造财富，提高企业效率的主动性、积极性和创造性，以及提高人力资源作为一种生产要素的使用效率的层面，来描述以人为本的管理的本质和最终意义的。它把追求人的更加全面的发展与个性的更加完善，作为管理的根本目标。因此，这种人本管理思想对企业的发展具有更大的驱动力。

实现真正意义上的人本管理，就必须实行自我管理。如果人本管理中缺少自我管理这一环节，就等于放弃了让企业员工主动地配合和参与到管理中的机会，容易重蹈以往管理中管理对象消极地接受管理以及管理主体一厢情愿地进行管理的覆辙。人本管理的目的和宗旨，是要激发企业员工的主动性、积极性和创造性，自我管理是一种有效地体现人本管理宗旨的管理环节和手段。企业员工通过自我管理，可以积极而主动地参与到企业人本管理的一切工作中去，并在工作中发挥其聪明才智和创造性，进而使自己得到全面发展。显然，这正是人本管理所期望的。

自我管理的另一有力的理论支撑，是当代个性心理学的发展和进步。个性心理学的有关研究表明，个性是人的本性，个性使人成为主体而区别于动物个体，也使人类的每一个个体相区别。人的个性结构的主要组成之一，是自我调节系统。自我调节系统以自我意识为核心，它在心理结构上包括认识、情感和意识三个方面：在认识方面又包括自我感知、自我分析、自我观念、自我评价等；在情感方面又包括自我体验、自尊、自信、自豪等；在意识方面又包括自我监督、自我领导、自我控制等。这三者不是截然分开的，而是紧密联系在一起，统一形成个性结构中的自我调节系统的。自我管理正是以人的认识、情感和意识行动为管理的基本对象，同时又以这三方面的素质为管理工具的。

自我管理的最基本特征有三个：第一，从管理主体来看，自己就是自我认识的主体，是自己的管理者。第二，从管理对象来看，自我管理就是以自己为认识和管理的对象，具体来说，就是以自我所拥有的内在资源如思想观念（价值观、道德观、人生观、动机等）、时间、情绪、行为、身体、信息等为管理对象。这是集中体现自我管理本质的一个最基本的特征。第三，从管理工具来看，自我管理以自身素质尤其是自我认识（意识、想象、思维、创造力等）和自我情绪、情感和自我意志等学识和心理品质等为工具去管理自我。因此，就本质而言，在个体自觉地塑造自我的活动中，自我管理实现了创造者、创造资料（工具）和创造对象的一体化。

2. 关于政法高职院校学生自我管理的研究

政法高职院校学生的自我管理，就是指政法高职院校学生为了实现高等教育的培养目标，以及为满足社会日益发展对个人素质的要求，充分调动自身的主观能动性与卓有成效地利用、整合自我资源（包括价值观、时间、心理、身体、行为和信息等），开展的自我认识、自我计划、自我组织、自我控制和自我监督的一系列自我学习、自我计划、自我发展活动。这是从广义的角度来理解自我管理。如果从狭义的角度来看，自我管理、自我学习、自我教育、自我发展呈金字塔式排列，自我管理在塔的底部，它是开展其他活动的基础，其他活动都建立在有效的自我管理的基础之上。本研究中政法高职院校学生的自我管理初步分解为 13 个方面，即组织计划、研究思考能力、思想交流能力、资源利用、学习管理、自我控制、观念意识、工作管理、人际交往、趋势需要、自我效能、自我表现和身体管理。

政法高职院校学生自我管理的内容很丰富，范围涉及学校生活的各个方面，包括以下内容：思想政治工作的自我管理，学生思想政治工作的自我管理要紧密围绕学校的培养目标、学校党委思想政治教育计划进行，让学生制订计划并独立组织实施；学习生活的自我管理，充分发挥团委、学生会群团组织作用，举办形式多样的活动，端正学生学习目的和动机，努力奋发学习，让学生掌握独立进行复习和预习的方法，学会借助图书资料学习，培养自我提高能力；业余文化生活的自我管理，学生业余文化生活，能陶冶情操，调节业余生活，满足学生各方面的兴趣、爱好，是学生自我管理的重要内容和途径；社会实践和勤工助学的自我管理，社会实践是学生的第二课堂，是学生运用所学的知识为社会服务的，社会实践有利于开阔学生的视野，扩大交往，发挥特长，提高学生处理实际问题的能力，勤工助学是学生利用业余时间，在校内外开展的各种有偿劳动；学生日常生活的自我管理，学生日常生活的自我管理，是学生参与学生管理，培养学生良好品德和生活行为习惯，形成良好的学习、生活秩序的重要途径。

3. 政法高职院校学生自我管理的基本特征

（1）主动性

自我管理的对象是管理者本人的思维和行为，要想达到管理的目的，归根结底还是要依赖管理者自身主动的行为，因此，主动性是自我管理的本质属性。但这里的主动性，并不等同于自觉性，也就是说，如果单靠自觉行为的话，是无法进行自我管理的。只有通过一系列的外部约束来促使管理者明白自我管理的意义，掌握自我管理的方法，主动去进行尝试并最终形成自我管理的习惯，才能真正实现自我管理的目的，也才能将组织目标与个人目标有机地结合起来。

（2）系统性

自我管理不但是一个由自我认识、自我设计、自我学习、自我协调和自我控制等一系列环节组成的整体，而且每个环节之间都是相互关联的，具有内在的逻辑系统性。自我认知是自我设计的前提，它为自我设计提供了现实依据；而自我设计不仅为自我学习指明了方向，也为自我协调和自我控制提供了操作的原则；自我学习是实现自我设计目标的必需途径；自我协调和自我控制则是自我设计目标得以实现的保证。

（3）民主性

民主平等的人际关系，尤其是师生关系以及由这种关系营造出来的一种活泼生动、和谐的教学氛围，是学生主体性发展的基本条件和前提。自我管理的民主性主要表现在两个方面：一是把管理变成一种民主的生活方式，尊重学生的主体地位，创造最好的教育条件和教育环境，让学生得以生动、活泼地自我发展；二是要实现管理内容的全程、全域的民主意识的渗透，要实现学生民主思想、民主精神、民主与能力的培养。

（4）时代性

目前，高校的改革不断深化，教学管理逐步推行学分制，学生管理体制也必将发生根本的变化，按部就班地通过班级来统一学生行动的时代将成为历史，取而代之的是各类学生课余自发组织和各类社团，政法高职院校学生将充分享受自我教育和自我管理的权利，高校对学生的教育和管理的途径也会多元化、多渠道化。因此，学生自我管理具有鲜明的时代特征，并随着历史的进步与时代的发展不断改进和完善。

（5）滞后性

自我管理效果具有滞后性，其表现为管理者外在行为的效果迟于内心思想观念的形成，这是因为人们行为的发生往往是大脑经过思维作出判断并发出行动指令的结果。因此，自我管理效果的出现，明显区别于通常的管理。在通常的管理中，管理者对被管理者的管理是依据管理职权进行的，其管理效果的体现不需要被管理者心理上的认同。而自我管理往往需要见之于内而达之于外，有一个认同、接受并作出反应的过程，之后才能使被管理者自觉行动，也才能获得可见的自我管理效果。

4. 政法高职院校学生自我管理的基本类型

政法高职院校学生的自我管理有两个基本含义：一是政法高职院校学生群体的自我管理；二是政法高职院校学生个体的自我管理。这两个方面是互相联系的。政法高职院校学生自我管理的对象主要可分为以下三种类型：

（1）学生个体的自我管理

这是基本意义上的自我管理，管理对象就是管理者自身。政法高职院校学生通过个体的自我管理，使自己的生理、心理、品德、气质得以健康、和谐地发展，最大限度地提高和实现自己的人生价值。同时，也为其他管理者提供客体，使处在一定管理系统中的人能更好地奉献自己的精力和智慧，增强管理功能。这种管理最重要的，是要处理好个人与集体、自身与他人、自由与纪律之间的关系。

（2）正式群体的自我管理

这是广泛意义上的自我管理，也是最重要的自我管理。其管理对象是学生会、班集体、团组织和其他正式组织或集体的成员。政法高职院校学生通过正式群体的自我管理，可以更有效地发挥这些正式群体组织的主体作用和导向作用，这也是政法高职院校学生锻炼自己、提高自己的最佳机会。

（3）非正式群体的自我管理

其管理对象是非正式群体中的成员。一般来说，非正式群体是自然形成的一种人群联合体，结构较为疏散，人员多少不一，活动也无定规，但参与者往往在一些具体事情上志趣相投，看法一致。在多数情况下，非正式群体组织具有较为明显的消极因素。政法高职院校学生通过非正式群体的自我管理，可以学会因势利导，化消极因素为积极因素，在正确言行的导控下，充分发挥非正式群体的正面效应，强化以至消除负面效应，并使之逐步向正式群体靠拢、转化。

5. 政法高职院校学生自我管理能力的培养

现在入学的高校学生包括高职生、本科生等，由于种种原因，如独生子女、中学时的"应试"教育、高校扩招与学校管理跟不上等，进入大学后，学生往往处于"他管"不足而"自管"又无能的情况。因此，使学生了解并形成一系列自我管理的方法，十分必要。著名教育家叶圣陶说"教是为了不教"，其实，管也是为了不管，政法高职院校学生管理的真实目的就是培养学生的自我管理能力，让每个政法高职院校学生都学会自己管理自己。因此，高校应适应我国社会环境及教育环境的变化，不断改进学生管理模式，促进学生个体的充分发展，培养学生自我管理的能力。要更新高校学生教育管理理念，创设政法高职院校学生自我管理的环境，建立健全政法高职院校学生自我管理的机构体系，实施政法高职院校学生自我管理指导等。此外，促进政法高职学生自我管理能力培养的有效途径，还有对政法高职院校学生自我管理模式进行探讨、对影响政法高职院校学生自我管理的因素进行研究等。

三、政法高职院校学生自我管理途径

（一）我国政法高职院校学生自我管理能力培养存在的问题

1. 学习目标不明确，时间管理失控

根据德鲁克自我管理理论，我们可以知道：学习目标的设定是自我管理的重要内容，政法高职院校学生以学习为主要目的，只有真正制订行之有效的学习目标，通过自我管理的方式管控时间，才能实现具体的学习目标。目标作为主观映像，是人们对外界或环境能满足主观需要的诱因或刺激的反应，一旦目标形成，便成为一种动因并引起人们的行动。国内外的学习实践证明，学习目标在政法高职院校学生学习中具有重要作用，它能引导、启动、激励、凝聚、调控、制约政法高职院校学生的学习、生活。政法高职院校学生的校园是丰富多彩的，政法高职院校学生在进入大学之前，一直受到高中的严格管理，处于较为单纯和单一的校园环境，而一旦进入大学校园，生活及学习束缚消失，他们容易受所处复杂因素的影响，出现所具有的认识与所遇到的认识之间矛盾的局面。同时，在高中时，老师帮忙设定学习目标，于是他们形成了凡是学习目标都由老师引导制订的习惯，政法高职院校学生不会为自己设定目标，在时间的分配上也欠缺合理性，与这一情况也有很大的关系。

政法高职院校学生由于空余时间过多，在互联网技术日臻成熟、完善的背景下，互联网已经不仅仅是一种信息获取的方式和通信手段，而且影响着政法高职院校学生的娱乐休闲、交友学习以及思维方式、人生观和价值观等，

在大部分政法高职院校学生不知道怎么安排时间甚至不知道怎么打发空余时间的时候，互联网娱乐便成了大部分学生的首选，长期泡网吧娱乐成为政法高职院校学生习以为常的事情，严重影响学习和身体健康。在本次问卷调查关于"你对自己的学习目标是否清楚"的调查中，34.9%的学生选择了"根本不清楚"，"你的学习目标"的选项中选择"完全参考别人制订"的占调查人数的36.4%，特别是"对于制订好的学习目标、计划，你会"，63.2%的学生选择了"从不在意学习计划"。这一调查数据，凸显了我国政法高职院校学生学习目标的不明确及时间管理失控的问题。

2. 自我定位不准确，自我认识不足

现在的"1+2+4"家庭模式（一个孩子、两个父母、四个老人），使孩子从小就形成了以自我为中心的不良定位认知，经过高中阶段严格而统一的教育学习后，其本身没有形成准确的自身定位，又身处比较复杂的大学，教师与学生、学校与学习的环境都发生了变化，这容易导致学生在认知方面出现矛盾。比如，在调查问卷中"你觉得自己学习是为了什么"这个问题中，选择"为了顺利毕业"选项的占调查总人数的67.8%，这凸显了政法高职院校学生对自身学习定位不准的现状，需要对学生进行自我管理方面的提升，发挥其主观能动性，使他们正确认识自身的优缺点，构建适合自身的行为模式和价值取向，对自己进行正确的人生定位。同时，当前的高等教育存在着某些脱离实际的教育问题，使得不少政法高职院校学生以理想主义的思维而不是深刻的辩证思维来观察社会、认识人生、为人处世，对自己的认识不够深刻，缺少必要的人生历练，对自己的评价存在着各种错误，要么对自己评价过高，要么对自己评价过低。

3. 心理承受能力弱，心理问题难解

通过前面调查问卷的数据分析，我们可以发现，我国政法高职院校学生在心理承受能力方面较脆弱，心理问题难解。他们容易感情用事，抗压能力差，这直接导致其学习目标不易完成，人生发展目标容易出现偏差。如调查问卷中对于"当你平时遇到困难时，你常会"这一问题，选择逃避的占了25.9%。政法高职院校学生虽然都已经成年，但由于生长环境的限制，有部分学生心理上还没有成熟，遇到困难和挫折时容易唉声叹气，自暴自弃；而处于顺境时又容易沾沾自喜，丧失自我。这就需要加强学生的自我管理，强化其自我激励的意识。要在思想上帮助学生牢固树立竞争意识，一切困难、挫折都是生活中不可避免的，一帆风顺在理论上讲是不存在的，学生要做的就是加强自身学习，坚定意识，提高修养。

4. 生活方式不健康，身体素质下降

学生自我管理能力差，进入大学后，学生中普遍存在生活方式不健康的现象，这直接导致其身体素质下降。主要原因在于学生的自控能力差，不能有效地适应政法高职院校学习生活，不知该怎样合理安排自己的时间，陷入无序、盲目的状态，而又普遍存在着追求新奇的心理，同时又具有懒惰心理。这就需要学校、家庭、学生自身三方面作出改变，为提升学生的自我管理能力多动心思，多出新招。

5. 消费方式不够理性，经济支配随意

通过上述对调查问卷的分析，我们可以看出，我国政法高职院校学生理性消费是主流，但仍普遍存在着消费方式不够理性，经济支配随意的问题。通过问卷调查和个别访谈，可以概括地说，从总体上来看，政法高职院校学生的消费观念正逐步向开放化、前卫化发展，但传统的理性消费观念仍是主流。绝大多数学生在消费时考虑最多的因素是商品或服务的质量、价格，追求物美价廉。因为大多数学生的经济来源主要是父母供给，自己没有经济来源，而随意地、盲目地非理性消费，容易透支学生的偿还能力，特别是现在出现了面向政法高职院校学生贷款的平台，学生盲目追求时尚，铺张浪费，不仅会造成资源浪费，而且会助长学生的虚荣心，容易导致偷盗等不良问题的出现，甚至有部分学生因还不上债务而轻生，对社会造成巨大的不良影响。但大部分政法高职院校学生已经具备了成年人成熟的思维和认知，对于过度消费，只要加强学生的我自管理，提高学生的自我认识，这种陋习是可以得到及时纠正的。

6. 人生规划不足，职业生涯规划缺失

人生规划是学生成才的关键，政法高职院校学生特别是新生，对人生规划缺少思考，对职业生涯更缺少必要的规划。哈佛大学曾研究了几百位年轻人，发现只有3%的人目标清晰且远大；10%的人目标清晰而不远大；60%的人目标模糊；27%的人没有目标。25年后，科学家又追踪这几百位年轻人，发现，那3%的人成了各界精英和领袖；那10%的人成了各个专业的佼佼者，

收入颇丰；60%的人成为社会的中下层；而另外27%的人一辈子境遇很差，怨天尤人。这在一定程度上反映出人生目标的重要性。职业生涯规划是一个制订职业目标、确定实现目标手段的不断发展的过程。职业生涯的自我管理被彼得·德鲁克称为"管理自己的下半生"，它是个人职业生涯成功的战略指南，而目标是职业生涯规划的重要组成部分，而且是重要的一步。具有自我管理能力的人，不仅具备清晰的人生规划，更对职业生涯规划有充足的认识。政法高职院校学生由于受知识、经验、心智、社会不良因素等各方面的影响，对职业生涯规划的重要性认识不足，这直接影响了其人生的良性成长及发展。

（二）我国政法高职院校学生自我管理能力中的问题成因分析

学生的自我管理能力培养是一个复杂的操作过程，它受到知识、意志、情感、社会、教育、环境、人文等诸多因素的影响，而政法高职院校学生缺乏自我管理能力的主要因素来源于多个方面。以上的调查与分析结果，清晰地反映了我国政法高职院校学生在自我管理能力方面的现状及存在的问题，应该说我国政法高职院校学生出现上述问题的原因是多方面的，但归根结底是学校、家庭对学生自我管理能力培养的缺失，以及政法高职院校学生自身主观能动性的薄弱。从总体上来看，主要包括以下几个方面。

1. 微观角度：自身能动性不足

在学校缺失、家庭忽视学生自我管理能力培养的前提下，学生经过高考严格的"集训"后，学习、生活方面单一化现象很严重，特别是政法高职院校学生，部分学生是由中职学校报考而来的，中职学校普遍存在着"半军事化"教学管理模式，学生生活、学习模式单一化，压制学生"异类化"思维现象突出，并且此类学生最突出的特点就是学习中经常出现压抑、空虚、迷茫状态，自主学习、自觉学习和自由学习能力差，生活经常陷入盲目、无序状态，不会合理安排自己的空余时间，说得实际一点，即政法高职院校学生普遍存在不会学习，不知道怎样学习的问题。并且，政法高职院校学生普遍容易受到外界新鲜事物的吸引，自制力不强，随心所欲。特别是刚进入大学时，眼见多元化冲击下的精彩世界，他们更容易迷失方向，在外界综合因素的影响及自身能动性薄弱的共同作用下，极易外塑成不良的习惯与性格，严重影响正常学习，甚至造成违法犯罪行为。进入大学之后的生活，与高中时期是有着很大差别的，有些学生难免出现不适应大学的生活、学习的情况，出现迷茫、无助的状态，特别是父母不在身边，各个方面都要一切从头再来，自己可以支配的时间猛然增多，却无法理性、合理支配，人际方面也与高中时期单一的人际关系不一样，需要参加的集体活动增多，各方面都没有及时调整，就特别容易出现摆脱高中时期教师束缚后的厌学、逃学问题，缺乏学习动力，学习目标不明确，个人积极性不高，沉迷网络或游戏，自我认知偏高或偏低，是非辨别能力低，抗挫能力差，自我计划混乱等。

2. 中观角度：家庭与学校教育的疏忽与失衡

（1）家庭教育的疏忽与欠缺

"家庭是学生教育的第一场所""父母是学生的第一老师"，这说明了家庭教育对学生人生发展的重要性，特别是父母潜移默化的教育，塑造了影响学生一生的习惯与性格。但就现在我国家庭教育来说，以学生的智力培养为重点而忽视对学生的人格教育，是客观现状。现在中国的孩子大多为独生子女，大多处于"1+2+4"的家庭模式，可以说孩子从小就集家庭宠爱于一身，父母会满足孩子的一切需要，即使孩子已经长大成人，中国父母往往仍会为他们解决一切困难，打理好一切。这样的家庭教育模式，很容易忽视对孩子自我管理能力的培养，从而使孩子从小到大都对父母产生无可替代的依赖，这种依赖在小学、初高中阶段问题还不凸显，而一旦进入大学，他们就会出现不适应和个性缺陷的问题，学习自觉性不高，自我管理能力差，生活能力差，应变能力差，适应能力差，以自我为中心等，从而严重影响学生今后的成长、发展。

（2）学校教育的不均与失衡

高中阶段严格、单一的学习模式，也是造成学生自我管理能力缺陷的重要因素。由于高中阶段以学习为中心，在教师的严格管理下，学生以三点一线式的生活学习模式为重心，教师以讲授书本知识，应对高考为教学重点，学生的自我管理能力得不到培养，自我管理能力低，人际关系简单，这也是造成学生进入高校后长时间不能适应的一个重要因素。我国教育的中心在学校，学生的自我管理教育也离不开学校的教育与培养，而就中国现在的传统教育体制来说，学校对学生自我管理能力的培养仍是教育的薄弱环节。初高中时的缺失，大学的不重视，使得学生的自我管理能力培养只停留在了口头方面，比如，有些观点认为政法高职院校学生已经是成年人了，学校只有监管责任，仅把政法高职院校学生作为管理的对象，而未对其进行合理的教育、引导，从而造成了政法高职院校学生自我管理能力的缺失。

3. 宏观角度：社会多元价值观念的冲击影响

除了上述所列的个人因素差异、传统教育模式的原因外，我国政法高职院校学生所处的社会大环境造成的影响也是不容忽视的，特别是互联网的出现，使得社会日新月异，同时，我国正处在社会转型的时期，社会更加开放，盲目追求高消费、不讲诚信、拜金主义等歪风邪气，在校园滋生，时刻影响着政法高职院校学生的健康成长。

在大学教育阶段，学生有着相对充足的可自由支配时间，对于自我管理能力较强的学生来说，这是一件好事，但对于自我管理能力差的学生来说，则意味着会出现茫然无助的情况，甚至会抵挡不住社会各种诱惑，比如沉溺网吧或游戏，网络中的各种不健康信息资源，也会在学生中迅速传播，对于正处于塑造人生价值观时期的青少年来说，自制力不够强，就很容易受到不良信息的诱导，进而荒废学业，养成不良习惯。这就需要大学根据学生实际情况主动调整教育策略，为提升学生自我管理能力多动脑筋，特别是要在新生入学第一年，重点抓学生自我管理能力的提升。

受当今社会不良环境的影响，校园相应地充斥着"读书无用论"等不良思想，这使得很多政法高职院校学生求学的目的是顺利毕业，拿到毕业证，而政法高职院校学生毕业后起点也比较低，位于社会较低的发展层次，且近几年出现的就业难的现状，对政法高职院校学生学习目标的设定、人生目标规划也造成了一定的影响。

（三）提高我国政法高职院校学生自我管理能力的途径

1. 更新高职教育管理理念

随着我国教育改革的不断深入，我国高等教育已经由过去的"精英教育"转变为"大众教育"。在这种转变下，学生的整体素质相应地发生变化。在这种转变下，高等学校就必须更新教育管理理念，制订出以适应学生素质、加强学生自我管理能力为目标的管理策略，这也是加强学生自我管理的前提。

苏联著名教育家苏霍姆林斯基说：只有能够激发学生去进行自我教育的教育，才是真正的教育。传统教育模式以学校、教师对学生的管理为主，学生是被动的管理者。充分发挥学生的自我管理作用，引导学生培养自我教育和自我管理方面的能力，促使政法高职院校学生学会做事，学会学习，更新大学教育管理理念，将自我管理教育纳入大学的教育体系，渗透到各学科、各专业及具体的教学环节，使政法高职院校学生在学习专业知识，不断拓展自己知识结构的同时，提高自我管理意识，成为全面发展的、协调的、与时俱进的创新型人才，是形势使然。

（1）分阶段引导政法高职院校学生，逐步提升政法高职院校学生的自我管理能力

政法高职院校学生入校的三年中，每年的情况都不一样，应以年级为阶段逐渐培养学生自我管理的能力。大学一年级，由于政法高职院校学生刚从高中走出来，此时的重点应是熟悉学习、生活环境，构建周围人际关系。学校在此阶段的工作重点是提升学生的自立、自理能力，让学生明白大一阶段需要完成的目标，并对高职三年学习生涯有大致的学习规划，具体的方法是开办各类讲座，鼓励学生参与各种社团及活动，调整学生的思维方式、学习习惯、社交能力等，从角色上使其顺利转变为政法高职院校学生。大学二年级，由于学生有了一年级的熟悉和调整，从行为和心理上已经具备了政法高职院校学生的自理、自立素质，学校在此阶段的工作重点是从专业知识上开始加强学生的学习意识，并树立学生的职业观念，培养政法高职院校学生所应具备的职业操守和社会道德，教学生如何做人，如何将这些观念应用到以后的工作中去，从各方面严格要求自己，将自我管理能力落到实处。大学三年级，学生经过两年的学习，已经基本具备自我管理能力及所需掌握的专业知识，此阶段就是要学生学以致用，学校要鼓励学生接受社会考验，积极参加社会实践活动，将所学的知识运用于社会大环境去实践，通过社会的考验，纠正学生的错误思想，让学生学会自我管理、自我约束、自我保护，提高学生综合素质，提高学生竞争能力，使其学会合作，为毕业后踏入社会做准备。三年的高职学习生涯，每一时期学生所处的阶段都不一样，这需要学校加以引导，同时学生要根据自己的实际情况自身努力，逐渐完善自我。

（2）积极引导政法高职院校学生树立自我管理理念

政法高职院校学生需要树立自我管理理念，因为这是学生成才以及迈入社会所需具备的基本能力。学校对于培养学生的自我管理能力责无旁贷，学校在帮助学生树立自我管理理念方面途径比较多，不过首先需要学校在教学管理方面引起重视，只有这样才能将这种思想具体落实到各种活动中去，比如开展各种讲座、论坛等，只有学校重视起来，才能具体实施起来，逐步引导政法高职院校学生学会自我管理的具体方法，逐步培养学生的自我管理能力。

2. 建立健全政法高职院校学生的自我管理体系

（1）日常生活与学习活动是加强自我管理的主阵地

政法高职院校要培养学生的自我管理能力，首先就需要在学生的日常生活和学习活动上下功夫。营造民主、团结、积极、上进的日常生活和学习活动，让自我管理理念深入学生内心，自觉加强自我管理。在日常生活中，应让学生正确地认识和悦纳自己，总结、概括出自己的性格、爱好、特长，积极发挥自己的所长，逐渐地培养自信心，并概括出自我管理类型，制订针对自身的管理策略，给自己设定"底线"，制定自身日常行为规范，以实现自我管理和自我教育。在学习上，以培养学生的自学能力为途径，自学是独立获得知识和技能，培养能力、锻炼品德的一种自觉的学习活动，并能培养学生的创新能力，将学生充足的且无计划的时间逐渐转移到正常、有序的日常生活和学习中来。

（2）班集体活动是加强自我管理的重要基地

班集体活动是培养学生自我管理的最佳方式，组织以提升学生自我管理能力为目的的班集体活动，在共同的活动目标下，将所有的学生都组织起来，不仅有利于培养学生的团结精神，同时也能促进学生的交流和集体观念的建立，促进学生的自我教育。

①组织健全的班集体学生干部管理制度。班集体学生干部是班集体学生管理的重要力量，在辅导员的指导下，班级成员之间互相合作，进行学生事务的管理，开展多种形式的活动，不仅消除了入学新生迷茫不知做何事的问题，而且培养了学生的自我管理能力。班集体学生干部可以通过竞选的形式来提升学生参与的积极性，这不仅锻炼了学生的班集体管理能力，同时也有

利于凝聚班集体的团结力，提高学生的自我管理能力。教师和学生之间由于存在年龄差距，在举办各种班集体活动时要多咨询学生，活动要贴近学生的喜好和实际，以满足学生的心理需求。

②学生组织及社团活动是加强自我管理的重要平台。各类学生组织及社团活动，是培养学生加强自我管理的绝佳平台。学校所搭建的各种学生组织及社团活动多以培养学生的实践能力和兴趣为目的，有利于提升学生的自我管理能力。通过举办各类活动来提高学生的自我设计、组织管理与协调能力，多鼓励学生积极、踊跃地参加各种社团和组织，凭借各种学生组织和社团活动，让学生有事可做、有事可筹划，从中获得成就感和自信心。通过活动的开展，逐渐培养学生良好的品德，提升学生的组织领导能力，提高学生的分析综合能力。

③充分运用网络，开展学生自我管理能力培养。通过以辅导员或管理者为负责人，以网络为平台，建立班级 QQ 群、班级微博等，将思想政治教育扩展到网络，建立网络虚拟社区，加强学生与教师之间的沟通交流，充分运用网络资源来加强对学生自我管理能力的培养。

3. 社会实践是加强政法高职院校学生自我管理的重要途径

（1）社会实践活动有利于缩小理想与现实的差距

政法高职院校学生还没有进入社会，受社会现实因素的影响较小，各种想法未经过现实的考验，自己所见、所想、所思都受到自身社会经验的限制而与现实有一段差距。进入高校后，社会实践活动是一种将学生思想与现实衔接起来的最好途径，学校的各种社会实践活动，有利于纠正学生的思想，使其与社会现实挂钩，缩小理想与现实的差距。

（2）社会实践是自我检查、自我控制能力提高的过程

社会实践是政法高职院校学生对理论知识的转化和拓展，可以增强其运用知识解决实际问题的能力。政法高职院校学生以课堂学习为主要接受方式，这对其来说非常重要，但这些理论知识并不代表其拥有同等的实际技能，往往难以直接运用于现实生活。社会实践使政法高职院校学生接近社会和自然，获得了大量的感性认识和许多有价值的新知识，同时，使他们能够把自己所学的理论知识与接触的实际现象进行对照、比较，把抽象的理论知识逐渐转化为认识和解决实际问题的能力。

（3）社会实践为学生提供了独特的自我评价途径

社会实践活动将学生与现实世界相衔接，可以直接提升学生的自我管理能力、专业技能水平及思维方式。通过社会实践的开展，充分修正学生的核心价值观，在社会实践开展之前，学生会存在各种"离谱"的观点及想法，经过社会实践的"纠正"，学生能够摆正思想，前期存在的比如浪费时间、不认真读书、大手大脚消费等问题，会通过社会实践活动得到纠正。树立正确的自我评价意识，为人生的发展将起到重要而关键的作用。

4. 重视职业生涯规划

职业生涯规划，是指对影响生涯发展的经济、社会、心理、教育、生理等各种因素的选择和创造，通常建立在个体对自我全面、深刻的认识基础上，并结合自身发展的优势及特点。政法高职院校学生的职业生涯规划，则是结合自己的兴趣、爱好及专业特长、知识结构，对自己的人生发展所作出的方向性预案。美国学者德鲁克认为："一个人只能根据长处作出成绩，一个人不可能把成绩建立在弱点的基础上，更不必说把成绩建立在根本做不了的事情的基础上了。"因此，职业生涯规划的前提是建立在正确的自我认知上，并了解自己的专业特长。有了正确的职业生涯规划，就有了发展的动力及奋斗的目标，便能自觉地加强自我管理。

5. 提高教师及管理者管理水平

高质量的教育才能培养出高质量的人才，因此，适时构建基于学生特点的高质量教师管理队伍并提升其水平，是提升学生自我管理能力的关键。"其身正，不令而行；其身不正，虽令不从"，这就是告诉我们，作为"传道受业解惑"的教师，其自身必须端正，为学生作出表率，这样学生自然就会跟从，如若教师自身不正，即使三令五申，学生也不会服从。肩负"教书育人"使命的教师，在教授别人之前需要提升自身素质与修养。"学高为师，身正为范"，在生活和学习等多方面教师要主动做好榜样，通过言传身教来感染学生、打动学生，使学生在潜移默化中也具有高尚的情操。辅导员岗位对于高校来说，有着举足轻重的作用，对辅导员经常进行培训，以提升其能力，是每个高校必须重视的一项工作，加强辅导员的工作素质与人格魅力，不仅可以拉近其与学生之间的关系，也易于学校开展各项工作，同时，也可以逐渐提升学生的自我管理能力，让学生在辅导员的影响下，学会学习，学会生活，学会自我管理，学会交往等。

学生自我能力的发展，是一个长期的、多方面共同努力的结果。除学生的自我作用外，家庭、学校和社会在学生的自我能力发展中也扮演着举足轻重的角色。这就需要我们不仅重视学生内在因素的培养与引导，更需要思考学校、家庭和社会在培养学生自我管理能力方面的行为与影响。在正确引导和教育学生的同时，更需要站在学生的角度看待问题。教育的目的是培养学生自我学习的意识与能力，而政法高职院校学生已经基本具备相应的自我管理能力，我们需要正确看待他们，不能抹杀他们的主观能动性。家庭、学校和社会三方围绕学生自我管理能力培养发力时，应坚持协调性原则，既要重视家庭教育、学校教育和社会教育，也要充分发挥学生个人自我管理的作用，从而促使政法高职院校学生自身全面发展。

（四）某政法高职院校学生自我管理模式的经验借鉴

1. 某政法高职院校学生自我管理模式的培养目标

党的十八大报告对职业教育进行了重要部署，提出了新思想、新要求，报告强调，"要加快发展现代职业教育""把立德树人作为教育的根本任务""培养学生社会责任感、创新精神、实践能力"，报告突出强调科学发展观、以人为本的思想，为全面贯彻党的教育方针赋予了新的内涵，也为现代职业教育的发展提出了新任务。某政法高职院校作为省教育厅直属高等职业院校中的排头兵，在各项工作的开展和改革上均具有较为明显的优势。在学生管理工作方面，该校始终把德育工作放在重要位置，坚持教会学生"先做人，后做事"的德育观念，率先引进了学生自我管理模式的理念。近年来，随着"教产结合，校企一体化"办学模式的深入发展，该校牵头组建了某机械职业教育集团，并先后与戴姆勒股份公司、通用汽车公司、宝马公司等联合办学，实现了校企深度合作，从而更加深刻地了解了企业行业的用人要求。除良好的专业技能外，这些企业无一例外地对学生的综合素质提出了高要求，集中体现在基本的道德素质、人际交往能力、自主学习能力和创新能力四个方面。

（1）使其具备基本的公民道德素质和相应的责任意识

在某政法高职院校，进入宝马班、奔驰班等"明星班"并非易事，层层筛选和严格考核的过程中，除需对学生专业技能进行衡量之外，他们的基本道德素质也是重要的考核内容之一。学生在日常生活中的表现，处处都是德育成果的反映，诚实守信，自立自律，积极乐观，言行自觉，对集体负有责任感的学生，拥有更多的机会。精良的专业技能可以靠反复的实训练习实现，而培养学生基本道德素质的最理想的实训场，无疑是学生自我管理组织。陶行知先生曾在《学生自治问题之研究》中提出，"学生自治应以学生应该负责的事体为限，学生愿意负责，又能够负责的事体均可列入自治范围，那不该由学生负责的事体，就不应列入自治范围"。学生的自我管理是学生形成独立人格，学会独立思考、判断，以及独立生活的重要途径。在成为一名具有专业素质和职业能力的劳动者之前，他们首先应是一名合格的公民，一个具有独立思想的人。而通过学生自我管理模式的培养，应能够使学生具备公民的基本素质，主要包括独立人格、主体意识、个性解放、自我实现、个人尊严、宽容精神、自由精神、平等精神、民主精神、法治精神、人权意识、公民意识、生命意识、健康意识。培养拥有诚信品德和强烈责任感的合格公民，是企业的用人需要，也是某政法高职院校的目标。

（2）使其具备良好的人际交往能力

学生处在学校的大环境中，以宿舍、班级等形式生活在一起，人际交往能力更是不可或缺的生活技能。人的发展需要在特定的人际关系圈子中进行，良好的人际交往能力不仅能够缓解工作压力，增添生活乐趣，还能够带来宝贵的情感体验和丰富的人力资源积累。善于沟通交际的人拥有更多的发展机会和人生体验，对于人的终身发展具有十分重要的意义。学生自我管理模式中需要良好的沟通交流能力，企业的发展需要劳动者具有团队合作精神，个人的发展需要良好的人际交往能力，无论是从工作发展还是从生活规划上来说，我们培养的职业劳动者都应善于沟通与合作，能够处理好个人利益与集体利益，具有较强的团队意识，融入自己的工作岗位和生活环境，成为一个集体中重要的组成部分。

（3）使其具备自主学习的能力

某政法高职院校在人才培养目标上曾提出过"金蓝领"的概念，"蓝领"的含金量体现在三个方面：一是道德上具备高素质；二是技术上具备高水平；三是发展上具备高潜能。"蓝领"并非大多数学生的理想岗位，"金蓝领"概念的提出，则为广大中职学生提供了一个理想的发展方向。从一线流水线做起，几年后晋升到高层管理者的例子，在某政法高职院校毕业生中不在少数，维系他们成功之路的绝不是直接学到的技术，而是自主学习的能力。自我管理不仅包括对自身日常生活、行为习惯的约束和管理，还包括对自己人生规划、职业生涯的经营和管理，在自我管理的环境中，学生的自主学习能力是一个重要方面，课堂所学的知识有限，某政法高职院校"金蓝领"的目标，正是把学生的自主学习能力提到了一个相当重要的位置，为学生长远的利益考虑，使他们能够持续地发展，从而实现个人价值的最大化。

（4）使其具备创新精神和创新能力

作为素质教育和知识经济的核心，创新能力在高等职业教育中具有特殊的意义。创新精神在行业的发展进步过程中，起着至关重要的作用，将传统的手工艺师徒相袭模式与当今培养高素质劳动和专业技术人才的现代教育模式区分开来的，正是创新能力，对于个人来说，创新能力是将一位拥有精湛技艺的匠人升华为一位才华横溢的艺术家的"点睛之笔"。自我管理模式下的高职生，不仅没有考试的压力，同时还具有宽松的学习环境，从制定班规到参加各项比赛活动，均由学生自己组织完成，这其中需要学生自己动脑筋、想办法，那些从前敢想却没有机会实现的点子，现在有了展现的空间，自我管理模式就是要让学生敢想、敢创新、敢实践。

2. 某政法高职院校学生自我管理模式中存在的问题

（1）全校的整体工作机制有待完善

在实行学生自我管理模式的过程中，管理重心从学生科到专业科再到班主任最后到学生，这样的下放过程，有助于学生自我管理模式的推行，但也存在一些问题，学生科在其中所起的作用显得不够明确，与专业科的工作有重复的情况，进一步理顺学生管理各部门的职责和关系，是接下来需要解决的问题。学生管理部门的放权尺度，也需要根据实际情况的变化发展不断进行衡量和调整。另外，其他非学生管理的职能部门，也应建立起"管教结合"的观念，育人工作是整体性的，优化机构改革，合理布局，完善机制，才能够进一步提高管理水平和工作成效。学生管理部门进行的自我管理模式的尝试，只是高等职业学校学生工作的一小步，更大的改革需要其他职能部门的参与，如教务部门、就业指导部门等。从个人角度来说，尽管领导充分重视，但仍无法改变部分教师"事不关己"的心态，有机的学生管理体系被割裂，其效果大打折扣。学生的积极性容易被调动，而专任教师的参与热情难以被调动。

（2）学生管理队伍素质有待加强

传统观念的转变，使学生管理人员必须学习新的理论知识来武装自己，但在学校环境中，一线管理人员的地位一时难以改变，在学生管理方面外出交流、培训的机会少之又少。光靠教师们自发自觉地学习难免太过粗糙，参差不齐的理论水平也有碍于相关举措的落实和开展。该校学生管理人员充分认识到自身理论水平的不足，十分渴望得到提升、充电的机会，但仅靠学校领导层面重视学生管理工作是不够的，还需要上级部门及社会各界的关注，在理论方面加以升华锤炼，充实相关人员的理论基础，增强理论对于实践的指导作用，只有这样才能够促进学生自我管理模式的不断发展成熟。提供更多的学生管理方面的培训和学习机会，是学生管理人员共同的愿望。这不仅有助于学生管理队伍素质的提高，也有助于学生管理岗位地位的提高。

（3）班主任角色转换不到位

部分班主任在学生自我管理模式的实行中，过于心急求好，悄悄代替学生做一些工作，没有从思想上把自己放在服务者的位置，在班级工作中仍然是站在台前指挥学生，为得到自我管理班级的荣誉甚至组织学生做面子工程，这些做法阻碍了学生自我管理模式的进一步发展。角色的转换需要心理上的调试，有了一定的理论基础，还需要配合学校的工作，及时调整心态转变观念，以服务学生为宗旨，应允许学生出乱子、出错，引导他们自己发现问题，辅助他们解决问题，而不是代替他们完成任务，不能急功近利，耐心引导才符合学生自我管理模式的人本核心理念。这个转变过程需要时间也需要校领导及学生科的及时关心和引导，只有班主任的观念转变了，自觉退居幕后，才能够更好地把学生自我管理模式推行下去。

（4）自我管理模式有待改进

晚自习自我管理模式、宿舍自我管理模式、班级自我管理模式、德育课自主主体模式、社团协会自我管理模式的试行，取得了良好的效果，顺利地将自我管理的理念推广开来，但在发展过程中也出现了许多不足之处，如星级评定标准还不完善，对学生自我管理组织后期的监管力度还不够到位，学生自我管理组织后期的提升等问题，需要在实践中进一步改进。某政法高职院校关于学生自我管理模式的探索仍处在初期阶段，其间出现的各类问题没有经验可借鉴，这需要发挥学生管理人员的主观能动性，大胆假设，小心求证，运用各种可能的机会对其进行改进和完善，总结出一套具有科学性、系统性、可操作性、可持续发展性的自我管理办法。

（5）多元化的评价模式有待完善

学生自我管理组织为学生各方面能力和综合素质提供了展现的平台，相应的评价模式也需要有多元化的标准。但在实践过程中，如何建立起更加科学、有效的评价模式，还有待进一步发展。不同的个性发展显示了学生巨大的潜力和多彩的特长，如何将与之相应的评价体系建立起来，不流于形式，真正做到客观、有效地给予学生评价和鼓励，是一项系统的、长期的、复杂的任务，需要更加充分的理论支撑，以及人力、物力的参与和投入。多一种评价标准，就多一分成就人才的可能。

（6）管理信息的资源共享不到位

某政法高职院校在推行学生自我管理模式过程中，要求班主任填写学生成长档案，这套档案几经修改已较为成熟完善，但在网络信息方面并无相应要求。在信息技术高速发展的今天，无纸化办公的观念已经深入人心，纸质档案固然有其优势，但电脑网络的便利性是其所无法比拟的。班主任与学生的沟通可简单地通过 QQ（一款即时通信软件）群实现，但聊天记录较为凌乱，不利于翻查保存，且形成一套完整的学生档案资料，需要一个更加完善的软件平台。可见在这方面，该校学生管理部门对于信息技术的运用还不够充分。学生的基本档案资料在新生阶段就已按要求录入相关软件系统，但在随后的教育管理过程中，学生成长信息被更多地记录在纸质档案中，网络资源未能同步更新。而生长在新时期下的学生，对于网络的熟悉程度和依赖性众所周知，如果能充分运用网络资源，不仅有利于学校对学生的管理，也有利于家长对学生的理解，更有利于学生发挥兴趣特长加强对自我的管理。开发一个较为完善的学生管理软件平台，并非仅靠学校就能完成，这也需要上级部门和社会各界的支持。如能早日实现学生管理软件系统的普及，将为学生的自我管理工作带来更多的便利，从而大大提高学生自我管理的效率。

3. 某政法高职院校实践学生自我管理模式的具体措施

（1）建立学生自我管理理念，学生参与制订学生手册

在对学生管理现状进行了深入的分析和了解后，对于以往的学生管理方式进行改革是大家的共识。新的措施实行需要新理念的建立，对于习惯受管束的高职生来说，能够自己做主管理自己令人振奋，更是一个对自立能力的挑战。在具体措施落实以前，应先将自我管理的理念散播开来。建议班主任专门开设主题班会，讨论这种自我管理模式。

皮亚杰的构建主义学说和学生主体性理论，都强调管理过程中学生的主体性，如何体现这种主体性，激发学生的主人翁意识，一直是教育改革的重点之一。光是课堂上的学生主导模式，远远不足以让学生感受到"做主"了，对于高职生来说，课堂之外的舞台更吸引他们。学校如果是学生的家，那么当家做主的应当是学生自己，在他们的"地盘"应由学生自己制订生活规则，管理者也应是学生组织，教师仅起辅助、引导作用。学校生活的规则直接体现为学生手册，要在校园中营造自我管理的积极氛围，强化学生自我管理的观念，要从制订学生手册开始。传统观念中，学生手册都是从上至下贯彻实施的，作为学生，只能遵守并无参与制订资格。学生参与制订学生手册，成功地调动了学生的积极性。重编学生手册的过程虽是学生参与，但不等同于由学生独立完成，区别于成年人的独立自主意识，青少年特殊的心理使得他们的参与应在一个适当的范围进行，这就需要教师做好前期准备工作，控制好方向和尺寸。通过前期准备，教师负责将原学生手册中一些过时的条款、难以操作的条款、疏漏的条款，都详细列出，并将修改、增补或删减的权利交给学生。由班主任在班会课上组织全班学生进行学习和讨论，形成相对统一的意见后再交由学生科进一步整理和规范，并印制成册。在学生参与学习和讨论的过程中，学习效果和传统的教师教、学生学相比，其优越性是不言而喻的。学生好强的心态使得他们详细阅读每一条规定，并通过思考提出自己的意见，班主任在此过程中则起到解释、引导、辅助的作用。让学生参与制订学生手册，学生管理人员与学生之间的距离拉近了，且学生的自信心和责任感明显增强，学生具有了一定的主人翁意识。

（2）建立民主公平的学生干部选拔机制

学生干部队伍在学生自我管理模式中扮演着管理者的角色，是实现高等

职业学校学生自我管理的关键组织。目前高职学生干部队伍存在的主要问题有功利思想较为严重，服务意识淡薄。尽管绝大多数学生干部的竞选初衷是服务同学和锻炼能力，但是部分学生干部的任职意图具有相当的功利色彩，为同学服务的意识相当淡薄。有些学生干部的自我约束能力不强，要想在同学中树立威信，就更是难上加难。

因此，为建设高素质的学生干部队伍，某政法高职院校首先从学生干部的选拔入手，将学生干部职位分为管理型岗位和技术型岗位，并针对不同的干部类型，分类进行选拔、培养，这样的分类会给不同类型的学生以更大的发挥空间。其次，严格学生干部职位的晋升制度，参照国家相关规定，在学生团体中也实行一般情况下逐级递升的原则，尽量减少"破格"提拔的现象。参加副部长以上职位竞选的学生，必须有相应的部门工作经历，从干事做起；参加副主席以上职位竞选的学生，必须有两个部门以上的工作经历。最后，选拔过程做到全程公开，以公平、民主、集中、透明为原则，各个环节均有学生代表参与，避免学生不认可干部的现象。选举期间接受全体学生的监督，开通举报信箱。获得高票数得以当选的准干部们，还将面临试用期的考验，通过举报邮箱、学生代表评议、前一任学生干部考核后，表现合格者方可上任，在试用期存在问题的学生干部，经查实后不予任用。

（3）强化教师队伍的服务意识

我国传统文化强调尊师重道，并通过一些活动和形式刻意拉开学生与老师之间的身份、地位差距，北宋著名理学家杨时的"程门立雪"、汉明帝刘庄率文武百官齐拜帝师、唐太宗李世民特许太子太傅李纲乘轿入宫等典故，无一不显示着对教师身份地位的尊崇。而在我国当下的教学实践中，教师仍然是日常管理和教学活动的主导，受此影响，教师与学生间的角色差距越发明显。笔者曾经观摩过本校戴姆勒项目、宝马项目的现场教学，上述项目均由企业与学校共同实施，在教学计划、培养手段、培养模式等方面，以企业要求为主。在课堂环境的布置方面，有别于传统课堂讲台、课桌区分明显的设置，这些深度订单培养的课程教学班级，无一例外地都没有讲台，大部分将课桌围成"回"字形状，老师在当中进行授课、演示。戴姆勒项目的教学甚至时常取消凳子，学生、老师一起坐在桌子上上课、交流。这样的场景，对大部分接受常规教学理念的教师来说实在是不可思议，甚至难以接受。但在实践当中，我们却发现，这样的授课方式，使每一位学生都有机会参与到课堂的各种项目、任务、活动当中，上课打哈欠、睡觉、玩手机的现象更是几乎绝迹。在这样的课堂环境中，每一位学生要发表自己的想法、观点都非常轻松。在来自德国戴姆勒、宝马等公司教育专家的引导下，笔者也发现，在多次课程活动中，德国教育专家会逐渐引导学生尊重他人、发言时起立面向大部分同学、在他人发表看法和观点时仔细倾听。因此，要想调动学生参与自我管理的积极性，教师首先要放下身段，融入学生的学习、生活，主动肯定学生，包容学生的缺点，善于挖掘学生的优点。

（4）减少学生管理人员的正面干预，将学生管理工作转入幕后

学生管理部门的职责就是管理学生，而在建立学生自我管理模式的过程中，需要学生管理部门的放权和隐退。学生科、团委对各专业部放权，各专业部门对班主任放权，班主任和学生管理人员对学生干部放权，以此逐级将管理的权利交还给学生。一般性的事务，如卫生检查、协会管理、日常考勤、班级评比、宿舍评比等，均由学生会独立完成，特殊或重大的活动，则由教师辅助学生完成。记功或处分文件审批终端下移至专业部，文件在有效期内及时、迅速下发到班级，发挥最大作用。放权并不意味着完全放任自由，更多的工作需要转入幕后。学生管理部门对学生组织的监督不能放松，但要尊重学生的意愿，在保证学生主体地位的同时，做好对学生干部队伍的选拔、培训和引导工作，把握好大方向。

（5）培养、树立学生团队合作意识

随着社会生产力的不断发展，团队合作的重要性凸显，行业企业对于人才的要求，无一例外地包括较强的团队合作精神，在进入社会之前，班集体是培养学生团队合作意识的最佳环境。而相应的，团队意识的增强，也有利于加强同学间相互监督，进行自我管理。培养团队意识，第一，要在班级环境中建立共同目标。高职学校的学生多数缺乏对知识价值的强烈渴求，将共有目标直接定位在学习上，很难得到多数学生的认可，这样的共同目标也就失去了意义。根据高职学生及家长大多将学习目标定位为"毕业后能找到一份理想的工作"这一心理，结合高等职业学校的职业特性，可为班级制订"掌握专业技能，具备就业能力"的目标。这样一个直接、有效的共同目标，不仅能够得到班级成员的一致认同，还能够激发他们的学习热情，使得班级

活动得以顺利开展，不仅能使集体生活充满生机，而且潜移默化地增强了班级的凝聚力。第二，培养学生宽容与合作的品质。善用游戏、主题班会、讲座等活动形式，有针对性地引导学生在班集体中与他人和谐相处。在各类活动中，每个班级成员所体现出的对集体的不同的贡献价值，会使学生更加直观地认识到不同个体存在的意义，看到他人的长处和价值，从而衡量自身素质，达到培养他们求同存异的宽容品质和善于与他人合作的能力的要求。另外，班主任自身人格魅力的影响和日常生活中潜移默化的影响，也能够有效地塑造学生宽容大度的人格品质，及时调和矛盾，调节气氛，使不同的个性融合于同一集体，相互包容，相互理解。第三，要充分展示学生的个性。在共同的学习目标的前提下，应允许多元文化的存在和发展，使每一个学生的个人价值都得到充分的尊重和肯定，鼓励学生发挥不同的特长，发展不同的兴趣，形成一个真实、丰富、多彩的展示舞台。高等职业学校学生具有较强的自我意识，需要对他们进行更加深入和准确的了解，给予其充分的鼓励和支持，让每个学生都找到自己在班级中的定位，并得到其他班级成员的认可，确认自己对集体负有一定的责任和义务。这种个人和集体的角色定位，是团队意识形成的基础。第四，培养学生团结协作的能力和习惯。教师在课堂教学中有意识地加强对学生团队精神的教育和培养，充分运用如分组讨论学习、任务引领模块学习、组建某课题讨论团队等形式，使学生在学习技能、文化的过程中学会融入团队并在团队中起到积极的作用。在团队学习的环境中，让学生的团结协作意识得到潜移默化的培养。第五，通过丰富多彩的校园活动及社会实践，增强学生的团结协作能力。社团协会活动是课堂的延伸，社会实践活动是理论知识的实战演习，各类活动在强化学生的集体意识、提高团队合作能力方面，有着不可忽视的重要作用。在校园文化活动当中，笔者所在校较为重视团队素质拓展活动和心理团队游戏的作用，充分利用班会课、德育导训课时间开展上述相关活动，通过活动，提高学生的团队合作能力，增加同学间的相互交流和了解。第六，提高他们对班集体的认知和融入感。强调学生在班级中的主人翁地位，以学生的意愿为主，引导他们充分运用自己的权利，参与班级事务，决定班级大小事务，并学会承担相应责任。在这过程中，应充分尊重学生的权利，允许他们失败，鼓励他们不断总结经验，尝试探索，相互配合，直至找到正确的方向。班集体的共同目标由一个个具体的任务目标组成，在克服困难，逐个实现任务目标的过程中，也就离理想的共同目标越来越近了。学生个人价值与集体价值的相互融合，也就在这个过程中逐步实现了。

（6）建立学生成长档案

学生成长档案是对学生成长过程记录和评价的一种形式。区别于一般的学生档案，某政法高职院校学生成长档案不止记录学生学习成绩和奖惩情况，而是全面反映学生思想道德、学习情况、家庭背景、身心状况、兴趣特长、专业技能、进步情况、交流沟通和所学所获的成长记录。这份根据高等职业学校学生实际情况制定的成长档案，几经修改，定稿后投入使用，很快便得到了广大班主任的认可。在建立档案的过程中，学生的心态也会经历一个变化，由开始的排斥到后来的接受，这中间需要班主任的耐心引导和充分信任及尊重。班主任要做大量的前期准备工作，让学生感受到安全和信任，并严格保守有关学生隐私的秘密。"最敬佩的人""最害怕的事""最大的愿望""最后悔的决定""最希望改掉的缺点""最理想的职业"……这些最贴近学生生活的档案设定，最真实地反映了学生的思想状况，便于班主任了解学生的基本情况，也让学生在填写的过程中能更深刻地了解自己。学生与班主任的每一次交流，每一个小细节的进步，都被记录在册，档案由学生和班主任合作填写，在这过程中建立起相互信任的师生关系，培养学生的总结、思考能力。翻看成长档案，学生能够直观地看到自己的进步，这是对他们成长过程最有效的激励和鞭策。

（7）实行学生自我管理组织形式

①晚自习自我管理模式。某政法高职院校学生大多在校住宿，学校每天安排学生集中在教室进行晚自习。以往的做法是学校安排老师到每个班级值班，一方面避免学生之间发生打闹争执，一方面督促学生完成当日作业。进行学生自我管理模式尝试后，该校首先实行了晚自习自我管理的模式。在自我管理理念深入人心的前提下，选择部分秩序好、学习自觉性高的班级作为首批重点培养对象。班主任了解班级成员意愿，召开主题班会，通过民主的方式征求班级成员意见，解决"是否希望成为晚自习自我管理班级"和"是否具备成为晚自习自我管理班级的条件"两大问题。在班会上，打破学生干部代表发言的惯例，每一位班级成员都必须同意并确认，形成书面申请后上

报。经过专业部、学生科的观察认可后，任命其为自我管理班级，取消这些班级每晚的辅导教师值班，同时将原本发放给教师的晚自习津贴按照一定比例直接发放给班级，作为班费的补充。第一批的晚自习自我管理班级试行，取得了良好的效果，其他班级受此影响纷纷提出申请，希望成为晚自习自我管理班级。

②学生宿舍自我管理模式。在晚自习自我管理模式取得成功的基础上，某政法高职院校进一步尝试了宿舍的自我管理模式。原有的模式是学生管理教师带领学生干部每周定期、不定期地对学生宿舍进行检查，评出表现良好的宿舍，并上报学校给予一定奖励。实行自我管理模式后，以往通过临时突击整理而获得文明宿舍奖励的现象减少了，表现较好的宿舍成员在舍长的组织下相互督促，自觉维护宿舍环境和秩序，学生管理人员仅进行少量的不定期抽查。同时，学校在推优评先等方面，对于相应的实行自我管理宿舍的成员给予倾斜。宿舍是学生生活中较为隐私的空间，也是他们展现真实自我个性的地方，给予学生自我管理宿舍的权利，使他们在心里认同自己对于宿舍应负起的责任，从而主动地维护好宿舍卫生和秩序。宿舍自我管理模式实行后也引起了学生的争相申请，获得了较好的效果。

③班级自主管理模式。在晚自习班级自我管理和学生宿舍自我管理试行成功的基础上，某政法高职院校进行了班级自主管理模式的探索。首批自主管理班级由专业科根据实际情况选择班干部能力强、班级团队精神好、学生行为习惯好的班级作为重点培养对象。突出班干部对班级事务的模范带头作用和引领作用，影响其他同学主动按照学校标准进行学习、生活。在学期初、末杂事、文体比赛、卫生检查等日常工作中，由班干部组织带领全班同学分工协作完成，并在每周德育课上由班干部组织发言和学习。在这些班级活动中尽量减少班主任的直接发号施令，班主任工作转为较轻的辅助性工作，充分给予学生自己做主的权利和自我管理的空间。

④星级标准的分层模式。在实行了晚自习班级自我管理、学生宿舍自我管理及班级自主管理的基础上，通过一段时间的发展成熟，越来越多的班级加入自我管理的队伍，但也出现了层次有别、管理水平高低不均的新情况。经研究，某政法高职院校学生管理部门又根据实际情况制定了星级评分标准细则，根据学生自我管理组织的表现，给予一星到五星的评价，并将标有星

级标识的自我管理牌匾装在相应的班级或宿舍门口。根据表现，学生管理部门及时对各学生自我管理组织进行复查，并给予升级、降级或撤销的处理。标有星级标识的牌匾，直观地反映了班级的自我管理水平，在学生中反响很大，这种做法极大地调动了学生参与自我管理的积极性。

⑤自主主题德育课模式。某政法高职院校的德育课改革经历了几个时期，由最初的班主任在课堂上以理论传授形式为主的传统模式，到以班主任组织学生以游戏活动的方式进行主题教育，再到由班干部组织学习的形式，最后到由全体班级成员提出符合要求的主题自行组织活动邀请班主任参加的形式，在这过程中，最大的改革是教育主体的改变，由班主任为主导变革为以学生干部为主导，最后再到以班级所有成员为主导，上课地点也由传统的课堂转移到了操场、形体房、舞台，最后转移到校外广阔的空间中去，上课形式更是由固定的说教变革为游戏及社会实践等多种形式。每周一次的德育课是学校德育教育的重要阵地，如何发挥其作用，传统的说教方式早已流于形式不具实际意义，让学生站起来、动起来、走出来，才能够吸引他们的注意，才能够发挥他们的主观能动性。经过几年的实践，某政法高职院校形成了主题特色德育课的崭新模式，由学生根据实际情况提出合理的活动主题，形式和地点不拘，班主任辅助学生组织活动，确保安全措施，鼓励学生走出教室，走入社会，进行实践发展。学生充分利用各种资源，到工厂企业参观，到养老院做义工，到名胜古迹游览，请创业成功的学长回来交流学习，请舞蹈老师到活动室授课，各类内容丰富、形式各异的主题特色德育课纷纷出现，不仅收到了良好的教育效果，还让学生在活动的前期准备和过程组织中得到了充分的锻炼。

⑥社团协会自我管理模式。社团是课堂外的学生组织，其意义在于丰富学生课余生活，为学生的兴趣特长提供发展和展示的舞台。某政法高职院校的社团管理也试行了自我管理模式。一些发展较为稳定、成熟的社团协会，在征求成员意见后可提出自我管理申请，经团委批准后可进行自我管理。以某政法高职院校学生自我服务社团为例，这是一支专业性较强的队伍，他们中的大部分来自电气专业，具备一定的专业知识和动手能力，一定程度上掌握了家电维修技术，在此基础上，该协会申请自治，经批准后，他们自行组织社团活动，定期在校内开展为师生免费修理小家电的服务，并充分利用资

源联系了学校附近的居民社区，经学校批准后深入社区开展免费修理小家电的活动，在活动中他们不仅将课堂所学的理论知识运用到了实践中，锻炼了电气类的专业技能，提高了动手能力，还实实在在地学到了与人沟通的技巧和独立解决各类问题的能力，大大提高了自身综合素质，取得了良好的效果，在校园中起到了良好的示范作用，这成为"第二课堂"的亮点。

4. 对某政法高职院校学生自我管理模式的思考

（1）某政法高职院校学生自我管理模式的意义

①有助于建立起学习型组织。自我管理班级的形成，实质上是一个学习型组织的建立过程。它在申请和实行过程中打破了惯有的纵向结构，其目的在于帮助学生建立起自我管理的能力，实现学生自我约束、自我管理的目标。在前期的申请过程中，每一位班级成员都无法回避自己的责任，他们机会均等、权责相当，班干部和普通成员之间并未明显区别，他们都必须了解自己的实际状况，确认自己在班级中的定位，找到自己与班级平均水平的差距，确定自己努力的方向，学生在这个过程中逐渐认识自我，建立起自我约束、自我管理、自我提高的意识。每一个班级成员在共同愿景的驱动下，以团队的方式进行学习，在学习过程中改进自己的思维模式，不断学习进步，最终一步步实现自我超越，并在这一过程中学会系统地思考。另外，自我管理模式也更加强调成员间的平等和合作，强调成员需要共同承担责任和义务，实现共同进步。

②符合构建主义的特征。在自我管理模式中，每一位成员都是活动主体，在客观的团体环境中进行自我认识、自我建构、自我转换，最后适应客体环境，并逐渐掌握其中的规律，从而获得相应的知识和能力。在这一过程中，主体进行主动的参与和思考，充分发挥了自己的主观能动性，一方面实现了顺应过程，以适应集体发展的需要，另一方面由于个性发展的需要，发展了自身的创新精神，实现了同化过程。在调节顺应和同化二者之间的矛盾时，主体掌握了自我调节和自我平衡的能力，找到最适合自己的方式融入集体，同时主体的发展又不失个性。在各个主体达到同化和顺应平衡的同时，主体的改变对于客体环境的发展又起到了推进作用。客体环境的发展，又会反过来促进主体进一步的调节和提升，主体和客体之间就形成了一种良性的相互作用，使得学生个体及所处的团体都朝着积极的一面不断发展。

③实践了人的全面发展理论。职业学校的职业性并非指单一的专业技能，专业的划分是以一大类行业的特征为基础的。学生根据自身兴趣、特长选择专业，他们在学会某一专业基础知识的同时，还应同时具有更为广泛和宽厚的基础，以适应这一大类行业的变化和发展，及时调整自己的工作技能，更快地接受新技能和新知识，触类旁通，为这一行业的更新和发展起到积极的作用。新型的劳动者应同时具备技能型岗位和管理型岗位的基本要求和能力。在实现自我管理的过程中，学生在学习专业技能的同时发展自己其他方面的优势，尤其锻炼了在集体中的适应和发展能力，提高了组织协调能力、沟通交流能力，最大限度地发挥潜力，实现自身的全面发展。

④提高了学生的可持续发展能力。教育的可持续发展性落实到学生身上，就是强调人的终身学习能力和创新能力。学生自我管理模式的实践，使得学生有意识地进行独立思考，并在此基础上实现自我认识、自我约束和自我提高。无论是晚自习自我管理还是宿舍自我管理，学生都要在一个无人监管的环境中对自己的行为进行独立的规划和控制，人的终身学习能力的培养，就在这个过程中逐渐形成。人生而不同，人性的多样性构成了人类文化的多元性。学生自我管理模式，正是顺应人性发展多样性的需要，打破传统的学生管理过程中强调整齐统一的理念，给学生营造一个自由发展个性的平台。自我管理模式的意义，在于提供一个宽松而平等的环境，在宽松的条件下学生敢于创新，在平等的环境下学生乐于创新，有兴趣并勇于付诸行动，使在自我管理模式下的学生能充分锻炼自己的创造能力。因此，自我管理模式的实践，培养了学生的终身学习能力，锻炼了他们的创造能力，达到了提高学生可持续发展能力的目的。

⑤秉承了以人为本的理念。以人为本在高等职业教育的环境中便是以生为本。学生是学校教育的根本，尊重学生，珍视每一个学生的个性，是学校各项工作开展的前提。学生自我管理模式在实质上是对以生为本理念的践行，是学生同时作为管理和被管理者，对自己思想和行为进行约束和控制的过程。学生作为主体和根本，其成长的自然规律和天生的个性特征是学校教育的出发点和落脚点。以教师为主导的学生组织中，为实现集体利益难免要奉行少数服从多数的原则，牺牲少部分学生的利益，但在以学生为主导的组织中，在平等自由的前提下，不同的个体需要可以通过交流沟通和权衡比较进行调

整，从而达到以每一位学生为根本的微妙平衡。这是传统的管理模式所无法做到的。

（2）某政法高职院校学生自我管理模式的成功经验借鉴

①学生管理制度的民主化、规范化。在学生参与制定管理条例、学生干部选拔公开、推行自我管理模式等几项举措之后，某政法高职院校的学生管理制度更加趋于民主化、科学化、规范化。学生主动，并深度参与学生管理各项制度的制定，使他们的分析整理能力、沟通交流能力、组织协调能力等均在此过程中得到了充分的锻炼，综合素质得以提升。而大范围的学生参与制定的措施，则更加深刻地体现了当代高职学生的民主精神，真正使制度服务于学生，也使学生管理制度更加具有科学性，易于操作。从被管理者到管理者角色的转变，也使学生管理工作的效果明显改善，从源头上找到了高等职业学校学生管理困难的症结，解决了学生排斥传统形式的管理模式的难题，真正意义上实现了尊重学生，以生为本的教育管理理念。

②转变学生管理人员的观念，提升管理人员的服务意识。在实行自我管理模式的探索过程中，对于原本处于"管理者"地位的相关人员来说，这也是一大挑战，要放下原有的认知和定位，转变观念，由管理者变成服务者，在明处进行管理的方式减少了，但在幕后需要付出的努力则更多了。职能的转变不仅要求班主任等一线学生管理人员的管理活动由台前转到幕后，更对他们的管理水平提出了高要求，除了要参加学校组织的各项学习培训活动外，他们还需要根据自己的实际情况查阅大量资料，搜索相关知识，自己完成管理理念的转变过程。

③增强学生自信心，提高学生综合素质。自我管理模式是一个极好的平台，并不需要学生有传统意义上的特长，如文艺、体育等，而是更为基础的沟通交流能力和组织协调能力的展现舞台。某政法高职院校有许多原本表现平平的学生在自我管理这个平台上大放异彩，充分发挥了自己潜在的能力，发掘了自己在人际交往沟通方面的天赋，并在实践中得到了锻炼。这使得普遍存在于高等职业学生身上的自卑心理得到缓解，让他们重拾自信，找到自己擅长的方向，体现出自己的个人价值。专业知识是在课堂上由教师教授而获得的，而综合素质却非一言一语能够说清道明的，学生进入高等职业教育阶段后，在生活上的首要任务就是学习为人处世，这种能力需要学生在日常

的生活中不断进行总结，每个人得出的经验不尽相同，无人可代为传授，只有通过实践自己体验和总结，才能够不断发展、成熟，最终找到最适合自己的方式。自我管理模式从根本上把高等职业学校学生视为平等的对象，承认他们的地位，相信他们的能力，给予他们主动发现自我、提升自我的平台，教师的作用是为他们的成长和学习指引方向，提供支持服务，并及时给予他们鼓励和评价。

④形成互信、互重的和谐型师生关系。在自我管理模式的推行过程中，师生间的互相尊重与信任是基础。处在青春期的学生，由于其心理发展的特殊性，难以在传统的师生关系中充分接受来自学校正面的信息，而实行了自我管理模式后，学生切实感受到了自己地位的提升，并拥有了充分的主人翁意识，这大大促进了师生关系朝健康、科学的方向发展，为营造和谐、健康的校园氛围提供了有利条件。檀传宝老师曾在他的欣赏性德育模式中提出，教师与学生的关系应当像游客与风景的关系，教师如同游客，在自然的山水中给予评价，但作为客人，并不能直接干预学生的活动。教师不同于游客之处则是需要布景搭台，为学生打造一个自由发展的平台，学生自我管理模式的实行正符合了这种理论，教师隐于幕后，适时给予学生评价和帮助，学生脱离了教师的直接指导，而是在自己的尝试和探索中总结经验，找到对的方向，根据教师的评价自行判断改进的方式，这样的师生关系更趋近于合作伙伴，平等而和谐。

第五章　政法高职学生人际交往素养

一、政法高职学生人际交往素养的重要性

（一）人际交往的概念

人际交往的形成与发展是一个极为复杂的过程。在原始社会，血缘家庭是人类的第一种社会组织形式，血缘关系在原始社会中是占据统治地位的人际关系，这就导致了人与人之间的交往只在有血缘关系的部落内部进行。在封建社会，小农自然经济长期存在并占主导地位，导致人们的交往是封闭的，当时生产力和生产水平相对低下，男耕女织，生活自给自足，人与人之间的交往既不频繁也不广泛。资本主义社会中，工业不断发展，殖民区域也不断扩展，这就在无形中拉近了世界的距离，这时的社会就需要人们能够掌握一定的交流和沟通技能，以逐步适应新社会的发展。交往越来越成为人们生活的需要，交往的内容和形式也变得多样化。但是，资本主义制度在一定程度上也破坏和扭曲了人与人之间的正常交往。对金钱和财富不择手段的追逐，反映在人际交往之中，就是金钱至上、一切为己等利益最大化的交友原则。在社会主义社会，人们从根本上摆脱了金钱与物欲的束缚，也认识到了人际交往的本质以及人际交往的重要性，能够树立正确的交往观。这样的交往无论在广度还是在深度方面，都上升到了一个更高的层次。

人际交往是很多学科都关注的一个领域，公共关系学、心理学、教育学等都对人际交往进行过研究和探讨，但不同的学科在探究人际交往时因视角和范畴不同，对人际交往的界定也不尽相同。在社会学中，人际交往被定义为"人们在生产或生活活动过程中所建立的一种社会关系"。在心理学中，人

际交往被定义为"是人们在共同活动中，彼此为寻求满足各种需要而建立起来的相互间的心理关系，主要表现为人们心理上的距离远近，个体对他人的心理倾向及相应行为等"。而在语言学中，交往概念是指人和人相互之间，按照一定要求进行的特定语言符号的交流。

综上所述，本文认为：人际交往是指人与人之间通过一定方式进行接触，从而在心理和行为上发生相互影响的过程，包括动态和静态两种含义。动态的人际交往是指人与人之间物质和非物质的相互作用的过程，即通常意义上的人际交往；静态的人际交往则是指人与人在互动过程中所建立起来的情感联系，以及所形成的人与人之间的心理倾向及相应的行为反应，即人际关系。

(二) 政法高职学生人际交往

政法高职学生人际交往，是政法高职学生在学习、生活的过程中同其他人所形成的学习、竞争、合作、交流等各种各样的关系，是高校校园人际关系的重要组成部分。其主要包括政法高职学生与老师、父母、同学、学校工作人员以及网友之间的人际交往。根据交往对象，政法高职学生的人际关系包括师生、同学、社会以及网友关系等。

1. 师生关系

师生关系是最为基本的关系，教师为关键的交往目标之一。因为校内政法高职学生不仅要接触年龄相仿的同学，此外更多的就是同老师的接触。不过因高等教育的特殊性，在高职院校，师生接触的机会并不太多，且具有随机性，甚至彼此见面的机会也有限。双方的接触和交流，只局限于知识的传授和接纳，交往内容相对简单。双方的交流更倾向于单方面的，表现为教师更多地进行说教，而学生则更擅长倾听，这使得二者间的沟通机会较小，因此也缺乏一定的情感沟通，这对于建立和谐的师生关系是一种消极的影响。授教于人一定要建立在和睦的师生关系基础上。因此，要求为师生间不断创造沟通和交流的机会，各科教师以及辅导员均需参与到学生活动中，了解学生需求，熟知政法高职学生的相关心理，力求有效解决政法高职学生在校内生活和学习甚至就业等方面存在的困难和问题，实现因材施教。

2. 同学关系

这类关系即以学校和专业以及兴趣爱好为基础而形成的人际关系圈，主体通常是同班同学，这类关系往往比师生关系更加亲密。同龄人在生活和学习上互帮互助、相互鼓励，彼此间的伙伴关系既可以是竞争关系也可能是合作关系，且有可能一直存在下去。同学为政法高职学生最基本的交往对象，同时也是最常见、最普通的关系。首先，由于同学彼此属于同龄人，其文化内涵和知识储备属同一级别，加之其往往有着类似的爱好等，较长时间内的生活和接触，使他们很容易了解彼此的想法和感受。因此，同学间更容易实现交流和沟通。此外，高职院校所具备的包容性特点，使其容纳了来自不同地方的学生，由于地域和民俗文化等差异，加之学生个人的成长环境以及待人接物等方式的不同，政法高职学生很容易在彼此交往过程中出现各种或大或小的矛盾甚至冲突等。政法高职学生刚离开家人走向外界，十分需要他人的理解、接纳和尊重，因此，其对交往对象的要求和期望也相对较高，一旦实际交往情况与其预期有所出入，不仅容易给彼此间的沟通和交流带来阻碍以及消极影响，还极有可能让其对人际交往产生失望、恐惧甚至回避的想法。

3. 社会关系

社会关系也就是在校政法高职学生同老师和同学以外的人之间形成的关系。同师生关系以及同学关系相比，这类关系因彼此间接触和熟悉程度有限，往往不会过于亲密。作为迈向社会的基础和铺垫，政法高职学生的生活人际交往是其人际交往过程中不可或缺的一个环节。因此，政法高职学生有必要培养同各类人接触和交流的能力，树立在社会中同他人交往的渴望、不断增强同他人沟通的自信，以便打破原有的仅限于老师、同学的交往圈，同他人建立积极的人际关系。

4. 网友关系

随着信息技术的不断更新和发展，网络早已成为人们日常生活中必不可少的一部分。它不但影响了人们传统的生产和生活方式，而且使人们之间形成了一种新的交往关系，也就是网友关系。网络好友间的交往通常仅限于无形的网络，一般情况下，双方很少有机会直接进行实在的接触。在网上交友时，人们不必用其真实姓名，甚至性别、年龄和身份等都具有一定的隐蔽性，因此网络交往相比于其他类型的交往更多了一层神秘的色彩。基于这种情况，网络的方便、快捷吸引了越来越多的学生以此为沟通和交流的媒介，以往那种直接交往或通过书信互动和联系的方式则慢慢淡化，这也在一定程度上说明，政法高职学生主动沟通和交往的能力正随着网络交流的不断发展而减退。

（三）培养政法高职学生人际交往素养的重要性

1. 有利于政法高职学生身心健康成长

学生是祖国未来的希望，是民族振兴的中坚力量。政法高职学生人际关系是否良好，交往观是否正确，直接影响到中华民族伟大复兴的历史重任能否实现。高职对于一个人的人生而言，是极为重要的一个阶段，在这期间形成的世界观、人生观、价值观，以及在高职阶段所养成的行为习惯，树立起来的人生理念、价值理念，是几乎伴随其一生的。如果部分政法高职学生在人际交往中所表现出来的功利主义、个人主义等消极现象没有被及时制止、教育和纠正，势必会影响政法高职学生树立正确的人际交往观，一些唯我独尊、嫌贫爱富的不健康交往心理也会因此滋生。这些现象的产生会阻碍政法高职学生健康成长，阻碍政法高职学生成才。因此，只有及时矫正政法高职学生人际交往中不正确的行为，提高政法高职学生的人际交往意识，才可以确保政法高职学生的身心健康成长。

2. 有利于政法高职学生建立良好的人际关系

人际交往是政法高职学生学习、生活中不可缺少的一部分。处于青年发展时期的政法高职学生，由于自身心理、生理的不成熟，加之外界不良因素的影响，在人际交往过程中，容易产生紧张、恐惧、孤独和焦虑等情绪。部分政法高职学生浮夸、浮躁，喜欢脱离自己的实际情况对他人随意许诺来满足自己的虚荣心，这对于同学之间单纯的人际关系来说是极为不利的，造成的后果也不是心智不成熟的政法高职学生可以承受的；有的政法高职学生看重利益超过同窗友情、师生情谊，为一己私利在交往时只交有钱有权的朋友；还有极少数政法高职学生过分依赖网络交友，结果导致在现实生活中的交友恐惧，朋友越来越少……要通过对政法高职学生的人际交往教育，使政法高职学生在人际交往的过程中体会到同学之间的关爱、信任以及友谊，满足政法高职学生对交往的需求，也使得政法高职学生体会到自己在集体中的价值、对他人的重要性，以及集体和他人对自己的亲近和友好，从而营造出有利于建立良好人际关系的氛围。

3. 有利于政法高职学生顺利地融入社会

高职期间是政法高职学生各方面能力都得到发展的重要时期，政法高职学生对交往有着强烈的需求、对亲朋有着强烈的依赖，人际交往问题直接影响到政法高职学生的学习效率、生活质量和心理健康，而且也直接影响到政法高职学生的社会化。通过对政法高职学生的人际交往进行教育，提高政法高职学生对自我的认知、对他人的认知、对交往重要性的认知，让政法高职学生在实践中广泛而深入地通过自己与他人的接触，认识社会，适应社会，积累社会经验，调整自己的思想和行为，学会交往，进而提高自己的人际交往能力和协调能力。具备这项可贵品质的政法高职学生，在不远的将来都将成为各行各业的中流砥柱。如果政法高职学生没有形成良好的人际交往能力，那么其人格与能力都将受到局限，在社会工作中难以得到认可，最终影响政法高职学生社会化的进程。

二、政法高职学生人际交往素养的培育特点

（一）当今政法高职学生人际关系类型

1. 根据交往媒介分类

（1）亲情关系

亲情关系一般是指以血缘为纽带而结成的关系，包括与父母、兄弟姐妹及其他亲人之间的关系，主要是以家庭为基础的直接人际关系。这一类型的人际关系是伴随人的一生，发生频率最高、相互影响最大的一种关系。当代政法高职学生虽然大多远离父母，在外求学，但仍保持着与父母的密切联系。除此之外，当代政法高职学生的人际关系中深刻地体现着一种"拟亲情化现象"，很多政法高职学生在寝室里按照年龄的大小排行，就像一个家庭的几个孩子一样以兄弟姐妹相称，试图以同学间的亲密关系来拉近新环境中人们之间的关系。这种"寝室家庭"对政法高职学生尽快适应环境、稳定情绪起到一定的积极作用。

（2）"业务"关系

"业务"关系是指人们由于从事共同或有关联的行业而结成的人际关系。

这一类型的人际关系在政法高职学生人际关系中居主导地位。政法高职学生的主要任务是学习，其"业务"关系大部分是在课堂上学习文化知识建立起来的，尽管当前由于高职学分制的实行在一定程度上带来了班级功能的弱化，但总体来说班级仍然是当代政法高职学生主要的学习、活动单位。除此之外，随着学校选修课的增加和社团活动内容的灵活多样，"业务"关系形式不断推陈出新。例如，轮滑协会、街舞协会、棋牌社、文学社、英语角等，这些都是根据政法高职学生个人兴趣和爱好建立起来的新型"业务"关系，而且这种"业务"关系的范围也必将随着政法高职学生的爱好所至而日益扩大。

2. 根据交往主体分类

（1）同学关系

同学关系是指在同一学校学习过程中所结成的关系，是政法高职学生人际关系的重要方面。同学是政法高职学生人际交往最基本的对象，政法高职学生与同学的交往最普遍也最复杂。同学关系在政法高职学生人际关系中占主要地位。在高职院校，同学之间由于年龄相近，兴趣、爱好相似，又在一个集体中学习和生活，交往最频繁，交往内容也最广泛，他们容易建立起较为稳定的人际关系。学生们远离父母和家庭，以及逐步增强的独立意识和"成人感觉"，使他们在与同龄人交往的过程中渴望自我寻求和展示，另外，相似的生理、心理阶段和特征，使他们在价值观、人生观等方面很容易达成共识，容易做到相互理解和帮助，容易在交往的过程中投入真情实感，他们一起对人生问题展开探讨，快乐共享，忧愁共担。

（2）师生关系

老师与学生是校园里的两大基本群体，教师是政法高职学生人际交往的重要对象，师生关系是教学过程中最主要的人际关系。对于一个好教师的要求，不仅仅局限于古人所云的"师者，所以传道受业解惑也"，教师们还应当扮演学生人生导师的角色。但是，由于高等教育其自身的特点，高职教师与政法高职学生的接触时间和机会都比较少，交往的内容也比较狭窄，往往仅仅局限于与学习有关的"功课问题""学业问题"，而其他的个人心理问题、情绪问题、家庭问题、交友问题、恋爱问题等，很少沟通、交流。这反映出师生之间交流沟通比较少，尤其是缺乏情感的交流，关系并不密切，不利于建立融洽的师生关系。因此，有必要加强师生之间的交流与互动，扩大交往内容的多样性，使教师与学生之间建立起真正的"良师益友"关系，这样更有利于政法高职学生人际交往能力的培养。

（3）朋友关系

朋友关系是指基于共同的兴趣、爱好或其他方面的一致性，存在于小群体中，特别是同辈群体中的人际关系。朋友关系常与其他类型人际关系相交叉。当代政法高职学生人际关系中最有特色的部分就是朋友关系，包括室友关系、同乡关系、恋人关系以及网友关系等，其中室友间的交往最密切、最频繁。同乡关系是地域观念连接起来的心灵上的纽带，它在一定程度上扩大了政法高职学生的交际范围，打破了班级、专业甚至学校之间的界限。为联络感情、使人际交往扩大，政法高职学生们自发组织了"老乡会"。老乡们风俗习惯相同，使交往过程中的深厚友情更易建立，亲切感更强。在家乡的时候这种亲切感未必能感受得到，但到了异乡就会有特别强烈的感觉。政法高职学生们"身在异乡为异客"，他们对乡情的珍视可以通过"老乡见老乡，两眼泪汪汪"这句俗语表现出来。恋人关系是一种特殊的异性朋友关系，恋爱是政法高职学生生理和心理发展的自然结果。在这个新的环境里，来自不同地点的年轻人经过共同的学习、生活、社团活动，共同的兴趣和爱好使异性同学之间产生爱慕之情是很自然的，政法高职学生间的恋爱也应该是健康的。网友关系是政法高职学生通过网络与他人建立和形成的朋友关系，是互联网时代发展产生的新型的人际关系。

3. 根据政法高职学生人际关系建立的基础分类

我们可以把政法高职学生的人际关系划分为"学习圈""生活圈""娱乐圈"三种主要类型。"学习圈"这一人际关系圈对政法高职学生来讲相当重要，是政法高职学生在共同的生活、学习过程中自然而然地产生、建立并发展起来的一种关系。"学习圈"一般有两种性质，即合作性和竞争性。在以合作为主的共同活动中会产生合作性的"学习圈"，在某种程度上来讲交往双方存在利益共同点，一方面能够通过学习取长补短，一方面也能使友情关系建立起来。例如，政法高职学生的辩论赛。而在共同活动中，竞争性的"学习圈"表现出的竞争性则比较强，在学生的学习中能带来一定范围内的外部刺激，不过需要强调的是，若学生的心理承受能力不足，就会使其产生一些心理问题，使学生正常的人际交往受到影响。"生活圈"是指政法高职学生在日常生活中建立起来的人际关系，这种关系更趋向于情感上的真实交流和生活上的相互帮助等。亲友、室友、同乡、同学、校友等是其主要的交往对象，友情是这种关系最主要的表现，爱情关系也可能在异性之间产生。因为相互之间比较了解且接触的机会较多，这种关系一旦建立就会较为密切。但是，一旦在某种程度上存在摩擦和竞争因素，则比较容易导致人际关系冲突。"娱乐圈"是指政法高职学生在体育训练、文艺活动、休闲娱乐、社团聚会等活动中建立起来的人际交往关系圈。例如，"健美操团体""武术协会""麻派""棋牌社""动漫设计爱好者协会"等。建立于活动中的人际关系一般建设性较强，活动时间的长短决定其维持的时间。不过，有些关系在活动结束后仍然维持，这种人际交往关系较为持久。

（二）政法高职学生人际交往素养的培育特点

1. 交往主体的平等性

苏联学者苏霍姆林斯基指出：当与别人交往甚至是教育别人时，别人的自尊心是绝对不可伤害的，因为它是人类心灵中最敏感的部位。人最大限度的愉悦的产生，其前提就是自尊心得到满足，只有这样，对方的观点和态度他才易于接受。政法高职学生随着年龄的增长和自我意识的发展，独立、自尊和渴望得到长辈、老师尊重的要求日益增强，于是对人际交往的平等性要求越来越高。在交往过程中，他们最不能接受的就是对方居高临下，他们希望交往的双方彼此尊重，平等相待；他们既对他人尊重，又希望他人对自己也一视同仁，获得平等回报。而长辈、老师往往把他们当作不成熟的人来对待，因此大多数政法高职学生对父母和老师往往敬而远之，而更多地选择与同辈交往。在身心发展方面，在校政法高职学生的水平基本相同，他们有相仿的年龄、相近的社会阅历、相似的思想观念、相当的能力和知识水平，较大的利益冲突并不存在。在学校中，他们的学习任务和学习目标相同，在地位和层级方面的差别也并不明显，多是在平等的状态下进行交往。

2. 交往认知的理想性

政法高职学生绝大多数是从校门走进校门，社会实践少，接触的人少，所积累的阅历浅，为人处世的方式较为单纯，缺乏社会生活经验，尚未体会到社会上人际交往的复杂性，容易用理想化的眼光来看待现实中的人际交往，因而容易理想化。这在一定程度上促使大多数政法高职学生过于追求理想化的人际关系，他们希望人们能够互相帮助、互相理解、真心以对，向往兴趣相投与内心共鸣。然而，现实中的人际交往并不如他们所想的那样简单，部分学生往往会因此而出现不能适应高职人际环境的情况，单纯的理想与复杂的现实的巨大反差给他们带来很大困惑和苦恼，使他们常常不满意自己现有的交往，感到人间缺乏友情，视正常的人际矛盾为异常，把不适应人际交往归咎于人际关系的复杂，而不能看到自身能力不足才是真正原因，同时，也会有少数人出现消极的自我封闭的情况，他们拒绝与人交往，更有甚者会引发一些心理疾病。

3. 交往选择的自主性

政法高职学生的交往观念随着社会的进步和时代的变迁，其变化也是相当大的。受限于时代条件，在过去，政法高职学生的交往方式和交往对象很难自主选择，而人际交往自主则是现如今政法高职学生人际关系中最为突出的特点。将交往对象锁定在身边几个知心朋友这个范围，并不能满足当代政法高职学生的需求，他们对交往对象的选择往往有自己的标准和方式，使自己的交际面不断拓宽。交往方式自主，增加了政法高职学生人际交往的机会。但政法高职学生心理情绪较易波动，在人际交往的过程中交往对象频繁更换，这可能会导致无法深入了解对方，部分政法高职学生甚至会因为朋友关注的分散或远离而出现不良的心理状态，这是在政法高职学生职业素养培育中必须要注意的问题。

4. 交往对象的开放性

政法高职学生的交往对象除了同班同学外，还涉及不同班级、不同专业、不同年级的同学以及教师和学校工作人员等，通过参加各种社会活动，他们交往的对象会越来越广泛。相近的年龄和社会认知水平，使政法高职学生具有较为活跃的思想、广泛而又相似的兴趣。除专业知识外，他们主要是寻求友谊，探讨人生，传递各种信息等，交往内容涉及自然、政治、经济、娱乐、文化、民俗、文艺、社会现象、日常生活等各方面。同时，他们的交往对象既有本专业、本学院、本学校的同学，也有外校或外地的学生，甚至是一些社会人士。高校内的学生团体组织，如学生会等，提供了充裕的场所供政法高职学生相互交往，他们的交往不会受到性别、班级、专业以及年级等的限制，政法高职学生自己也在尝试着不断扩大自己的交际范围。当代政法高职学生相较于以往的政法高职学生更为开放、活泼，对异性有着更强烈的交往愿望和更高的认同度，在结交异性朋友时善于采用各种方式，这大大扩展了其交往的对象。

5. 交往内容的广泛性

当今政法高职学生交往的内容广泛多样，虽仍以学习为主，但许多与社会相关的事务已渗透到政法高职学生的社交范畴，社会实践、勤工助学、社区服务、公益事业，使不少交往活动与商业性活动及社区服务活动联系起来。建立友谊并相互学习，已经不再是当代政法高职学生人际交往的唯一目的，在人生、未来、情感等问题上，他们更愿意与交往对象敞开心扉。随着交往方式的发展以及高校各种学术团体的越来越活跃，政法高职学生入校后往往会树立更高的人生目标，更加关心政治、经济、文化以及社会的发展。而在人际价值观方面，当代政法高职学生正在发生的变化是本质性的变化，当今狭隘的交友观念已被大多数学生所摒弃，他们追求的人际关系更加多样化，也更为广泛。他们对各种社会活动积极参与，努力扩展自己的交往范围。特别是随着社会化程度的进一步加强和现代媒体的飞速发展，政法高职学生实际的交往范围早已突破了校园的"围墙"，其交往的内容和范围均非常广泛。

6. 交往方式的时代性

当今政法高职学生有多种多样的交流方式。迅速发展的通信技术，使政法高职学生在沟通交流中所使用的重要手段已经转为网络、手机。超时空、自由随意的情感表达以及身份的隐蔽性等，是网络交往的重要特征，当代政法高职学生人际交往的一个重要方式就是交网友，这也是当今热点话题之一。这反映出当代政法高职学生建立时尚的新型人际关系，以此互通信息、增长知识和增广见闻的要求。例如，微博的出现赢得了众多政法高职学生的追捧。博客技术给了普通人写作、编辑和发表自己新闻的机会，并且可以得到众多读者的回应。这种分布式、多传播的方式，是传统新闻媒体那种少数人分布信息多数人消费的模式所不能相比的，这是网络信息化时代的产物。

7. 交往愿望的迫切性

德国学者斯普兰格指出:"人在青年时期渴望被理解的愿望非常强烈,人生再没有一个时期能和这个时期一样了。青年人往往深陷孤独,被人接近和理解的愿望相当强烈,站在遥远的地方呼唤他人的理解,人生中再没有另外一个时期会这样了。"政法高职学生处于生理、心理逐渐成熟的阶段,内心充满好奇,渴望了解他人、了解社会,也希望得到他人的认同、理解与尊重,希望能通过与他人的交往实现自身的价值,与老师和同学间的友好关系尽快建立,其心理上的归属感和依赖感非常强烈。此外,政法高职学生有很强的好奇心、强烈的求知欲,希望通过人际交往的扩大使自己获得的信息量增大,见闻增多;他们由从中学步入高职,从客观上来说,生活和学习环境的变化相当大,有很多崭新的面孔需要面对,父母的"大包大揽"也不复存在,需要自己解决大部分事情;他们思想活跃、精力充沛、兴趣广泛,随着年龄的增长、专业知识和文化水平以及认识能力的逐渐提高,他们希望被人理解和接受的心情更加强烈,对人际交往问题的关注程度不断上升。因此,政法高职学生对人际交往的愿望显得更为迫切。随着招生就业制度的变化,政法高职学生自费上学、自主择业,融入社会、施展抱负是摆在政法高职学生面前现实而又具体的问题。这就需要政法高职学生具有较强的人际沟通能力,这增强了政法高职学生在和谐人际交往关系建立方面的迫切性。

8. 交往色彩的情感性

当代政法高职学生的人际交往具有丰富的情感色彩。当代政法高职学生的人际关系复杂多样,他们在思想上相互勉励,在学习上相互帮助,在文体娱乐上相互合作,在物质上相互分享,所表现出的感情联系较强。政法高职学生处于青春期,行为倾向的情感性较多,显著的利益关系在他们之间并不存在,在思想和经济方面相互之间并无依赖,这使得他们率性而为的独立性格得以保持。政法高职学生受到过较好的教育熏陶,且青年人往往具有丰富的感情,这使得感情交流在政法高职学生人际交往中非常重要。感情需要的满足,成为政法高职学生人际交往的目的。这些特点一方面表现为在同龄人中寻找情感交流的对象,消除寂寞,另一方面表现为为使爱情需求得到满足而结交异性朋友。精神上的互助,就是我们所说的情感寄托,是政法高职学生主要的交往动机。

9. 交往个体的不平衡性

政法高职学生尽管迫切需要人际交往，不过他们之间存在不同的个性和交往能力，因此也会呈现出不同的人际关系情况：部分学生能够热情主动地交往，拥有较广的交际面和较高的交际质量，从而使和谐的人际关系得以形成；而部分学生不善言辞，羞于交往，交往效果不佳，遇到人际冲突时自我调节能力较差，与其他人形成的关系就往往很不和谐。可见，政法高职学生个体交往具有不平衡性，正因为如此，我们在教育时切忌搞形式主义，要针对具体问题使用恰当的方式，进行透彻的分析，注意区别对待，真正帮助当代政法高职学生形成和谐的人际关系。目前社会生活大的经济环境日益凸显出政法高职学生贫富悬殊的家庭经济条件，在消费习惯和能力等方面，特困生和富裕生之间差异较大。经济条件的不同，使政法高职学生存在不同的思想状态和兴趣爱好，而且这些不同不是一朝一夕形成的，在入学之前就已经存在，入学后这些差距会向心理和能力的碰撞演变，一定程度上影响政法高职学生的人际关系。政法高职学生对交际方式和交友对象的选择，也会受到经济条件的影响。悬殊的家庭经济条件，会使学生存在不同的价值观念和生活方式，进而形成两大特殊学生群体，这使得政法高职学生群体中出现了一种严重的"贫者近贫，富者近富"的怪现象。

三、政法高职学生人际交往素质的培养途径

造成政法高职学生人际交往问题的原因是多方面的，政法高职学生人际交往问题的表现也是多样的，因此我们要做到具体问题具体分析，在对政法高职学生人际交往进行教育时，发挥社会、高校、家庭与学生自我塑造等多方面力量，多方协同合作，引导政法高职学生树立正确的交往观。

（一）营造政法高职学生人际交往的良好社会氛围

1. 优化有利于政法高职学生人际交往的经济环境

市场经济是一种相对于计划经济而言的经济范畴，市场经济是以市场为基础，以竞争为推动力的一种经济运行机制。营造良好的市场经济环境，有利于提高资源配置效率，扩大交易规模，保障市场交易的顺利进行，同时，

有利于为政法高职学生良好的人际交往营造良好的社会氛围。

首先，要营造政法高职学生良好人际交往的经济环境，必须坚持平等的市场经济原则。平等原则是指市场主客体之间地位的平等。买卖双方无论现实中存在着多大的差异，在市场经济生活中双方权利都是相同的，既不受任何人限制，也不受任何人歧视。在市场经济下，一方面，买卖双方地位是平等的、人格是平等的，没有高低贵贱之分。商家要平等地对待消费者，而不能根据出身、资历、学识和购买能力等许多差异进行区别对待，也要尊重消费者的意愿、人格、情感与隐私，不能强买强卖，不能耻笑他人；消费者要平等地对待商家，不能把自己当作上帝，以自我为中心，要尊重商家、理解商家，不能侮辱他们。另一方面，买卖双方对商品的信息掌握程度是相同的。在信息不对称时，部分商家为了骗取利润，在出售商品时会刻意隐瞒商品不利信息，而只宣传有利信息，从而扰乱市场经济的正常运行。这就不利于买卖双方和谐人际关系的建立。

其次，要营造政法高职学生良好人际交往的经济环境，必须坚持诚信的市场经济原则。构建社会主义市场经济下买卖双方良好的人际交往关系，就必须要求商家货真价实、童叟无欺。每一个消费者在市场上购买产品的时候，都想买到货真价实的商品，但是由于市场的滞后性、自发性和商家以次充好，欺诈蒙骗的现象时有发生，导致很多消费者对卖家不信任、对产品不放心，这不仅影响了市场经济的良性运转，也不利于买卖双方良好人际关系的建立。

最后，要营造政法高职学生良好人际交往的经济环境，还需要坚持公平竞争的原则。公平竞争指的是竞争者之间所进行的公开、平等、公正的竞争。公平竞争原则下的市场经济是良性的，较小的商家会通过注重自身产品质量与服务质量来提高竞争力，较大的企业会通过提高产品质量、提高企业效率、加强企业管理来提高竞争力，如此可以使得其在市场同类商品中的竞争力得到提高。相反，如果违背了公平竞争原则，就会出现"走后门""拉关系"的情况，造成市场的垄断，最终将会影响社会生产力的发展与市场经济的正常运行。

2. 优化有利于政法高职学生人际交往的社会舆论环境

习近平总书记在 2016 年 2 月 19 日主持召开的党的新闻舆论座谈会上指出，"新闻舆论工作各个方面、各个环节都要坚持正确舆论导向"。习近平总书记还强调，"团结稳定鼓劲、正面宣传为主，是党的新闻舆论工作必须遵循的基本方针。做好正面宣传，要增强吸引力和感染力。舆论监督和正面宣传是统一的。新闻媒体要直面工作中存在的问题，直面社会丑恶现象，激浊扬清、针砭时弊，同时发表批评性报道要事实准确、分析客观"。

网络舆论是社会中绝大部分人群对某事件或某话题通过各消息传播平台进行评论、表现态度的集合体，网络舆论在一定程度上影响着人们对社会事件、社会活动、热门话题的思考、看法以及行为。舆论是社会事件的"晴雨表"，它在很大程度上反映着国家的形象和社会的精神风貌。积极健康的网络舆论环境，对人与人之间的坦诚交往有着重要作用。政法高职学生作为建设中国特色社会主义事业接班人中的一个群体，在他们步入社会时，也一样需要各方的大力支持和相互配合，需要整个社会用积极向上的舆论环境来熏陶其树立正确的交往观。

积极向上的网络舆论环境，一是需要政府充分重视舆论的引导作用，政府的宣传媒体要始终站在全局的高度，弘扬社会主义核心价值观，开展各类人际交往的实践活动，让诚信宣传的方式多样化而更有吸引力，比如在城市地标性建筑的广告牌上循环播放人际交往语录，在银行或高校等各类人群密集度大的地点做广告牌，开通微信公众号推广关于良好人际交往的案例等。这样一来，可以避免一些错误的宣传和导向，牢牢把握正确的社会舆论导向，弘扬社会主义时代主旋律，提高舆论的引导水平，为政法高职学生人际关系的建立和发展创造良好的舆论导向。二是需要各个单位和部门的大力宣传，具体可以通过广播、电视、报刊、社区宣传栏等宣传典型人际交往的榜样，可以开展"和谐人际关系进社区"主题宣传教育活动等，通过宣传营造健康的社会风貌。

3. 优化有利于政法高职学生人际交往的网络环境

2014年2月27日习近平总书记在中央网络安全和信息化领导小组会议上指出，"要抓紧制定立法规划，完善互联网基础措施保护等法律法规，依法治理网络空间，维护公民合法权益"。习近平总书记还强调，"做好网上舆论工作是一项长期任务，要创新改进网上宣传，运用网络传播规律，弘扬主旋律，激发正能量，大力培育和践行社会主义核心价值观，把握好网上舆论引导的时、度、效，使网络空间清朗起来"。网络是一把"双刃剑"，在给政法高职学生的人际交往带来方便、自如、高效的同时，也容易造成政法高职学生沉溺于网络中虚幻的交往，自我封闭，缺乏与他人直接的人际交往联系的问题。因此，净化网络环境，是政法高职学生良好人际交往必不可少的重要条件。

优化有利于政法高职学生人际交往的网络环境，一方面要加强网络监管，完善网络法律制度。网络社会道德有了网络法规的保障，才能有效地维护网络社会的秩序，同时也能有效地阻止政法高职学生的不良网络语言与行为。因此，相关部门应该做好网络立法工作，建立一套系统的网络法律法规，保障政法高职学生在网络上方便、自如、高效交友的同时不受不健康内容和不良信息的入侵，减少和消除政法高职学生在网络上从事犯罪行为和不文明行为的机会。另一方面要运用好网络的宣传作用，把思想政治教育工作融入网络交往。在网络虚拟的交往中，积极开展宣传典型、热点引导和舆论监督工作，加强关于良好人际交往的思想政治教育活动，增强人们抵制"网络垃圾"的免疫力，充分发挥网络在舆论宣传和思想教育方面的作用。

（二）加强政法高职学生人际交往素质的培养

1. 突出思想政治理论课中关于人际交往的主题教育

2016 年 12 月 8 日，习近平总书记在全国高校思想政治工作会上强调，"把思想政治工作贯穿教育教学全过程，实现全程育人、全方位育人，努力开创我国高等教育事业发展新局面"。思想政治理论课，是高校对政法高职学生进行人际交往教育最应该重视的渠道，应国家要求，我国高校已经全面开展了思想道德修养与法律基础课程，各高校可通过该课程引导政法高职学生树立正确的交往观。因此，高校的思想政治理论课，应该重视政法高职学生人际交往，突出对政法高职学生交往知识、交往道德、交往情感以及交往礼仪方面的主题教育。

（1）突出交往知识教育，引导政法高职学生树立正确的交往观

2016 年 12 月 8 日，习近平总书记在全国高校思想政治工作会上强调，"要加快构建中国特色哲学社会科学学科体系和教材体系，推出更多高水平教材"。当下绝大多数高校并没有单独用于政法高职学生人际交往的相关教材，对政法高职学生人际交往教育不够重视，对政法高职学生进行人际交往的教育主要是通过思政课中很少的章节展开，其中涉及交往观念教育的，更是少

之又少。因此，为了保证人际交往教育能取得良好的功效，一方面，建议各大高校应该充分重视在校政法高职学生人际交往现状。另一方面，建议各大高校以及从事思想政治教育理论课的教师，能够在教育教学活动中突出交往知识教育，引导政法高职学生树立科学的交往观。各大高校及从事思想政治教育理论课的教师，可以针对当前政法高职学生存在的不正确的交往观念，开展以交往观为主题的小组讨论、辩论、案例等多种教学方法，来提高教学效果，教育学生认清交往中功利主义、拜金主义、极端个人主义价值观带来的危害，淡薄利益观念，主动克服各种腐朽思想侵蚀，树立端正的交往思想动机，引导他们在人际交往中对待朋友要真诚、友爱，要有不图回报、不求索取的奉献精神，树立起科学的交往观念。

（2）强化交往道德教育，培养政法高职学生良好的交往品德

优良的道德品质是政法高职学生进行良好人际交往的基础，强化对政法高职学生个体的人际交往道德教育，引导政法高职学生养成良好的交往品德，有利于政法高职学生建立和谐的、符合社会利益的人际关系。当前在"思想道德修养与法律基础"课中，虽然有关于加强道德修养的章节，也有关于政法高职学生人际交往的章节，但关于交往道德的教育却很少涉及。再者，大部分高校都开设了"思想道德修养与法律基础"课，但由教师对学生进行人际交往硬性道理的"填鸭式"教学，依然是各大院校教师进行人际交往教育的主要方法。课程不仅毫无趣味性，还容易引发学生的逆反心理，使学生对思想政治教育课产生反面的刻板印象。如此焦灼的情形下，高校应当想方设法让教学方法活泛起来，教师教学方法应创新起来。学校要支持教师的创新。在教学内容上，建议各层教育部门支持各高校结合当前的教育方针开展具有本校特色的人际交往教材编写工作，可以参考组建专门的教材编撰小组，针对教材中人际交往道德内容不丰富的问题，结合国家的方针政策，讨论如何进一步完善教材，推动学科发展；在教学方法上，教师应该加强与学生的互动，通过 PPT（微软公司的演示文稿软件）演示、音视频播放等直观新颖的教学方法，调动学生学习的积极性，让政法高职学生真正地参与到课堂中来。从事思想政治教育理论课的老师，也可以根据实际情况，带领学生参加课堂之外的道德教育实践活动，在活动中把理论和实践结合起来，提升学生人际交往的教育效果。

（3）突出交往情感教育，增强政法高职学生人际交往中的情感投入

人与人之间交往的保障是情感，人与人之间良好的人际交往是双方情感的共鸣。情感教育可以以"润物细无声"的方式使得交往双方相互吸引、相互满足、相互影响，从而建立良好的人际关系。当前虽然部分学校的专职辅导员开展了以情感教育为主题的政法高职学生人际交往教育，但是由于规模小、次数少、不够深入等，情感教育的作用大打折扣。因此，为了保证情感教育发挥出很好的作用，建议各大高校的专职辅导员积极深入班集体、学生宿舍，通过开展班会讨论、班级活动以及寝室座谈的方式，对政法高职学生进行情感教育，使得学生懂得在交往中进行感情投资，待人热情真诚，乐于助人；从事思想政治教育理论课教学的老师，也应该在情感教育上起到示范和表率作用，除了可以以传授知识者的身份出现在学生面前，还应该与学生成为朋友。除了在学习方面帮助学生外，还应该经常与他们进行思想与情感上的交流，这样政法高职学生在遇到一些难题时首先想到的是老师，这样不仅可以避免政法高职学生在交往与心理方面出现一些问题，而且可以让老师与学生的关系更近一步，更有利于老师的教学安排。

（4）增强交往礼仪教育，为政法高职学生打牢人际交往的基础

不学礼，无以立。政法高职学生要立足社会、创立事业，懂得做人和与人交往，必须从学礼、知礼、用礼开始。礼仪是人际交往中最为基础的部分，人们通过礼仪来表达感情。如果礼仪运用恰当得体，那么就有助于人际交往的优化，使得人际关系更加融洽。因此，掌握人际交往的礼仪非常重要。当前，很多高校并没有开设有关政法高职学生交往礼仪的课程，在政法高职学生必修的"思想道德修养与法律基础"课中关于交往礼仪的知识也很少涉及。这就导致部分政法高职学生缺乏最基本的交往礼仪知识，造成人际交往不和谐。面对这种情况，首先，高校应该开设专门的"礼仪修养"课程或把礼仪教育的内容纳入"思想道德修养"课程，对在校政法高职学生进行系统的礼仪基本理论和具体规范的教育；其次，高校还应该举办多种形式的礼仪讲座，组织全校师生观看一些有关礼仪的动作及教学纪录片等，丰富学生的礼仪行为和过程体验，提高政法高职学生的礼仪素养；最后，高校的礼仪课不应该仅仅拘泥于教室，而应该开展丰富多彩的校园礼仪实践活动，可以具体情况

具体分析，组织学生开展礼仪知识大赛、礼仪规范比赛等，将礼仪理论与礼仪实践相结合，提升教育效果。

2. 组织丰富的校园文化活动，创造人际交往机会

2016 年 12 月 8 日，习近平总书记在全国高校思想政治工作会上指出，"要更加注重以文化人、以文育人，广泛开展文化校园创建，开展形式多样、健康向上、格调高雅的校园文化活动，广泛开展各类社会实践"。学校开展各类关于人际交往的校园文化教育活动，旨在为学生的学习生活提供一个良好的校园氛围，提高政法高职学生的人际交往意识。首先，高校可以邀请一些知名人士来校进行人际交往的讲座，告诉政法高职学生良好人际交往的重要性，教育政法高职学生在日常学习、生活中不以自我为中心、不拜金、不功利，争做一个能交往、会交往的人。讲座后，相关老师可以进一步组织政法高职学生学习人际交往知识，开展小组讨论活动，鼓励政法高职学生走向社会，提高人际交往能力和技巧。其次，高校应该充分运用校报、广播、校内网以及宣传栏等工具，对政法高职学生进行良好人际交往方面的引导。高校也可以考虑在校内较为明显的位置放置交往标语、交往图片，树立名言警句牌等；在广播中请学校人际交往优秀的同学做访谈，传授人际交往的技巧和方法，为政法高职学生群体树立榜样；在校内网较为明显的位置开设和谐人际交往专栏，播放和谐人际交往的动画视频，在校园内形成良好的人际交往氛围。最后，高校可以定期举办一些以人际交往为主题的形式多样、为学生所喜欢的校园活动，比如文化艺术节、辩论会、礼仪大赛等，为不同的政法高职学生提供更多的交往和交流机会；可以举办征文活动，让政法高职学生在收集资料的过程中加深对人际交往的学习认识，主动形成良好的人际交往；高校还可以开展"和谐班级""和谐宿舍"的建设，从而建设和谐校园，让政法高职学生在建设和谐班级、和谐宿舍、和谐校园的过程中消除同学之间的隔阂，塑造健康的人格，增进同学友谊，构建良好的人际交往。

3. 开展心理健康咨询教育，解决人际交往困惑

2016 年 12 月 8 日，习近平总书记在全国高校思想政治工作会上强调，"培育理性和平的健康心态，加强人文关怀和心理疏导，把高校建设成为安定团结的模范之地"。心理健康咨询教育，是指从来访者及家属等信息源获得有关来访者的心理问题、心理障碍的咨询。建立健全政法高职学生心理健康咨询机

制，对于高校加强对政法高职学生人际交往的引导教育，作用重大。可是，一些院校对心理健康不重视、对政法高职学生人际交往档案建立不够完善，导致在政法高职学生遇到人际交往困惑时得不到很好的心理引导和心理教育。一方面，各大高校应该重视学校心理咨询室的建立，并且发挥心理咨询室的作用。高校应该组织专业的心理学教师、德育教师和辅导员成立专门的人际关系问题的心理咨询室或咨询中心以及心理咨询网站，通过电话、邮件、论坛、实时聊天工具等对学生进行心理辅导，方便教师及时了解情况，采取相应措施，使学生克服人际交往障碍，预防人际关系矛盾的发生和升级。心理咨询室的工作人员，应该定期安排一些讲座，专门针对政法高职学生人际关系认知及处理方式进行座谈。心理咨询室还应该深入学生进行实地调查，针对普遍性的心理问题进行分析和总结，有针对性地在大范围内的政法高职学生之间开展心理保健活动，使潜在的不良人际关系问题通过政法高职学生的自身反省得以解决。另一方面，心理咨询室应该建立并完善学生人际交往档案。该人际交往档案应当具备真实性、准确性，因此需要高校在开展建档、完善档案内容时成立专职部门，专职调研政法高职学生各项情况的真实性。加强对政法高职学生人际档案的完善，不仅使心理咨询室方便掌握在校政法高职学生人际交往中突出的问题，也为心理咨询室工作人员提供了工作重点和方向，使其能够针对人际关系有问题的学生及时引导和教育，防患于未然。

4. 借助"互联网＋"平台拓宽人际交往渠道

2017年2月，中共中央、国务院印发了《关于加强和改进新形势下高校思想政治工作的意见》，指出："要加强互联网思想政治工作载体建设，加强学生互动社区、主题教育网站、专业学术网站和'两微一端'建设，运用政法高职学生喜欢的表达方式开展思想政治教育。"高校人际交往教育借助"互联网＋"平台，是指高校思想政治教育工作要充分利用互联网平台，开展对政法高职学生的人际交往教育。一方面，"互联网＋"平台的出现，丰富了高校开展人际交往教育的渠道。从事思想政治教育课的教师，在传授人际交往相关知识时，不再拘泥于讲台、课本，学生也不再是以固定地方、固定渠道和固定方式接受人际交往的相关课程，思想政治教育课的教师可以随时随地借助"互联网＋"平台宣讲人际交往的图片、案例、标语以及各种技巧方法，更好地指导政法高职学生人际交往。另一方面，"互联网＋"平台使得高校开展人际交往活动的方式多样化。高校传统的人际交往活动往往仅限于现实生活中的活动，比如运动会、班会、文艺晚会以及社团活动等。然而，"互联网＋"平台的出现，使得人际交往的活动可以在互联网中开展，高校思想政治教育工作者可以利用互联网平台建设人际交往主题教育网站，开通人际交往微信、微博公众号，建设以人际交往为主题的群聊等，充分利用互联网平台，让其与思想政治教育方式进行深度融合，拓宽人际交往教育的渠道。

（三）改善政法高职学生人际交往的家庭环境

1. 家长应树立科学的教育理念

2016 年 12 月 12 日，习近平总书记在会见第一届全国文明家庭代表时讲到："家庭是人生的第一个课堂，父母是孩子的第一任老师。孩子们从牙牙学语起就开始接受家教，有什么样的家教，就有什么样的人。家庭教育最重要的是品德教育，是如何做人的教育。"家长要树立科学的教育观念，要从改变落后的教育观念做起，把家庭人际交往教育的质量提升一个档次。家长对于政法高职学生在人际交往方面的引导，是潜移默化的。良好的人际交往能力不是家庭突击教育出来的，而是在一朝一夕中培养出来的，因此，家庭教育应该从生活中的点滴小事做起，从平常的待人接物、说话办事中引导教育，只有这样于日常生活中细微之处潜移默化地引导政法高职学生的人际交往，才能培养出政法高职学生良好的人际交往能力。

2. 家长应发挥榜样作用

2016 年 12 月 12 日，习近平总书记在会见第一届全国文明家庭代表时还强调："广大家庭都要重言传、重身教，教知识、育品德，身体力行、耳濡目染，帮助孩子扣好人生的第一粒扣子，迈好人生的第一个台阶。"家长对于政法高职学生在人际交往方面的引导是潜移默化的，因此，家长一定要首先认识到人际交往的重要性，在日常生活中严格要求自己，做到平等对待他人、不以邻为壑、不内外有别。在孩子长期的成长过程中，家长是最好的老师，小时候孩子模仿的是大人的行为，长大后孩子模仿的是大人的为人处世，因此，想要孩子拥有良好的人际交往能力、树立正确的交往观，家长在孩子的成长过程中也应该做好榜样。有些家长在日常生活中对待身边的邻居、朋友内外有别、冷淡自私，孩子长大之后就会模仿此类行为，这种消极的影响不利于孩子树立正确的交往观。因此，家长在日常生活中应该树立起热情好客、善于交往、平等待人的好榜样。比如，朋友之间要相互帮助，邻里之间要真诚友爱，亲戚之间要和睦共处，而不能因为家庭条件、出身背景等不同因人而异地进行交往，要平等地看待他人，学会与他人分享和共处。

（四）提高政法高职学生的人际交往能力

1. 主动学习人际交往知识

人际交往是一门学问，拥有良好的人际交往能力需要有丰富的交往知识作后盾。人际交往知识掌握的多少，直接决定了人际交往水平和能力的高低。但是，应试教育下的政法高职学生根本没有时间和精力来学习人际交往的知识，他们所掌握的关于人际交往的知识是匮乏的，所以在面对各种人际问题时他们往往凭感觉、直觉、情绪、经验来处理，很难达到理想的效果，甚至会弄巧成拙。因此，当代政法高职学生应该主动学习人际交往知识。

一方面，应该努力学习人际交往心理学知识，从人际交往认知、人际情绪控制和人际沟通三方面提升和完善人际交往的心理知识结构。首先，政法高职学生应该主动完善自我的人际认知知识。这不仅包括对自我的认知、对他人的认知，也包括对交往内容方法和技巧意义的认知。这就要求政法高职学生在人际认知方面应该主动掌握正确认识自我和他人的方法、愉快地接受自我和他人的方法、正确判断交往目的和意义的方法，只有这样，才能保证与他人交往的顺利进行。其次，政法高职学生应该主动完善自我的人际情绪控制知识。政法高职学生心理不够成熟，自制力较弱，易冲动，生活阅历简单，在一定程度上还没有形成科学的世界观、人生观和价值观，绝大部分同学没有意识到自我的小情绪对人际交往的破坏性。因此，政法高职学生应该学习掌握正确判断自我和他人情绪状态方法的知识，以及恰当表达自我情绪的知识，以便有效地控制自我情绪以及有效地影响他人情绪。最后，政法高职学生应该主动完善自我的人际沟通知识。政法高职学生应该主动学习如何进行人际沟通、如何有效地化解冲突。政法高职学生不仅应该掌握人际交往中平等、尊重、关心、信任、倾听、宽容、真诚、共识、赞赏等原则的知识，还应该掌握化解冲突的知识。

另一方面，应该努力学习人际交往的礼仪知识，从礼仪的基本理论和礼仪的具体规范两方面来提升和完善人际交往的礼仪知识结构。礼仪是人际交往中最为基础的部分，对人际交往具有重要的意义。就礼仪的基本理论而言，政法高职学生应该主动学习并掌握礼仪的概念、特征、原则、种类、作用等方面的知识；就礼仪的具体规范而言，政法高职学生应该主动学习并掌握饮食起居、穿着打扮、接待人物等个人礼仪规范知识，相互问候、通信留言、长幼称谓等家庭礼仪规范知识，师生同学、课堂课外、文体实践等学校礼仪规范知识，以及购物、进餐、娱乐、出行等公共场所礼仪规范知识。

2. 提高人际交往技巧和能力

人际交往技巧和能力是人们完成人际交往活动所必需的一种能力。具有良好的交往技巧和能力，已经成为现代社会衡量政法高职学生质量的重要标准，该能力在很大程度上影响着政法高职学生的学习生活和社会化程度。要使政法高职学生更加顺利地融入社会，就必须注重他们的交往技巧和能力的提高。首先，政法高职学生要提高语言交流的技巧和能力。语言交流既是一门科学，又是一种艺术。因为在人际交往方面的语言交流中，只有用真实的情感才能吸引对方，所以有个结论就是：情感的高度投入是交流所必备的要领。在指出别人的短处或不好的时候，委婉的言语更容易让对方接受。此外，语言还应该生动、形象。如何做到语言生动形象呢？此时运用一些比喻、拟人等的修辞手法是很有必要的，幽默也很有必要。其次，政法高职学生要提高聆听的技巧和能力。聆听也是一门艺术。在与别人交往的时候，要善于聆听。针对聆听内容，自己的完美表达只是一部分，能准确地从对方的发言中猜出其中心意思是非常重要的。这样可以达到事半功倍的效果。在聆听时，应当集中精神、表情自然，经常与对方交流目光，适当地点头赞许，或是用微笑来表示很乐意倾听。这样，别人才能更有信心地继续讲下去。如果不赞同对方的讲话，也不要马上反驳，而是要等别人讲完之后再来委婉地陈述自己的观点、看法。最后，政法高职学生应提高自己针对不同对象采取不同交往方法的技巧。人际交往对象的广泛性、交往情境的多变性，要求政法高职学生针对不同的交往对象、不同的交往情境采取不同的交往技巧和方法。比如，对待同性可以适度的随意，对待异性就要注意礼节；对待性格开朗的人可以不拘小节，对待性格内向的人要注意尺度，等等。只有这样，才能更好地达到与人交往的目的，才能构建良好的人际交往关系。

3. 积极参与社会实践

2017 年 2 月，中共中央、国务院印发了《关于加强和改进新形势下高校思想政治工作的意见》（以下简称《意见》），《意见》指出："要强化社会实践育人，提高实践教学比例，组织师生参加社会实践活动，完善科教融合、校企联合等协同育人模式，加强实践教学基地建设，建立健全国家机关、企事业单位、社会团体接收政法高职学生实习实训制度，开设创新创业教育专门课程，增强军事训练实效，建立健全学雷锋志愿服务制度。"社会实践是消化和检验人际交往知识的有效途径，政法高职学生要积极参加社团组织、课外活动等社会实践活动。首先，要做到知行统一。"知"即理性认知，"行"即实践体验，只有通过实践活动，才能感知到人际交往的具体含义。因此，政法高职学生在人际交往的自我塑造过程中，只有做到培养人际交往能力与参与人际交往实践活动相结合，人际交往能力才能相应提高。其次，要从身边的一点一滴做起。人际交往社会实践处处皆可锻炼，学习时，参加集体活动时，参加社会实践时，都可以进行人际交往能力的锻炼。我们要做到可以随时感知自身人际交往行为是否恰当，常常谨慎反思内省自己在人际交往中的失当行为，发现有说错话、办错事行为时主动矫正，发现做对了要坚持原则，日积月累也就培养了自己良好的人际交往能力。对人际交往社会实践活动，要抱着去锻炼、去学习的良好心态参加，在过程中加深对人际交往的认知，提高人际交往能力。最后，通过社会实践深化人际交往的意识。马克思主义理论认为，实践是认识的来源。因此，只有正确地实践，才能让政法高职学生有深刻的认识，只有把对政法高职学生的人际交往理论与实践相结合，才能让政法高职学生有更好的交往体验，使其学会在人际交往中获得自己的内心满足感和情感的交流，促进政法高职学生更健康地发展。

第六章　政法高职学生的敬业与忠诚素养

一、政法高职学生敬业与忠诚素养的重要性

历经时代沉淀与转化后的敬业与忠诚素养，是中国优秀传统文化留给我们的一笔宝贵的精神财富，是中华儿女需要弘扬与践行的重要道德准则。新时期，加强政法高职学生思想政治教育中的敬业与忠诚素养培育，有着极其重要的作用：于己，它是提高政法高职学生道德素养的重要内容；于家，它是培育政法高职学生忠诚情感的内在需要；于业，它是提升政法高职学生职业素养的重要途径；于国，它是培养政法高职学生爱国情操的重要环节。

（一）有助于提高政法高职学生的道德素养

德育是政法高职学生健康成长的重要教育内容。加强敬业与忠诚素养培育，将有利于提高政法高职学生的道德素养，对于提高民族素质具有关键性作用。政法高职院校敬业与忠诚素养培育的实践活动，涉及范围广、内容丰富，对于政法高职学生人生观、价值观的形成以及优秀道德品质的养成，具有重要作用。从人生观层面来讲，对政法高职学生进行敬业与忠诚素养培育，可以锻炼其坚持不懈、艰苦奋斗、乐于奉献、团结互助等精神品质。以敬业与忠诚素养教育思想中的人生态度和价值观念来教育当代政法高职学生，可以提高政法高职学生积极向上的思想意识，使其形成健康向上的人生价值观。从价值观层面来讲，首先，敬业与忠诚素养思想倡导"天下为公""将死不忘卫社稷"的忠国思想，有助于培养政法高职学生的爱国主义精神。其次，敬业与忠诚素养思想所提倡的忠恕之道，用"恕"来协调人际关系的思想，有助于政法高职学生正确处理人际关系，增进同学间的互相理解，对政法高职

学生幸福感和归属感的培育，以及政法高职学生生理以及心理的健康、良好发展，能起到推动作用。最后，对政法高职学生进行忠于社会的集体主义教育、忠于他人的诚信教育以及忠于内心的良知教育等，有助于帮助政法高职学生树立诚信意识、责任意识与奉献精神。

（二）有助于培育政法高职学生的情感忠诚

对于家庭的忠诚情感，是维系家庭成员情感的固化剂，是政法高职学生承担责任和履行义务的态度养成的情感基础，是营造家庭和睦、安定的保障。对政法高职学生进行敬业与忠诚素养教育，将有助于培养政法高职学生情感的忠诚度。尊老爱幼、长幼有序、夫妻和睦是现代家庭的基本要求，敬业与忠诚素养培育，旨在教育政法高职学生忠于家庭，履行好自身的义务，对家庭负有责任感。随着年龄的增长，我们每个人都会在家庭中扮演不同的角色。作为子女，我们要孝敬父母长辈。所谓百善孝为先，孝顺是建立在爱的基础上所表现出的善德善行，要求为人子女践行孝道，对父母负责任；作为夫妻，我们要做到夫妻间彼此信任，彼此忠诚；作为兄弟姐妹，我们要做到彼此间相互包容，互相爱护。敬业与忠诚素养精神，要求我们对家庭忠实，对伴侣、父母、子女尽心尽力，对亲情、爱情忠贞不渝。一个良好的家庭情感氛围，能够塑造政法高职学生健全的人格，使政法高职学生树立忠诚的情感态度，从而将这种情感态度转化为实际行动，投入社会主义事业，为社会、国家做贡献。培养政法高职学生敬业与忠诚素养精神，会促进其树立忠诚价值观，并通过自身生活实践将其付诸家庭生活。

（三）有助于提升政法高职学生的职业素养

职业素养是衡量一个人职业涵养与职业道德高低的标准，具体表现在敬业精神与合作能力两方面，具备良好的职业素养是政法高职学生日后进入职场的基本要求。毛泽东同志讲："自私自利，消极怠工，贪污腐化，风头主义等等，是最可鄙的；而大公无私，积极努力，克己奉公，埋头苦干的精神，才是可尊敬的。"立足当下，学生在择业过程中有不少人是出于功利性的目的去考虑工作环境、薪资待遇等问题，而不是出于对事业本身的兴趣与热爱，为择业而择业的现象普遍存在。有些刚进入社会的青年政法高职学生，在从事职业劳动时，总是抱有一种敷衍了事的态度，对所从事的职业缺乏热情，在工作中表现为懒散拖沓，消极怠工的职业行为。进行敬业与忠诚素养教育，一方面，有助于青年政法高职学生树立职业忠诚度。引导政法高职学生树立正确的择业观与执事以敬的工作态度，可以使政法高职学生无论从事什么工作，都能够干一行爱一行，充分发挥吃苦耐劳的精神品质，积极且用心地去完成每一项任务，努力做到最好。另一方面，有助于培养政法高职学生的奉献意识。自觉弘扬尽己一心的公忠精神，充分发挥自己的聪明才智，承担起工作的责任，能为工作带来一定的效益，有利于在职业中实现自己的人生价值。敬业与忠诚素养精神所包含的"执事敬"（《论语·子路》）的敬业态度，要求我们对待工作严肃仔细，尽心竭力地从事本职工作，这将激励学生在未来的工业过程中弘扬严谨认真、慎始敬终的敬业与忠诚素养精神，有利于增强其事业心和责任感，全面提升其自身的职业素养。

（四）有助于培养政法高职学生的爱国情操

爱国主义精神是中华民族精神的核心内容，要求我们爱祖国的大好河山、爱祖国的传统文化、维护祖国的团结统一、同仇敌忾反对外辱。爱国主义精神不仅是中华民族的优秀传统，也是敬业与忠诚素养观念的重要内容。古往今来中国历史上就不乏爱国的忠义之士，无论是"精忠报国，还我河山"的岳飞，"留取丹心照汗青"的文天祥，还是禁烟英雄林则徐，收复台湾的郑成功，以及无数优秀的中国共产党员，他们都怀揣崇高的爱国情怀，于国家危难时刻挺身而出，为祖国抛头颅、洒热血，在国家建设与发展的每一段路程里都凝聚了他们的心血与汗水，留下了他们艰苦奋斗的身影。中华民族之所以能够发展到今天，正是因为有这样一批人，将国家的利益置于个人利益乃至个人生命之上，为国家无私奉献，默默付出。他们为我们树立了良好的典范，他们的爱国精神激励着一代又一代的中华儿女不断为国家奋斗，他们的爱国行为更是值得我们钦佩、尊敬、学习。

在社会主义现代化建设的今天，我们每一个人都肩负着实现中华民族伟大复兴中国梦的历史重任，时代更需要这种一心一意忠诚于党、人民、国家的敬业与忠诚素养精神来引导我们的实践行为。政法高职学生作为祖国建设事业的接班人，是中华民族的希望，有责任、有义务为实现中国梦不懈努力奋斗。对政法高职学生进行敬业与忠诚素养培育，有利于帮助其树立"天下为公"的爱国信仰，培养其忠诚爱国的情感，养成其理性爱国的行为，自觉抵制一切分裂国家的思想侵蚀，并同任何制造分裂、内乱与暴动等不利于国家和平稳定的行为作斗争。我们要激励青年政法高职学生把历史上的爱国志士作为道德人格塑造的榜样，弘扬爱国主义精神，增强历史责任感，充实自身的道德人格。敬业与忠诚素养思想的熏陶，有助于政法高职学生树立民族气节，忠诚于祖国，自觉维护国家的荣誉、捍卫民族的尊严。因此，要教育政法高职学生们正确协调个人与国家的关系，对国家、社会、集体负有责任担当意识，时刻以国家大局为重，自觉自愿为国出力。可以说，在新的历史条件下，敬业与忠诚素养培育是实现中国梦的一种强大精神动力，它对于激发青年政法高职学生的爱国主义热情、增强民族的自尊心，有着重要的凝聚作用和鼓励作用。

二、政法高职学生敬业与忠诚素养的培育特点

（一）政法高职学生敬业与忠诚素养培育的目标

我国是人民民主专政的社会主义国家，良好的敬业与忠诚素养培育，是党和人民对政法高职学生的必然要求。因此，加强政法高职学生敬业与忠诚素养培育，构建一支听党指挥、服务人民、服务大局的政法高职学生队伍，便成为政法高职院校政治工作的重心。在社会转型时期，为了发挥政法促进科学发展、保障民生民权和维护社会和谐稳定的积极作用，近些年，党和国家对政法高职院校和政法高职学生提出了越来越高的政治要求。在当代中国，政法高职学生敬业与忠诚素养培育的目标，就是提高新时期政法高职学生敬业与忠诚素养以及发挥社会主义政法制度的优越性等。

1. 确保正确的政法政治方向

和上层建筑领域中的其他现象一样，法律与统治阶级的政治也是相互影响、相互作用的，它们的关系十分密切，如同"一枚硬币的两个面"。其中，政治对法律起着主导作用，处于矛盾的主要方面；法律对政治则起着制约和服务作用，处于矛盾的次要方面。法律对政治的服务功能，体现在立法、执

法、政法等国家法治活动中。就政法而言，其能否发挥服务政治的功能，坚持正确的政治方向是关键。它并不要求政法高职学生以政治管理者、政策实施者的身份去执法，政法高职学生只需要扮演政治环境中的宏观角色。否则，政治与政法就将混同，政法也就失去了其应有的独立性。政法高职学生毕竟不是政治家，他们只要沿着既定的政法政治方向，严格执法，公正执法，就是合格的政法者和政治的服务者。强调政法高职学生养成良好的敬业与忠诚素养，目的就在于保证政法的正确政治方向。英国哲学家培根认为，"政法高职学生和政治家负有共同的使命，他们应当携起手来，以避免政法与政治发生矛盾。在制定政策时，执政者要考虑到法律。在执法时，政法者要考虑到政治利益。政法的重大错误，有时是可以引起政治变乱甚至国家倾覆之危的"。

从确保正确的政法政治方向的角度来说，政法高职学生养成良好的敬业与忠诚素养，价值就在于：第一，有助于政法高职学生认清国家的宪政性质，加深对国家政治原则和价值取向的理解，从政治的高度把握国家法治和政法的方向，从而增强其政法政治方向感。第二，有利于更好地掌握执政党关于政法工作的路线、方针和政策，自觉地将政法工作纳入国家政治、经济发展的大轨道，保持政法工作与国家政治工作在方向上一致、节奏上合拍。第三，有利于政法高职学生在国家立法出现漏洞或者法律规范出现冲突时，能够按照政法的政治原则，灵活地处理案件，实现政法政治效果和社会效果的统一。

在我国，政法高职学生具有良好的政治修养，是确保正确的政法政治方向的根本保障，也是我国社会主义政法制度的根本要求。随着各国政法界和法律界的不断交流与合作，各种政法理论和政法制度相互交织交融，为了使政法高职学生在多元化的政法观念和政治观念中不迷失方向，有必要对政法高职学生加强正确的政法政治观教育和引导。只有这样，才能够使政法高职学生立足中国特色的社会主义中国，深刻领会党和国家政法工作的思想、路线、方针和政策，从而提高政治理论修养和践行社会主义政治与法律制度的自觉性。从 2006 年 4 月党中央提出牢固树立"社会主义法治理念"，到党的十七大提出"坚持党的领导、人民当家做主、依法治国有机统一"的政治要求；再从 2007 年 12 月胡锦涛同志在全国政法工作会议代表暨全国大政法高职学生、大检察官座谈会上提出"始终坚持党的事业至上、人民利益至上、宪法法律至上"的政法方针，到最高人民政法高职院校把 2009 年确定为"人民政法高职学生为人民"主题实践活动年，都充分体现了党和国家在新的历史时期对政法高职学生敬业与忠诚素养培育的要求越来越高。在我国政法高职学生队伍整体素质还不够高的情况下，特别需要加强对政法高职学生敬业与忠诚素养的培养，以使其在多元化的社会思想和价值观念中始终保持清醒的政治头脑，牢记人民政法听党指挥、服务人民、服务大局的政治本色。

2. 发挥社会主义政法制度的优越性

社会主义政法制度与资本主义政法制度相比具有明显的优越性，突出表现为政法的人民性与社会性的统一、实现公平正义与实现社会目的的统一、形式公正与实质公正的统一、法律效果与社会效果的统一、严格依法政法与和谐政法的统一、独立行使政法权与接受领导和监督的统一。当然，社会主义政法制度的优越性不可能自然地表现出来，它需要通过敬业与忠诚素养、业务素质都很合格的政法高职学生的政法行为才能够充分地展现出来。而政法高职学生要正确地践行中国特色社会主义政法制度，不仅需要他们自身加强政治修养，而且需要国家加大对政法高职学生敬业与忠诚素养培育的力度，通过培养机制的科学设计与有效运行，把政法高职学生培养成政治合格、业务精通、道德高尚的政法者，只有这样，才能够充分地展示社会主义政法制度的优越性。而政法优越性的表达，也彰显了政治和法治的文明。

在我国，政法高职学生尤其是基层政法高职学生入岗之后，在政法任务繁重的情况下，单方面依靠政法高职学生自觉地加强政治修养是不够的。近些年频繁发生的政法不公、执行不力、政法腐败案件，严重影响了我国社会主义政法的公信力，社会主义政法制度的优越性也因此受到了一定程度的贬损。这些现象的产生，无不与我国有些政法高职学生敬业与忠诚素养不高有着直接关系，为此，国家应当狠抓以政法高职学生敬业与忠诚素养培育为核心的素质培养，加强政法高职学生马克思主义政法理论和社会主义法治理念的学习，加强政法高职学生中国特色社会主义理论体系的学习，深化对中国特色社会主义政治制度的认识，增强对政法高职学生中国特色社会主义理论体系和中国特色社会主义政法制度的政治认同、理论认同、感情认同、实践认同，让政法高职学生做到真学、真懂、真信、真用。政法高职学生公正、高效、权威的政法行为，有利于充分地展示社会主义政法制度的优越性。

3. 引导政法高职学生其他素质的养成

公正、高效、权威的社会主义政法制度，对政法高职学生素质的要求是多元多维的，从政法高职学生素质的构成要素来看，它不仅包括敬业与忠诚素养，还包括专业素质、业务素质等。从政法高职学生素质构成要素之间的关联性来看，它们相互影响、相互促进。其中，敬业与忠诚素养是整个政法高职学生素质的导向性、灵魂性要素，它决定了政法高职学生的价值取向和服务方向，并且直接影响着政法高职学生的专业素质、业务素质的层次和水平。如果政法高职学生具有良好的敬业与忠诚素养，那政治责任感必然会促使他们积极主动地加强法律知识的学习，以提高专业素质；加强政法能力的锻炼，以提高业务素质；加强道德修养，以提高敬业与忠诚素养，实现社会主义政法政治效果、法律效果和社会效果的统一。因此，加强政法高职学生敬业与忠诚素养培育，不仅有利于政法高职学生敬业与忠诚素养的养成，而且有利于政法高职学生其他素质的养成。

（二）我国政法高职学生敬业与忠诚素养培育的基本要求

政法高职学生应当加强思想政治修养，自觉践行社会主义法治理念，将中国特色社会主义政治与政法工作有机融合，实现党的领导、人民当家做主和依法治国的有机统一，并善始善终地将维护公众的利益作为政法工作的出发点和落脚点。在处理政法和政治的关系上，政法高职院校和政法高职学生应当做到：始终保持高度的政治意识、大局意识、责任意识、法律意识、廉洁意识，使政法高职学生队伍真正成为一支忠于党、忠于国家、忠于人民、忠于法律的坚强队伍。这就明确了当代中国政法高职学生应当具备的敬业与忠诚素养培育目的。在社会转型期，政法高职院校不仅仅是一个政法高职院校，除了依法发挥定纷止争的政法功能外，其还应当积极主动地适应国家和社会的需要，承担起服务社会管理的政治功能。作为政法高职学生，如果只会刚性地、机械地处理政法案件，是难以实现政法工作政治效果、法律效果和社会效果的统一的。结合中国特色的政治制度和政法制度，中国政法高职学生的敬业与忠诚素养培育应当包括以下几个方面。

1. 树立社会主义法治理念

社会主义法治理念是中国共产党领导全国人民，以马克思主义政法理论为指导，在社会主义民主与法制建设过程中逐步形成的，具有共识性、指导性的法治理念。其深刻内涵可以概括为依法治国、执法为民、公平正义、服务大局、党的领导五个方面。这是当代中国政法高职学生必须要养成的一种政治观念和政治素养。树立社会主义法治理念，能够促使政法高职学生更加自觉地坚持人民政法的政治方向，通过提高政法的质量和效率，为公众提供公正、高效、权威的政法服务。

在我国，社会主义法治理念对政法高职学生的具体要求：一是严格依法办案，极力维护法律的尊严，维护社会主义法制的统一性，始终践行依法治国的基本方略。二是坚持政法为民。我国是社会主义国家，主权在民，政法权源于人民，理所当然应当服务于人民。政法为民是新时期中国共产党确立的"立党为公，执政为民"政治理念在政法中的必然要求。政法高职学生要做到政法为民，就应当通过不断地改善工作作风、规范政法行为、提高政法效率，充分地保障当事人的正当诉求与合法权益。三是坚持公平正义。政法公正既是法治国家的基本特征，也是政法永恒的主题，还是政法改革的终极目标。政法高职学生失去公正立场，政法也就丧失了生命力。这就要求政法高职学生在政法工作中做到从主体到客体、从内容到形式、从程序到实体，恪守公平正义的政法原则。四是树立大局意识。大局意识是政治意识的具体体现，为此，政法高职学生应当自觉地将本职工作融入党和国家的大局工作，在不失政法原则的基础上，审理好事关党和国家以及地方大局利益的案件，实现政法法律效果与政治效果的协调统一，促进社会主义和谐社会的构建。五是坚持党的领导。坚持党的领导是我国法治的根本保证，强调政法高职学生树立社会主义法治理念，实际上就是实现党对政法高职院校政法工作路线、方针和政策的领导，确保政法高职院校在党的领导下，依法独立开展政法执行等政法活动，而不应当片面地主张政法独立或政法独立。

2. 坚持"三个至上"的政法指导方针

"三个至上"，即"党的事业至上、人民利益至上、宪法法律至上"，这是胡锦涛同志 2007 年对政法工作提出的新要求，它体现了党对我国民主政治和社会主义法治规律的科学总结，是当代中国马克思主义法治理念和法治思想的新发展、新成果，也是立足现实的国情背景，实现政法制度政治性、人民性和法律性统一的内在要求。因此，它是新时期政法高职学生必须坚持的政法方针。

坚持"党的事业至上"，是我国政法高职学生应当始终如一坚持的政治方向，它是坚持"三个至上"政法指导思想的基础和前提。政法高职学生只有坚持"党的事业至上"，才能把握正确的政法政治方向，确立正确的职业理想和信念，找准正确的政治立场，并有效地承担起党和人民赋予政法高职院校和政法高职学生的政治责任和政治使命。坚持"人民利益至上"，是政法高职学生政法工作的出发点和落脚点。从民主革命时期开始，全心全意为人民服务就被确立为我国党和国家各项工作的根本宗旨。政法高职学生只有正确认识政法高职院校在经济发展、社会进步、法制健全背景下面临的政治使命，积极应对法治社会背景下公众日益增长的政法需求，才能够赢得社会大众的拥护和支持。因此，政法高职学生坚持"人民利益至上"，就应当树立政法为民的政法理念，培养为民服务的职业素养。坚持"宪法法律至上"，是政法高职学生公正政法的基本准则。政法高职学生作为国家法律的适用者，政法职业的内在属性决定了其应当树立宪法法律至上的职业理念，恪守法律面前人人平等的宪法原则。

（三）政法高职学生敬业与忠诚素养的培育特点

1. 政治信仰

所谓政治信仰，就是建立在对客观世界认识的基础上的一种思想意识，是一种较稳定的个性心理特征，是人们对某种政治学说和政治制度真诚信服、坚定不移地遵循与执行的态度。政治信仰反映了一种政治理性，是对特定的政治形态的价值认同，是认可和追求特定政治形态的心理基础，这种心理基础是政治稳定和发展的基本要求。有了政治信仰，个体就有了对特定政治目标深深地接受或同意的心理状态，也就赋予了政治行为以一定的意义。一般而言，有什么样的政治信仰就会有什么样的政治行为，政法高职学生也是如此。信仰是政法高职学生的精神支柱，有了坚定、正确的信仰，政法高职学生才有政法报国的方向和政法报国的动力，才能感觉到生命丰富的意义和更高的价值。要从这个角度去引导、帮助政法高职学生树立健康的、科学的、坚定的信仰，引导他们用信仰去指导人生价值的定位，用信仰去坚定对谁忠诚、怎样忠诚的观念，用信仰净化一心向党和报效国家的理想与境界。一个拥有科学正确信仰的政法高职学生，才可以是有崇高感的政法高职学生，是有使命感的政法高职学生，是从容、坚定、值得信赖的政法高职学生，这是政法接班人必须有的内在要求。

2. 职业操守

操守，又称志气、气节、骨气、德操，是做人的标准，是检验人的灵魂的试金石。孟子在《滕文公章句下》中曾说，"居天下之广居，立天下之正位，行天下之大道；得志，与民由之；不得志，独行其道。富贵不能淫，贫贱不能移，威武不能屈，此之谓大丈夫"。操守的精髓就在于有所为有所不为。一个人，一个民族，都要有自己的节操。操守是一种坚定的人生信念和人生态度，是个人意志坚定的体现，是一种个人修养，也是一种道德自律和道德自觉。职业操守就是同人们的职业活动紧密联系的，符合职业特点所要求的道德准则、道德情操与道德品质的总和，它既是对本职人员在职业活动中行为的要求，又是职业对社会所负的道德责任与义务，是指人们在从事职业活动中必须遵从的最低道德底线和行业规范。高尚的操守源自深厚的人文素养，源自远大的社会理想和坚定的政治信念。

政法高职学生的职业操守与普通人的职业操守一样，是一种道德自律和道德自觉，也是个人综合修养的集中体现。同时，因为政法人职业具有的国家安全责任、社会公益权利、公民义务三方面统一的社会性质和职业特征，所以政法高职学生的职业操守在这个一般性职业操守的基础上，还有着自身的特殊性。政法高职学生的职业操守，是他们在政法报国、履行使命的行为中所体现出来的坚定的政法信念、政法态度，以及在未来政法人职业中忠诚于党、忠诚于祖国、忠诚于使命和忠诚于岗位职责的情操信念、行为准则和道德品质。政法高职学生的职业操守是置于他律和自律的双重约束之下的，一方面，是政法的使命和纪律约束，是政法保家卫国的神圣使命、下级对上级的绝对服从和所处岗位职责的要求；另一方面，源自坚定的政治信仰、远大的政治理想、自身修养和义务感，形成对自身的自觉性约束。

3. 意志品格

政法高职学生践行忠诚行为的意志品格，是指政法高职学生行为主体自觉地确定目标，并以此支配、调节自身行为，冲破忠诚行为过程中的障碍与困难，实现忠诚预期目标的心理过程和品质。坚定的意志品格使政法高职学生个体对自己提出严格要求，在忠诚行为抉择时作出正确的判断，自觉培养自身忠诚意识、实现忠诚行为。从心理学家角度分析，意志品格既是动态的又是静态的，既是一种品质又是一种行为。体现为意志的品格具有静态的特质，是引导人们行为的强大力量；而意志带有动态的特性，更多地体现为人们在某种行动中的行为方式。因此，当一个人能够在某一事件或一连串事件中表现出强大的决心与力量时，就会被认为拥有较强的静态意义上的意志品格；而他的意志品格的特性，就通过他行为的决心或行动的力度、持久性体现出来了。这样，在这一过程中所展现出来的意志品格，就变为了动态的意志品格，他的决心也就成了引导自我心理的行为。

孟子在《孟子·告子下》中说"故天将降大任于斯人也，必先苦其心志，劳其筋骨，饿其体肤，空乏其身，行拂乱其所为，所以动心忍性，曾益其所不能"，这段话，生动地说明了意志力的重要性。意志品格是政法高职学生人格中的重要组成因素，是其心理素质的核心内容。政法高职学生个体要实现忠诚行为，必须要有坚强的意志品格作保证。要想实现自己的理想，达到自己的目的，政法高职学生需要具有火热的感情、坚强的意志、勇敢顽强的精神，克服前进道路上的一切困难。作为政法高职学生忠诚品质构成的意志品格，在遭遇挫折的情况下，体现为忠诚选择的强大意志力；在无人监管的情况下，体现为忠诚行为的强大约束力；在面临诱惑的情况下，体现为践行忠诚的强大自制力。没有坚定的意志品格，政法高职学生即便有了忠诚认知和忠诚情感，也是不会持久的。意志品格的培养，既需要不断地提高忠诚认知，激发忠诚情感，增强自觉履行忠诚义务的责任感，也需要在长期的忠诚实践中刻苦磨炼。

4. 诚信人格

人格是人区别于动物的做人的资格和为人的尊严。从道德价值的维度来看，人格是人的独立存在的主体地位和存在状态的完整特征，表现为个体或群体在社会生活中形成的，调节、适应、改造所在环境的稳定性的精神特质，是人的社会性和自我性的结合体现。诚信，自古以来就是人类共同的法则、共同的渴望和永恒的追求。诚信是构成个人道德品质的基石，是最重要的品德内容之一，是做人的基本要求，是一个人必备的道德素质，具有极其重要的地位和作用。个体的诚信人格，是个人在社会交往、立身处世、家庭伦理方面应遵守的有关诚实守信的原则和规范的总和。一个人如果没有诚信的品德和素质，就难以形成统一、完备的自我。诚信是个人必备的道德品质和理想人格。政法高职学生的诚信人格，就是指以诚实信用为基点所形成的，体现为诚信意识、诚信行为和诚信品质的，具有持久性和稳定性的人格。

政法高职学生的诚信人格，是构成政法高职学生忠诚品质的重要部分，关系到未来政法从业人员道德建设的水平，关系到政法战斗力的生成，在一定意义上甚至关系到政法建设及中华民族的未来。首先，诚信是政法高职学生从思想上真正政法报国的前提。应当看到，少数政法高职学生空有一腔热血，甚至做出头脑一热的轻率举动，还有的过于理想主义，预期过高，对政法工作的工作性质特点及艰苦性认识不足，真正到了政法工作岗位上没有工作热情，敷衍了事，浪费了国家大量的人力、物力和财力，这部分人应当尽早淘汰出政法干部队伍，否则会浸染政法高职学生的健康"肌体"。其次，诚信是政法高职学生树立远大理想信念的前提。一个没有良好诚信品德的人，不可能有坚定的理想信念。一个在平时不讲诚信的人，在关键时刻不可能为崇高的理想信念作出牺牲。政法高职学生只有养成诚实守信的道德品质，才能真正忠诚于国家和民族的事业。最后，诚信是政法高职学生个人发展的前提。政法工作需要的是讲诚信、讲道德，言必信、行必果，诚心做事、诚实做人，言行一致、表里如一的干部，只有以诚实守信为重点，加强思想道德修养，坚守道德规范，勇于承担责任与使命，才能将个人理想与政法工作的全面建设融为一体，才能在为国家和政法建功立业的基础上实现个人的全面发展。

三、政法高职学生敬业与忠诚素养的培育途径

(一) 政法高职学生敬业与忠诚素养培育的价值目标

政法高职学生敬业与忠诚素养培育，是政法高职学生职业的内在要求，其价值取向主要体现在实现政法公正、提高政法效率、防止政法腐败和维护政法权威等方面。

1. 建设高素质的政法高职学生队伍

市场经济体制的日益完善与法治国家方略的实施，助推了公众法治意识的增强、维权能力的提升，同时也促进了法治环境的形成。法治环境的营造，呼唤着作为法治核心的政法，应当通过内涵的提升和形象的塑造，为公众维权提供优质、高效的"政法产品"，以促进和谐有序的法律秩序的形成。在社会转型时期，各类矛盾和纠纷日渐凸显，使得我国进入"诉讼社会"，"诉讼社会"的到来，使政法高职院校面临着一系列深刻而又严峻的挑战。近年来，全国"两会"对政法高职院校工作反映最集中、最突出的是干部队伍问题，这反映出干部队伍存在政法理念不正、政法不公不廉、政法作风不端、政法能力不强、政法公信力不高等问题。这些问题实际上反映出政法高职学生敬业与忠诚素养培育的广度和深度都不到位，同时也暴露了我国政法高职学生敬业与忠诚素养培育制度不健全的现状。面对政法高职学生存在的诸多问题，在维护政法高职学生队伍整体稳定的前提下，政法高职院校别无选择，不能等，不能靠，只能大力加强队伍建设，苦练内功，走内涵式发展道路。这就需要相关制度的改革完善，以强化对政法高职学生素质养成的引导、监督和管理。从这一点来看，通过相应管理制度的完善和创新，培育政法高职学生敬业与忠诚素养，是一个提升政法高职学生内涵、素质的过程。但是，这又是建设高素质政法高职学生队伍的应有之义。因此，政法高职学生敬业与忠诚素养培育的重要目标，就是从宏观上构建一支具有时代特色、适应时代要求的高素质政法高职学生队伍。

2. 实现政法公正

"政法公正是政法制度的首要基本范畴，是政法的灵魂和生命线，如果政法本身不公正，政法何以能保障实现社会公平正义"。从政法的内涵上来看，"政法"一词实际上包含了法和人两方面的因素。就人的因素而言，实际上就是政法高职学生素质问题。政法要实现公正的目标，除了需要健全法制外，还必须重视政法高职学生素质的培养和提高。因此，政法高职学生敬业与忠诚素养培育的价值取向之一就是实现政法公正，可以说，政法高职学生敬业与忠诚素养培育的过程，就是政法公正获得保障的过程。政法公正价值目标的实现，对政法高职学生素质的要求是多元化、多维度的，它首先要求政法高职学生必须具有良好的敬业与忠诚素养、专业素质、业务素质，其次在社会价值多元化、社会矛盾多样化的现代社会，政法高职学生要做到政法公正，还应当具有一定的人文和心理素质等。

第一，政法公正的实现，以政法高职学生专业素质为基础。政法工作是一项专业性很强的判断工作，案件的是非曲直需要政法高职学生在事实认定的基础上依据法律作出裁判。如果政法高职学生不懂法律，没有法律专业素质，即使案件事实清楚，证据确实充分，也难以对案件作出合法性与合理性裁判。否则，任何人都可以扮演政法高职学生的角色，担当起政法裁判的重任。政法的随意也就在所难免了，政法的权威性也就荡然无存了。因此，政法要做到公正，必然要求政法高职学生具有较高的专业素质。

第二，政法公正的实现，以政法高职学生业务素质为关键。政法高职学生专业素质的养成，一般是通过政法教育路径，用学历来衡量的。很显然，专业素质更多的是通过静态的理论水准来评价的。如果说专业素质是政法高职学生实现政法公正所必需的理论素养，那么业务素质便是政法高职学生实现政法公正的实践素养。从政法高职学生敬业与忠诚素养培育的规律来看，敬业与忠诚素养培育是第一步，它是政法高职学生法律品格、职业信念形成的关键，但理论素质的养成对政法高职学生素质的养成来说并非毕其功于一役，古人云"纸上得来终觉浅，绝知此事要躬行"，因此，政法高职学生还应当加强业务能力实践锻炼，养成并不断提高业务素质，促进政法公正目标的实现。

第三，政法公正的实现，以政法高职学生敬业与忠诚素养为保障。政法公正价值目标的实现，除了要求政法高职学生具有较高的专业素质和业务素质外，敬业与忠诚素养必不可少。实际案例表明，受过良好法律专业训练并具有过硬的政法业务素质的人，同样也可能发生腐败问题。因此，要实现政法公正，时刻都不能放松对政法高职学生敬业与忠诚素养的培养。

第四，政法公正的实现，需要政法高职学生具有一定的人文和心理素质。政法公正价值目标的实现，除了需要政法高职学生具备上述三种最基本的素质外，良好的人文素质和心理素质对于实现政法公正也具有重要的作用。政法公正的判断标准不是绝对的，在某些特殊的个案尤其是民间纠纷案件的审理中，政法高职学生人文素养对案件裁判法律效果和社会效果的统一具有重要意义。另外，良好的心理素质对于政法高职学生公正处理案件同样重要。

因为心态的好坏往往会影响到政法高职学生的裁判状态，例如，面对素质较差当事人的非礼，如果政法高职学生心胸狭窄，就有可能心生报复念头，作出对该当事人不利的裁判。因此，政法高职学生良好心理素质的养成，对政法公正也有重要的作用。

3. 提高政法效率

政法效率是现代政法制度的基本范畴，它是指政法活动的快慢程度，解决纠纷数量的多少，以及在政法活动过程中人们对各种资源的利用程度和节省程度。作为一种理性的分析工具，它强调的是要尽可能快速地解决纠纷、多解决纠纷，尽可能地节省和充分利用各种政法资源。从经济学的角度来看，社会科学以至自然科学的一切领域，都是以经济学原理为基础的，经济学可以用来分析人类的一切行为或者人类行为的一切领域。以效益作为法律分配权利和义务的标准，已不再是个别学者的一种倡导，而已融入现代立法和政法精神，其根本原因可以从经济学的角度找到答案。因为任何一个社会的资源供给在一定时期内总是有限的，包括政法人力资源在内的资源短缺，是人类社会永远难以回避的问题。正如美国经济学家奥肯所说"到目前为止，没有任何证据能说明，人类的可利用资源能充分满足社会的绝对需求"。从西方信奉的政法格言"迟来的正义非正义"，到我国提出"公正与效率"的政法主题，无不包含着人们对政法效率价值目标的向往和尊重。就政法效率的价值内涵而言，应当包括政法的时间效率、政法的资源（成本）效率和政法的边际效率三个方面。

在政法程序设计科学的前提下，政法效率价值目标的实现，完全取决于政法高职学生的素质，政法程序的目标从经济上看是减少错误判决的代价和直接的程序代价。从专业素质的角度来看，如果政法高职学生专业素质不高，对案件的法律适用问题要么随心所欲而草率定性，要么举棋不定而进行案件请示或者报告上司，这不仅会导致办案周期的延长，同时也违背了政法的独立性原则。因此，政法高职学生专业素质的养成有利于提高政法效率。从业务素质的角度来看，如果政法高职学生业务素质不高，其政法技能显然无法适应人民群众日益增长的诉讼"消费"需求，尤其是在基层一线政法高职学生数量不足、纠纷数量偏多的情况下，不断提高政法高职学生业务素质，对于提高政法效率、缓解诉讼压力十分必要。从敬业与忠诚素养的角度来看，如果政法高职学生工作态度不端正，表现出拖拖拉拉、敷衍塞责的工作作风，政法效率也会大打折扣。因此，加强政法高职学生职业道德建设，促进其敬业与忠诚素养的形成，可以增强政法高职学生的责任心，提高政法效率。

4. 防止政法腐败

政法腐败是指政法人员在政法活动中，为谋求或保护不正当的私人利益、地方利益和部门利益等，利用政法权进行"权钱交易""权情交易""权权交易"，有法不依，政法不公，从而损害国家利益、公共利益和公民合法利益的行为。政法腐败具有极其严重的社会危害性。首先，它损害了公众遵纪守法的社会信心，因为政法腐败阻碍了正义的实现，使社会公众丧失了对政法的信任，贬损了政法公信力。其次，政法腐败动摇了政法公正的根基，使国家经济发展、社会文明进步失去了制度保障。再次，政法腐败容易助长社会其他领域的腐败，因为政法腐败不仅容易滋生、蔓延到其他领域，产生次生社会腐败，甚至容易充当其他社会腐败的"保护伞"。最后，政法腐败会损害执政党的形象，动摇党的执政根基，在影响政法高职院校自身形象的同时，也会动摇人民对党的坚定信念。

政法历来被人们视为社会公平正义的最后一道防线。政法腐败与其他社会腐败现象不同，它破坏了社会诚信的基石，是对整个社会的政法信心最沉重的打击。因此，防治腐败既要注重完善政法管理制度，从制度上消除政法腐败的隐患，同时要注重政法高职学生素质尤其是职业道德的培养。通过教育、培训、修养等方式，促使政法高职学生良好素质的养成，有利于防范政法腐败、维护政法廉洁。

5. 维护政法权威

政法权威又称为政法的尊严，是指政法高职院校应当享有的威信和公信力。在英美法系国家，政法权威更多的是指政法高职学生的权力和威信，和公正一样，权威代表着公众的信任、承认和尊重，"一般说来，法官的权威越高、权力越大，就越可能不受各种势力的束缚而自由地作出判断"。政法的权威性是政法能够有效运行并实现政法公正的前提，是政法公信力的力量源泉，正如有学者指出的那样"在一个秩序良好的社会中，政法部门应得到人民的信任和支持，从这个意义出发，公信力的丧失就意味着政法权威的丧失"。我国的政法改革，其根本目的之一就是提升政法的权威地位，在我国社会转型时期，建立在公正、高效基础上的政法权威，不仅是国家安宁之福，而且大大减轻了各级党政领导处理上访问题之苦。当然，政法权威不是自然形成的，政法权威的树立是以政法高职学生自觉承认并维护法律的权威为前提的。政法权威要求政法高职学生享有威信和公信力，而政法高职学生的威信和公信力不是自发形成的，它要求政法高职学生必须具有良好的素质。而政法高职学生的优良品行，主要是通过专业素质和敬业与忠诚素养的养成和不断提高来实现的。

一方面，政法高职学生良好的专业素质，是实现政法公正、维护政法权威的技术保证。"在政法高职学生因其学识、人格、出身地位等方面拥有比一般人更为卓越的资质这样一种信念广泛存在的情况下，政法高职学生能够以国民的信任为基础，根据具体情况作出更加自由的判断。相反，如果国民对政法高职学生的信任感很低，则政法高职学生对随机应变灵活地作出决定就会有更多的顾虑"。因此，政法高职学生作为法律的守护者，必须具备专门的法律知识和独特的思考论证方法，否则，政法高职学生的裁判很难具有权威性和说服力。

另一方面，政法高职学生良好的敬业与忠诚素养，是维护政法权威的品行条件。政法的权威性在很大程度上有赖于政法高职学生严格遵守职业道德和纪律，以维护政法的良好整体形象。也就是说，政法的权威性与每个政法高职学生公正政法、廉洁正直和富有能力的形象是分不开的，每个政法高职学生只有通过自己的行为在广大民众中树立良好的形象，政法才具有真正的权威性。为了维护政法的权威性，政法高职学生在日常的工作和生活中应做到：第一，不从事任何滥用职权、以权谋私和徇私枉法等有损政法尊严的行为；第二，不单方面接触当事人，并不得接受当事人及其委托的人的宴请和各种形式的馈赠；第三，要注意自己的言谈举止和仪表，作风正派；第四，必须慎言，无论庭上或者庭下，对于正在审理的案件的裁判结果，不可随意发表意见。只有这样，政法高职学生才有可能在民众尤其是当事人心目中树立良好的职业形象，政法也才会具有权威性。可以说，"政法具有权威，才能有效益，才能向社会展示政法的规范性与刚性作用"。

(二) 政法高职学生敬业与忠诚素养培育路径

1. 大力开展敬业与忠诚素养培育的宣传教育工作

政法高职学生掌握着执法和司法权，在我国进行法制建设的进程中担负着重要职责，其队伍素质直接影响和制约着行政执法和司法的质量与效果。面对如何对政法高职学生进行科学、有效管理，如何解决长期存在的群众反映强烈的突出问题，如何提高队伍的整体素质和执法水平等现实问题，提升政法高职学生队伍的敬业与忠诚素养是关键所在。对广大政法高职学生进行职业道德的宣传教育，是提升政法高职学生敬业与忠诚素养的基础。

规章制度是带有一定强制性的行政命令，而职业道德则会对人的思想和行为产生深刻而经常性的影响。首先，各级政法高职院校领导及广大政法高职学生应该充分认识到敬业与忠诚素养的重要性，职业道德的作用在一定程度上比规章制度的作用还要大。其次，各级政法高职院校应当定期召开职业道德宣传大会，通过有效载体对提升政法高职学生敬业与忠诚素养的重要性进行动员。最后，各级政法高职院校应当重视新闻、出版宣传舆论的作用，借助报刊、电视、内部宣传片等媒介进行宣传动员。提升政法高职学生敬业与忠诚素养，不仅仅是实践问题，也是理论问题。随着近年来国内外对于职业道德重要性认识的不断加强，理论界对于职业道德的研究较为丰富。对公务员、公安警察、教师等各行业从业者的职业道德，有了较多的研究，但现有研究多为定性分析，缺乏实证研究，同时，目前还没有专门针对政法高职学生敬业与忠诚素养的研究。因此，当前的理论研究方面还需要注意以下两个问题：

第一，加大政法高职学生敬业与忠诚素养理论研究力度。政法高职学生作为国家执法和司法的主体，代表党和国家来履行职责，并与广大人民群众直接接触，是党和政府联系人民群众的桥梁和纽带。对政法高职学生进行针对性的职业道德研究，可以为政法高职学生统一管理提供有效保障，进而提高政法工作质量及政法高职学生的服务质量。

第二，科学设计政法高职学生职业道德的内容和规范。现有研究更多的是对公务员职业道德的定性研究，缺乏对政法高职学生职业道德针对性的定量研究。现有研究应当加强运用定量的方法对政法高职学生职业道德的内容进行设计，并形成相应的职业道德规范。进一步使政法高职学生职业道德规范制度化，由各级政法高职院校领导部门建立并印发不同形式的政法高职学生职业道德规范条例，以对政法高职学生的执法行为进行有效的规范和引导。

2. 通过教育培训，不断提高政法高职学生自身敬业与忠诚素养水平

职业道德教育和培训是政法高职学生敬业与忠诚素养产生和发展的基本条件，同时也是新时代所提出的任务。政法高职学生的职业道德教育培训是一种特殊的道德教育，它是各级政法高职院校为使广大政法高职学生遵循职业道德的基本原则、一般要求和规范，履行党、国家、人民和社会应尽的职业道德义务，所进行的有目的、有组织、有计划的道德引导和调控活动。它比伦理制度更富有弹性和灵活性，比社会舆论更具有系统性和方向性。政法高职学生职业道德教育途径和方法的构建，要有利于发挥政法高职学生的自主性和参与性。目前存在的某些只重形式而不重视受教育对象的形式主义教育方法，不仅无利于培养受教育者的敬业与忠诚素养，而且会引起受教育者的反感和抵制情绪，损害职业道德教育的声誉。在新的历史条件下，进行职业道德教育的环境、条件以及对象都发生了巨大变化，因此，必须不断地对教育途径和方法进行改进创新。

（1）注重不同阶段的职业道德教育

第一，加强政法高职院校学生的职业道德教育。政法高职院校是专门培养政法高职学生的摇篮，对政法高职院校学生进行职业道德教育，是政法高职院校的一项重要任务。加强对政法高职学生的道德教育，一方面，可以通过课堂教学来进行，培养未来政法高职学生的政治品质，提高其执法的政治素质，对政法学生的职业道德价值观、职业精神和职业道德行为准则等各个方面进行系统培训，培养学生良好的职业道德意识，树立其正确的价值观。另一方面，政法高职院校的管理者和政法教师必须以德执教，使学生受到无形熏陶，从而培养出道德高尚、文明执法、公正执法的政法学生。

第二，坚持对政法高职学生的继续教育。政法高职学生职业道德教育不能一劳永逸，必须反复进行。这是因为，随着社会经济的不断发展与前进，职业道德也会不断变化发展，社会对道德的要求也就越来越高，道德教育的内容也应随着时代的发展而发展，因此，必须坚持继续教育，对不同工作性质的政法高职学生结合工作特点和时代要求，持续不断地进行道德训练，从而不断强化政法高职学生的职业道德行为规范、职业道德心理、职业道德作风等。

第三，重视职业道德实践活动。实践是检验政法高职学生道德教育成效的唯一标准。实践是进行政法高职学生道德教育的基础和目的，实践还是广大政法高职学生职业道德内容不断完善和向前发展的动力，离开了职业道德在生活工作中的实践，职业道德将无法发挥作用。要使政法高职学生拥有良好的职业道德，必须开展各种道德实践活动，使每一个政法高职学生都在活动中受到教育和引导。

（2）注重不同方法的职业道德教育

第一，职业道德理论的灌输。马克思主义伦理学认为："与制定道德准则、原则、理想等道德要求一样，人们行为的道德调节也要求把这些道德要求以及与之相联系的道德观念灌输到每个人的意识中去。这个任务是由社会在道德教育过程中加以解决的。"可以通过各种途径，以不同的形式对政法高职学生队伍进行职业道德理论灌输。职业道德理论灌输有别于传统的干部思想道德教育，这是因为理论灌输可以通过多种形式对政法高职学生进行职业道德基础性教育，进而对政法高职学生的世界观、价值观、人生观和政治观进行引导。职业道德理论灌输应当系统运用专题讲座、形势政策报告、政治理论学习、案例讨论等形式，不应仅仅拘泥于课堂讲授。在理论灌输的过程中，应该尽量摒弃生搬硬套、空洞说教等不顾教育对象实际和不善于启发说理的方式方法。

第二，职业道德规范的教育。首先是把职业道德规范的学习教育与各级政法机关法规的贯彻落实结合起来，在贯彻中进行教育，通过教育带动贯彻；其次是完善政法高职院校岗位规范，以岗位规范制约和引导政法高职学生的职业行为，在不同的时期需要对不同单位的岗位规范进行动态的调整和完善；最后是把职业道德规范的教育与必要的奖惩措施结合起来。

第三，以开展活动落实教育。各政法高职院校通过组织各种专题活动，对政法干部集中进行职业道德教育。把主题鲜明、形式多样、略带趣味性的活动作为有效载体，调动政法高职学生接受教育的积极性与主动性，活动可以通过演讲比赛、讲故事比赛、辩论赛、业务技能比赛等多种形式开展，使政法高职学生在活动参与中自觉提高职业道德觉悟，塑造出良好的职业道德。

第四，通过树立典型进行引导。先进典型代表着一种积极向上的力量，可以对政法高职学生产生巨大的影响和激励作用。各级政法高职院校可以通过培育、树立和弘扬先进典型来激励、引导政法高职学生，使之养成优良的职业道德行为与作风。通过树立典型进行引导，首先需要注意树立和宣传先进典型的层次性。既要大力宣传全国性的政法先进集体和政法英模，又要注意发现和培育本地区、本部门的先进典型，同时还要适当运用反面典型进行警示，并树立落后转变为先进的典型。

（三）优化政法高职学生敬业与忠诚素养培育的环境

环境是人的思想品德形成和发展的重要影响因素，它对政法高职学生思想行为的影响是潜移默化的，是敬业与忠诚素养培育不可忽视的重要因素。营造一个良好的道德人文环境，形成一个良好的道德风尚，有利于促进政法高职学生正确、健康思想的形成，有利于政法高职学生良好行为习惯的养成。因此，需要全面优化社会环境、校园环境、家庭环境、网络环境四个方面的影响。

1. 营造良好的社会环境

社会环境对人的思想与道德品质的形成与发展，起决定性的影响。社会大环境背景下，社会风气、社会氛围与社会舆论对人的影响都是潜移默化的，它们能使人的思想情感在无形中发生变化。一方面，从社会舆论的角度来讲，营造良好的舆论环境需要社会各界的共同努力。敬业与忠诚素养是每一个人都应该遵守的道德品质，积极倡导敬业与忠诚素养培育，不仅有利于传播中国传统文化、宣传与践行社会主义核心价值观，而且有助于推动中国梦的实现。国家可以积极利用广播、网络、电视等多种传媒形式加以宣传，使全民自觉培育敬业与忠诚素养意识，践行敬业与忠诚素养行为，为政法高职学生敬业与忠诚素养培育创建一个良好的道德形成环境。另一方面，政法高职院校敬业与忠诚素养培育的实践活动，需要社会各界给予认可、支持与配合，共同创建一个良好的敬业与忠诚素养实践阵地，各级政府可以对政法高职学生敬业与忠诚素养培育实践基地给予积极支持，鼓励更多人参与到践行敬业与忠诚素养观念的实践活动中来，为政法高职学生德育实践活动的开展营造积极向上的社会氛围，使政法高职学生在良好的环境中不断提高自身实践能力和职业道德素养。

2. 构建优良的校园环境

高校是中华文化的传播地，是高素质人才的培养地，更是引领社会主义主流意识形态的重要阵地。校园环境对政法高职学生的影响是潜移默化且持久的，其氛围的好坏直接影响着青年政法高职学生正确价值观念的形成。政法高职院校敬业与忠诚素养培育，要着重把握校园文化环境建设，努力以正确的价值观引导政法高职学生，以健康的校园文化活动陶冶政法高职学生的情操，提升政法高职学生的精神境界，塑造政法高职学生良好道德品格，为政法高职学生敬业与忠诚素养的培育营造一个优良的环境。为此，政法高职院校需要在师资队伍培养、教育制度管理、校风校训建设等诸多方面，紧密结合敬业与忠诚素养培育内容加以建设。例如，积极邀请国内专家举办传承中华优秀传统文化、弘扬社会主义先进文化等专题讲座，利用校园广播为政法高职学生播报国内外时政热点，鼓励政法高职学生开展带有革命传统气息的红色主题文化艺术活动，培养政法高职学生树立民族意识、政治意识与道德意识，促使政法高职学生主动关心国家大事，不断增强本民族的自信心，树立社会责任感和使命感。与此同时，政法高职院校要积极倡导人文关怀，帮助学生营造和谐、友善的班级氛围，促进同学间的和睦友好、诚信友爱、合作进取，使政法高职学生在良好的人际交往环境中，学会处理与他人、集体的关系，树立集体主义意识、养成为他人服务的道德品质，同时要注重打造严谨求实的校风与学风环境，帮助政法高职学生树立诚信为本、追求真理的忠诚意识，使政法高职学生在一个集学术、知识、服务于一体的健康向上的校园环境中健康成长。

3. 培育和睦的家庭环境

家庭作为政法高职学生成长成才的第一环境，其环境的好坏对政法高职学生道德品质的形成和发展有重要的影响作用。创造一个忠诚、和睦的家庭环境，将有助于促进政法高职学生健全人格的发展、敬业与忠诚素养品质的养成。同时，父母的行为举止也会对子女产生巨大的影响，为此，父母要做好表率作用，无论是在处理与长辈间的关系、夫妻双方的关系还是与子女的关系上，都要以良好的品格做好榜样，营造一个和睦的家庭氛围。首先，对待长辈要以孝道为原则，做到孝顺父母，学生通过父母对待长辈的方式和态度，会不知不觉中接受父母的忠孝观念，模仿父母的言行，培养政法高职学生的忠孝意识。其次，夫妻之间要坚持对爱情的忠贞度，营造健康和谐的家庭氛围。夫妻之间的和睦相处、相互关心、相互尊重与相互信任，不仅能为孩子提供一个良好的成长环境，还能够促进政法高职学生树立正确的恋爱观、婚姻观。最后，在子女的教育方式上，要坚持民主性原则，善于引导、尊重与鼓励。由于政法高职学生正处于独立自主意识较为强烈的成长阶段，父母要及时与子女做好沟通，引导政法高职学生树立忠于国家、忠于事业、忠于家庭等的正确的人生观、价值观，尊重政法高职学生人格，鼓励政法高职学生养成良好的敬业与忠诚素养品质。

4. 创设健康的网络环境

信息时代的到来，使网络对社会生活的影响越来越深入，网络成了人们生活的重要工具，生活、学习、工作、娱乐，都离不开网络。政法高职学生作为网络使用的主要群体之一，其思想与行为受网络文化影响的程度较深。网络虽然为政法高职学生学习、生活提供了便捷，但值得注意的是，网络环境错综复杂，充斥着各种文化思潮，也渗透着一些不良信息资源，影响着政法高职学生的正确价值观。创设健康的网络环境，应该成为政法高职院校敬业与忠诚素养培育需要解决的重要问题，需要引起高度重视。政法高职院校敬业与忠诚素养培育，要善于抓住网络思想文化建设的主阵地，把握网络的导向性与多样性，为政法高职学生营造健康文明、蓬勃向上的网络环境。例如，创建网络敬业与忠诚素养培育课程，积极与网络中的文化虚无主义展开斗争。结合中国传统敬业与忠诚素养文化、社会主义核心价值观、党的理论知识与创新成果等相关内容，设置专题学习板块，宣传敬业与忠诚素养理论知识。创建以自觉践行敬业与忠诚素养精神为代表的时代模范专题板块，以生动的事实为政法高职学生提供真实的道德案例，引导政法高职学生自觉弘扬敬业与忠诚素养精神。在网课平台中设置时政热点动态滚动板块，为政法高职学生了解敬业与忠诚素养知识提供便捷的信息传输渠道，不断加强敬业与忠诚素养思想传播，强化政法高职学生对敬业与忠诚素养思想的认知，促进政法高职学生敬业与忠诚素养品质的发展。同时，政法高职院校要积极利用网络传播手段，创建与政法高职学生的网络互动平台，尽量降低网络不良信息对政法高职学生的负面影响，并对政法高职学生在网络空间中的行为加以引导。例如，开通校园微博、QQ 群、微信群等平台，积极倡导敬业与忠诚素养价值观，提高政法高职学生的网络道德素质，引导政法高职学生在网络世界中施行正确的网络行为，为政法高职学生群体营造健康和谐的网络敬业与忠诚素养培育环境，使网络成为政法高职学生学习、生活的好帮手。

第七章　政法高职学生学习与创新能力素养

一、政法高职学生学习能力培养的重要性

（一）学习能力

学习有狭义和广义之分。狭义的学习主要是指学生在学校里按照一定的学习目标，有系统、有组织地掌握知识、技能和行为规范，发展能力的活动。广义的学习是指人们经验获得和行为变化的过程，既包括在学校里获得知识、技能、道德规范的过程，也包括在社会实践中获取社会生活经验的过程。我国著名心理学家林崇德教授为这种"学生的学习"归纳了五个特点：①学习内容一般不受时空限制；②师生双向活动，学生在教师指导下进行认知或认识活动；③学生认知活动的动力来自学习动机；④学习过程中需要自我监控，自我监控能力包括对学习目标、学习计划、学习状态、学习策略和学习结构的自我评价，决定着认知效果；⑤学习过程是一个知识经验获得、技能技巧形成、智力能力发展和思想品德修养提高的过程。

一般认为，能力是一种心理特征，是顺利实现某种活动的心理条件。从字面上来看，学习能力就是关于学习的能力，或者说是学生在从事各种学习活动中所必须具备的能力，也是个体在学习活动中形成和发展起来的一种能力。在文献查阅中，我们找到了一些对此不同的定义：熊丙奇认为学习能力是一个人的核心能力之一，是人们在正式学习或非正式学习环境下，自我求知、做事、发展的能力。赵华认为学习能力不是指学生已掌握了多少专业知识，而是指如何掌握、运用和发展现有知识的能力。曾秀华认为学习能力是在已有的知识和技能的基础上，在不断获取新知识并运用这些知识的活动中

所表现出来的智力因素和非智力因素的本领，是指主动、系统地获得新知识、新技术的能力，主要包括基本学习能力、自学能力、实践操作能力和表达能力。王珍认为学习能力是人们在已有知识、经验的基础上，实现主动、有效的学习，并获得新知识的一种能力。王若梅认为学习能力主要分为两方面：能力方面（包括注意力、记忆力、观察力、想象力、思维力、联想力）和特殊能力方面（包括动手能力、自学能力和解决问题的能力）。何一粟认为学习能力是学习活动的心理条件之一。学生能顺利、有效地完成学习活动所必须具备的智力因素、非智力因素和策略因素，称作学生的学习能力。王文博认为学习能力包括一般学习能力和专业学习能力。专业学习能力也可以称为学科学习能力，是指学生学习某个专业或学科所需要的特殊能力、学习动力和学习策略。它是学生在专业或学科学习中形成和发展起来的、对专业学习活动产生重要影响的一种能力。学生通过学校学习最终要发展出学习每个专业或学科所必须具备的某些特殊能力。专业学习能力既是学生进行专业学习的必要条件，也是学生将来从事专业实践的必要条件。彭希林认为学习能力包括发现问题和解决问题的能力，收集、分析和利用信息的能力，分享与合作的能力。学习能力表现在四个方面：意识、动机、习惯；获取、分析和利用信息的能力；评价和反思；表达能力。学习能力中有三点特别重要：怎样迅速、充分、有效地选拔、存储和获取所需信息；怎样利用它来解决问题；怎样打破常规重新组合，利用它来创造新点子。

（二）政法高职学生学习能力

所谓"政法高职学生学习能力"，从字面上可以理解为政法高职学生在学习活动中所表现出来的能力，而且是其在学习活动中培养和发展起来的一种能力。在文献中，对其有不同定义。余勃认为政法高职学生的学习能力是指政法高职学生围绕学习目标，在实践中综合运用各种学习方法和手段，掌握新知识，不断创新知识并使其成为自己的知识，学为所用，从而影响和推动社会发展的能力，包括知识获得与应用能力、学习过程自我监控能力、学习资源管理与应用能力。王文博认为，政法高职学生的学习能力主要是指政法高职学生的认知能力（思维能力、自学能力、实践操作能力）、综合能力（自我监控能力、科研能力、表达能力）和学习策略。鸿藻认为学习能力是静态结构和动态结构的统一。从学习能力的构成和实质来看，学习能力的结构是静态的，它是学科知识、技能、策略经过内化和概括化后，在学生头脑中形成的认知结构。但从学习能力的形成和发展来看，这个结构是动态的。其动态性一方面表现为学习能力是在学习主体（学生）与学习客体（教材内容）的统一中形成的，是以教材内容为中介，通过生动、活泼、主动的学习活动而形成和发展的，表现为基本能力和综合能力，并且随着学习活动的丰富、学习内容的深入，学习能力的结构也在不断完善和深化发展。在这一过程中，智力因素与非智力因素共同制约着学习能力的形成和发展，是学习能力的心理基础。另一方面，学习能力在学习活动中具有较强的操作性，已经形成的学习能力有助于学生对教材内容的学习，并为顺利地进行学习活动提供符合知识特点的学习程序、步骤、策略和方法等，提高知识掌握的速度和质量，从而又促进学习能力向更高的层次发展。

由上述学习能力和政法高职学生学习能力的定义，笔者认为，政法高职学生"创新创业"学习能力可以理解为在具有一定专业学习能力的基础上，在大量创新项目训练中，以任务为驱动，以问题为导向，政法高职学生充分发挥主体作用，综合运用各种手段和方法，进行研究性、合作性、主动性、实践性、创造性的有效学习，获取、内化和创新知识，掌握技能，形成学习策略，养成良好科研素养的能力。

（三）政法高职学生学习能力的构成要素

学习能力是一种适应一定学习活动的能力，是一种综合能力，内容非常丰富，结构十分严谨。学习能力的高低，直接影响到掌握知识的数量和质量。就政法高职学生的学习能力而言，它主要包括组织学习活动的能力、获取知识的能力、运用知识的能力以及伴随学习过程而发生的观察、记忆、思维等智力技能。

1. 组织学习活动的能力

教育情境中的组织学习活动的能力，是指学生在课内外的知识学习、动作技能学习、心智技能学习和社会生活规范学习的活动中，组织本人或集体进行学习的能力。它包括明确学习目标、确定学习任务、制订学习计划的能力，选择适宜学习方法的能力和自我考核、自我评价以及自我调节的能力。

组织学习活动的能力是学习能力的先导，反映了学生对学习过程的认识以及将这种认识运用于组织自己或集体学习实践的状况。

2. 获取知识的能力

获取知识的能力是指学生在学习中能很好地理解、消化、吸收所学知识，善于通过有效方法和途径寻找有关知识，不断完善自己认知结构的能力。获取知识的能力包括阅读能力、听记能力和收集使用资料的能力。获取知识的能力是学习能力的重点和关键。

3. 运用知识的能力

掌握知识的目的在于应用。运用知识的能力，就是学生会把所掌握的知识在学习、日常生活以至在今后工作中加以灵活、有效运用的能力。运用知识的能力包括表达能力、实际操作能力、解决问题的能力和创新能力。运用知识的能力是学习能力的升华和归宿。

4. 智力技能

学生的学习过程是其认知发展的过程。在整个学习过程中，始终伴随着智力活动。关于智力的概念，众说纷纭。心理学界大多认为，智力是各种认知能力的有机结合，它包含观察力、记忆力、注意力、思维力、想象力。但由于注意力与其他各种认知能力同时发生，想象力与思维力关系密切，有时甚至难以分辨，故有的心理学家注重于观察力、记忆力、思维力的研究，认为观察是基础，记忆是桥梁，思维是核心。其实，对于学习能力来说，观察、记忆、思维是它的智力技能。智力技能是学习能力的灵魂。

（四）政法高职学生学习能力的培养原则

学习能力的培养是一项系统工程，不按照科学程序进行是很难有成果的。安排培养序列要以学生心理发展规律和教学原则为依据。青少年心理发展的连续性和阶段性告诉我们，能力培养既要注意能力的前后联系，又要把某些能力放在适合的阶段。心理学的有关研究表明，学生能力训练的效果如何，取决于该训练是否适合。拔苗助长的方法是有害无益的。要遵循循序渐进的教学原则，在数量上由少到多，内容上由浅入深，要求上由低到高。在培养过程中要遵循实践性、主体性、理论指导性以及渗透性的原则，紧密围绕学生的学习活动，抓住其中的重要学习环节。

1. 实践性原则

政法高职学生的学习能力，主要是在掌握知识的过程中，在有意识的学习实践中，不断形成和发展的。离开实践的能力是不存在的。因此，学习能力的培养要同课堂教学中学生对知识的掌握同步进行，要同课内外学习实践相结合，要从培养学生形成良好的学习习惯开始，逐步让方法内化为习惯，让习惯上升为能力。

2. 主体性原则

学习能力的形成，学生本身的努力是内因，教师的指导是外因。教师在教学中要善于激发学生已有学习能力与现实学习需要的矛盾，以强化学生努力提高学习能力的内因；同时，教师在教学中要适时而科学地进行学法指导和学习态度、学习品质的培养，使学生在学习能力发展中更好地发挥主体作用，真正实现"教是为了不教"。

3. 理论指导性原则

知为行之始。要避免学生学习能力发展的盲目性和简单经验总结的狭隘性，就要对学生学习能力的发展进行理论指导，例如，对学生进行有关学习能力知识的传授和学习能力培养方法的指导。

4. 渗透性原则

因为学习能力的形成和发展离不开知识技能的掌握，离不开实践经验的丰富，所以学习能力的培养在方法上要注意渗透性，要在各门课程的教学中，在专业、班级、社团的活动中，在第二课堂和社会实践中，从各学科、各活动的特点和学习实际出发，进行学习能力的渗透教育，寓隐形的学习能力培养于有形的教育教学活动之中。

（五）政法高职学生学习能力培养的重要性

近年来，国家出台了一系列政策推动创新创业，中共十九大指出，教育是基础，要通过全民族、全社会、全面实施素质教育，提高教育质量，培养学生创新精神。2016 年 3 月，全国两会政府工作报告主张全面建设创新创业公共服务平台，着力打造"双创"城市与示范基地，并主张推广研发创意、共享创新资源等。国务院办公厅印发《国务院办公厅关于深化高等学校创新创业教育改革的实施意见》，指出了近年来我国政法高职院校创新创业教育改革中存在的一些突出问题及主要原因，提出了深化高等学校创新创业教育改革，以促使高等学校重视和培养政法高职学生的创新、实践能力以及创业精神，普遍提高政法高职学生的人文素养和科学素质，从而适应国家和社会对创新人才的渴求。

创新能力不是无缘之木，必须基于一定的知识储备、技能准备和情感素养基础，它是学习能力的一种体现。在当下这个科技飞速发展的时代，人们不得不不断自我迭代，不断学习进取，于是，学习能力成为高素质人才的重要衡量标志之一。教育是培养各类专门人才的重要途径，对未来的社会发展产生直接影响。21世纪是信息经济和知识经济的时代，信息和知识更新速度迅猛，学会学习成为政法高职学生的重要发展目标，而学习能力的培养与提升，是学会学习的重要基础。

日本教育学家的统计资料表明，人们上学期间所得的知识量只占一生所得知识量的25%，而剩余的75%都来自工作和生活中的不断补充和学习。由此来看，一个人一生中的大部分知识都是离开学校后自学得来的。刘海华等人提出，一个人要培养学习能力，需先树立终身学习的理念，拥有强烈的学习愿望，养成良好的学习习惯，并且，学习不止于政法高职学生涯，而要向职业生涯延伸，直至一生，在学习中实现美好和快乐的人生。对学校而言，重要的是"授之以渔"，传授学习方法，培养学生的学习能力，帮助学生做好知识和技能的积累，以及良好情感素养的培育。有了这些基础，学生才能激发创新意识，才有可能培养出创新精神，塑造出创新人格，为推动社会和国家发展贡献力量。根据心理学的研究，人的学习能力大约在20岁时达到顶峰，而这年龄段正处于高等教育的培养阶段。美国新媒体联盟发布的《新媒体联盟2015地平线报告高等教育版》放眼2016—2020年，指出了现今高等教育面临的挑战：正式和非正式学习的融合；提升数字素养；个性化学习；复杂性思维教学等。而这些挑战都指向高等教育的人才培养模式，要求高等院校能营造宽容的人文氛围，能鼓励更多的求索、试错、协作和交流活动，从而培养学生的学习能力、创新能力，促使学生学会学习。随着科学技术的发展和进步，科技取代成熟领域内的工作，失业率上升。对学生而言，如果学习能力弱，将导致适应力下降，毕业之后将无法迎接新领域工作的挑战。因此，政法高职学生学习能力的培养值得关注。

能否培养和塑造一批批高素质的人才，关系到国家的兴旺发达，关系到民族的繁荣昌盛，关系到社会的进步发展。站在社会新技术、新思想前沿的政法高职学生，是国家培养的高级专业人才，他们有着蓬勃向上的活力，无疑是国家建设的中坚力量。然而，具有良好学习能力的人才培养，绝非轻而易举、一蹴而就。陈晖等人经调研发现，相当一部分学生从高中升入大学后，学习上表现出不适应。彭希林等人经调研发现，政法高职学生的学习能力不足，可多数学生虽对自己的学习能力现状不满意，但往往缺乏提高自身学习能力的行动信心和决心。阔倩经调研发现，有部分政法高职学生自我监控能力较差，不会利用各种资源进行学习，对学习也缺乏兴趣。王秀平等人对北京几所不同类型政法高职院校的学生按专业分层整群抽样统计分析，发现整体而言，学生的学习状态表现为虽然注重个人素质的提高，学习目的明确具体，但是相对浅近；虽然学习态度较端正，但是部分学生的学习兴趣不足；学习策略水平不高，利用学习资源的意识不强；在学习中探索和在研究中学习的观念不强；对教学工作的评价不高。因此，对政法高职学生学习能力的培养，十分重要。

二、政法高职学生创新能力的重要性

（一）创新能力的内涵

1. 创新的内涵

美国学者约瑟夫·熊彼特被学界公认为创新内涵的最早定义者。熊彼特认为，创新是指新技术、新发明在社会生产中的第一次应用，是生产要素和生产条件在生产体系中的新组合。创新是生产体系内在的因素，这种自身创造性推动着经济生活的变化和经济社会的发展。他认为，创新包括以下五种形式：第一，引入新产品或提供产品的新质量；第二，采用新的生产工艺和方法；第三，开辟新的市场；第四，获得新的原料或半成品；第五，实现新的组织形式。在熊彼特的理论里，我们可以提炼出创新概念的四个特征：第一，创新是将生产要素和生产条件进行新的组合，这种组合是前所未有的；第二，创新源自内在的创造性，必须发挥创新者自身的主观能动性去改造客观世界；第三，创新需要创造出生产价值，没有生产价值的创造是缺乏意义的；第四，创新是生产发展的重要环节，经济的发展依靠创新。美国学者柯蒂斯·卡尔森认为，创新是在市场上创造和产生新的客户价值的过程，如果没有产生新的客户价值，人们的创造活动只能看作发明而不是创新。创新理论研究者何静在其论著中指出，创新是一个系统，由创新主体、创新对象、创新手段与创新环境四个基本要素构成；创新是一个过程，是从思想到行动、从构想到现实的知行统一的发展过程；认识的创新与实践的创新彼此影响，交互作用，共同推动着创新系统的运动变化与发展。学者们对创新概念作出了不同的定义，但存在一点共识，那就是：把创新与社会生产实践紧密地联系起来，突出应用和应用价值对于创新的重要意义。

依据已有的理论研究成果，综合国内外主要研究者的观点，结合自身的观察、研究和分析，笔者认为，创新是人们认识新的客观规律，自主将物质元素或生产要素进行前所未有的组合，产生出新的社会价值的过程。创新是一个系统关联的过程，从发现事物旧有组合规律的制约，突破旧有规律的制约，寻找新的组合规律，发现新的组合规律，将新的组合规律进行实践，直到创造出新的组合结果。创新有四个重要特征：第一，创新是创造前所未有的新组合，是人们发现新的客观规律的过程，而不是已知的客观规律产生的不同结果；第二，创新是人类自主的行为，不是物质世界自身演变的结果；第三，创新需要创造出新的社会价值，没有社会价值的创造是缺乏意义的，而如果创造出的价值与现有同类事物价值是重复的，或者低于现有同类事物的价值，那这样的创造也是缺乏创新和进步意义的；第四，创新是社会发展的内在环节，脱离了社会应用的"创新"只能是个人的兴趣。

2. 创新能力的内涵

创新理论和创新能力理论的研究者对创新能力有不同的理解。其中，吴兴富对创新能力的理解是："创新能力是指人们在完成创建新事物的活动过程中表现出来的潜在心理品质，是人们革旧布新和创造新事物的能力。"对于创新能力的内容，何静认为，创新能力主要包括创新意识、创新基础、创新智能（包括观察能力、思维能力、想象能力、操作能力等）、创新方法和创新环境。周苏认为，创新思维活动中的创造性思维方式有四组：发散思维与收敛思维、横向思维与纵向思维、正向思维与逆向思维、求同思维与求异思维。

通过对比、分析、综合前人的理论成果，结合自身的研究思考，笔者认为，创新能力是指产生创新构想和实现创新结果的能力，是创新过程中需要运用到的各种主观能动性的总和。

（二）创新能力的构成要素

1. 创新意识

创新意识即引发创新思考的条件反射性，遇到事物或命题能习惯性地进行创新思考，习惯去发掘事物存在的问题（即旧有规律的制约性），并敢于探索新的组合规律的意识。创新意识一般包括怀疑精神和挑战精神。怀疑精神是指对于人们对事物的现有认识，喜欢追求不同的答案，对现有真理权威的服从性不强。挑战精神是指对事物的现有认识和处理方式，有提出更好答案或做法的信心和期望，挑战精神来源于自信心、进取心和超越自我的渴望。

2. 创新思维

在创新的过程中，突破旧有规律的制约，寻找新的组合规律，发现新的组合规律，都依赖于创新思维。创新思维是指对事物作不同寻常的认识，发掘物质元素、意识因素或生产要素的新的组合规律的思维。它包含发散性思维、联系性思维和逆向思维。创新的核心进程是先将事物因素进行发散，再寻找新的关联的过程；或将事物原有发展规律进行逆向推演，得到新的合理的发展方向的过程。因而，创新思维是创新能力的核心。发散性思维是指突破事物原有的客观组合规律，将事物内部因素进行分解，通过对各项因素进行重新分析，找到因素所具有的、过去未被发现或注重的特征的思维。发散性思维也可称为求异思维。联系性思维也称聚合思维，是指将相互分离的事物因素进行关联尝试，建立新的合理的相联关系的思维。联系性思维也可称为求同思维、聚合思维、收敛思维。逆向思维是指从事物对立面的角度进行思考，或从事物原来发展方向的反方向进行思考，从而得到对立面或反方向发展中的合理性因素的思维。逆向思维也可称为反向思维。

3. 创新实现能力

在创新过程中，人们发现物质元素、意识因素或生产要素的新的组合规律，将新的组合规律进行实践后，创造出了新的组合结果。这一过程需要两个步骤：第一，对创新理论进行可行性检验；第二，把可行的理论构想转化为现实事物。创新实现能力就是指把创新理论构想实现为现实事物的能力，一般包括可行性检验能力和理论转化能力。人们运用事物新的组合规律作出新产品的设计，先对这一设计进行可行性检验，然后运用工具和各种资源把可行的设计实现为产品。创新思维是人类的意识活动，它的创新所得是未经实践的，因而我们不知道这一创新是否能应用于现实世界，或者是否能达到预期效果，是否能有效地产生有利效应。实践是检验真理的唯一标准。进行可行性检验就必须依靠实践。而如何实践、如何检验以及怎样的检验是科学、合理、经济的，怎样的检验才具有较高的信度和效度等，这些都考验着我们的可行性检验能力。因而，我们必须设计科学、合理、经济、可信和有效的可行性检验方案，以让创新构想更好地转化为现实。理论转化能力是指创新者将创新的理论和构想转化为现实成果的能力，包括利用实用发明和外观创新创造出新的产品，以及将创新的生产关系组合运用于实际的能力。知识转化同时需要对资源进行有效、合理利用，这就要求创新者必须掌握工具利用能力和资源整合能力。其中，工具利用能力是指对工具的全面认识、正确选择、有效使用的能力。资源整合能力是指有效获取、科学调配、充分利用创新所需资源的能力。

（三）政法高职学生创新能力的重要性

创新是人类发展进步的推动力，其伴随着人类社会不断演进。人类的形成和发展正是由创新实现的，人类的祖先创造性地制造和使用工具，解放出双手，学会用火和耕种，创造出文字，丰富了语言和思维，这些创新促成了从猿到人的转化。在此之后，人类的发展也是由创新推动着前进的。每一次生产技术、生产关系的进步，都是一次创新。创新对于一个国家、一个民族的重要性，也非常显著。创新是一个民族进步的灵魂，是国家兴旺发达的不竭动力。中华民族曾经拥有辉煌的历史，是因为我们曾经开放包容、鼓励创新。我们的国家曾经落后挨打，正是因为我们自满守旧、故步自封。历史上美国、德国、日本的快速崛起，也源自国家鼓励开放纳新、自主创新。从国家长远发展战略角度来看，政法高职学生是社会核心人才结构的主要来源，而国家提倡的"大众创业，万众创新"战略，正在进行的"供给侧"改革和经济转型升级，都需要大量的创新型人才。政法高职学生创新能力培养，正是顺应了国家改革发展的需要。从学校人才培养的角度来看，政法高职学生创新能力培养，是政法高职院校人才培养的重要内容和趋势导向。政法高职院校的培养目标，是高素质应用型技能人才，高素质包含了创新能力，包含了在工作岗位上对应用技能持续创新的能力。因而，政法高职学生创新能力培养是高职教育的重要内容。从政法高职学生自身全面发展的角度来看，政法高职学生如果缺乏足够的创新能力，不仅在踏入社会工作领域时不敢选择创业道路，不敢尝试新兴行业的就业岗位，在工作之后也缺少业务创新和自我更新的能力，职业生涯也将缺乏可持续发展的后劲。因此，提升政法高职学生的创新能力，是当前国家战略的大势所趋，是政法高职院校的当务之急，是政法高职学生自身发展的内在需要。

三、政法高职学生学习能力培养的途径

（一）营造良好的培养政法高职学生学习能力的环境

1. 加大对改善学习条件的投入

培养政法高职学生学习能力的要素之一，是政法高职院校提供给政法高职学生进行学习的基础设施。我们将其称为培养政法高职学生学习能力的基础设施，其终极目的是最大限度地在政法高职学生中扩散知识，从而最大限度地造就能够进行有效学习的个体数，这种扩散越广越深，能够进行基本学习和高级学习的个体就越多，政法高职学生的学习能力基础也就更广、更坚实。政法高职学生学习的基础设施，按程度可分为高等教育的教学设施和高等教育的研究设施。这些基础设施是培养政法高职学生学习能力的最直接、最广泛的手段。基础设施包括书店、图书馆、各种信息平台、建立在信息技术上的教育基础设施等。研究性基础设施是政法高职院校发展至关重要的一部分。

2. 重视学习能力培养的软环境建设

（1）营造良好的培养政法高职学生学习能力的环境，建立培养政法高职学生学习能力的成就动机

在政法高职学生获得了基本的学习能力之后，其自身的学习努力程度决

定了其学习能力的强度。越努力的个体，学习能力越强。按照马斯洛的需求层次理论以及阿德夫尔后来发展的需求理论，个体在社会中除了最基本的生存需求之外，还会追求一种在组织和制度下的某种意义上的成就，以获得精神满足。在此基础上，美国社会心理学家 McClelland 提出，每一个人都有一定的成就动机，即成就动机越强的个体，学习努力程度也就越强。个人的成就动机会对个人的学习动机产生巨大的促进作用。McClelland 还用实验证明，无论个人还是组织的成就动机，都是可以通过一定的手段来培养的。不仅如此，个人的成就动机还会随着对自身能力的更肯定的评价而提高。他们的研究还表明，不同组织的个人成就动机也是不一样的，个体成就动机越高的组织，组织的社会效益和经济效益就越好。因此，培养政法高职学生学习能力的另一个要素，是驱动个人学习的成就动机。政法高职院校学习基础设施的建设与完善，能够提高政法高职学生对自身能力的认可，从而增强个体的自信，促进个体拥有更高的成就动机。

（2）建立激活和保护成就动机

政法高职学生的学习动机是其学习能力培养的基础，如何培养和调动政法高职学生的学习欲望，使其主动、不断地学习新的知识，是政法高职院校首先需要考虑的问题。成就动机是一个脆弱的东西，这是因为如果具备成就动机而努力学习的个体，普遍都不能因获得一定的成功而获得社会的承认和心理的满足，即努力的人绝大多数都比不努力的人过得差，那成就动机就将难以维持。因此，培养政法高职学生学习能力的另一个要素，是政法高职院校建立和完善奖励学习、惩罚惰性的制度。简单来说，这种鼓励学习的制度就是：学习能力越强的个体，在政法高职院校这个社会群体中取得成功的机会就越大；反之则越小。这实质上是为了保证驱动个人努力学习的成就动机的持久性。鼓励学习的激励机制主要有三个方面：奖励学习，惩罚惰性的良好机制；有效、公正的知识水平评价制度，既要反映个体知识的多少，又要反映个体知识水平的高低；鼓励创新的制度，或称创新活动的制度化基础。创新是人类学习的最高级过程。现代社会的创新绝大部分都必须在一定的环境下产生，这一环境的制度性保障，我们称之为鼓励创新的制度，或是创新活动的制度化基础，这主要是指政法高职院校对新思想和新观点的保护和奖励等。

（二）加强适应政法高职学生学习能力培养的课程体系建设

通过课程教学（包括理论教学环节和实践教学环节），寓隐形的学习能力培养于知识传授和实践教学，是目前比较切合我国实际情况的培养政法高职学生学习能力的主要教学形式。本节从完善现行课程体系、重视隐性课程建设以及切实加强实践教学环节的角度进行了思考。

1. 完善现行课程体系

（1）建立在教育观念的转变之上

教育观念的转变和学习能力的培养目标，不仅体现在办学的指导思想、课程体系的设置、课程内容的选择和编排上，还渗透在教师教学过程的各个环节。因此，教育观念的转变，不仅仅是学校领导者和教育管理者的转变，还应该渗透到政法高职院校中的每一个人，包括学校领导者、教育管理者、教师、教辅人员和学生。这样，才能将学习能力培养目标从方案研究、政策制定具体地落实到教学过程中各个环节，才能真正取得实效。

（2）引导学生构建有弹性的学习计划

以培养学生的基本素质，发展学生的思维能力，引导学生学会学习、学会思索，使学生能够运用所学知识发现和解决实际问题为目标，围绕该目标进行教学计划的安排。教学计划要改变传统的单一、僵化的模式，向灵活化、多样化发展。允许学生根据自己的特点和志趣，在教师的指导下确定自己的发展方向和课程计划。增加选修课程的比例，减少巨型课的数量，增设微型课程，以利于课程体系的灵活调整。为保证教学内容的整体性，避免课程结构的松散和学生知识结构的不完整，要注意课程之间纵向的相互衔接和横向的相互联合，把握好切入点和接口。同时，还要改变课程体系僵化和固定不变的局面，适时开设新兴课程，淘汰陈旧、落后的内容。

（3）改革课程的内容

在课程内容的选择和组织上，要尽量避免过分追求学科知识体系的系统化和完整性，改变把知识传授作为课程教学重点的做法。教学内容选择的标准，在于对学生科学思维的建立和培养，要让学生掌握学科的理论框架和逻辑框架。注重理论与实际相结合，将理论教学、实际案例和课程实验、课程设计有机地结合起来，在传授知识的基础上注意对学生思维方式和思维能力的培养。

（4）实现课程向综合化方向发展

课程的综合化可以开阔政法高职学生的视野，改变传统的思维模式，提高学生思维、想象等多方面的能力。在课程体系的设置上，要强调学科本身的综合性和整体性。打破学科与学科之间的界限，突破传统的学科知识结构体系，将相近的高等教育课程体系进行重新构建，形成新的课程体系，以突出学科本身的整体性，为学生提供超越某一学科或领域局限的思维模式，使学生形成整合的视野和价值观。但应强调，不宜过分追求课程的综合化。综合课程应是建立在分科课程基础之上的，它不可能完全取代分科教学。学科课程与综合课程互为补充，二者是相辅相成的关系。

（5）探索多样化的教学形式

改变传统的以学科知识体系为线索、以教师讲授为主的灌输式的单一教学形式，课程的组织可以以课堂讲授、专题研究与讨论、案例教学、课程设计以及利用 CAI 课件或其他工具进行自学等多种教学方式进行。在教学手段上要尽量鼓励采用先进的工具手段，既能提高课堂教学的信息量和教学效果，又可以让学生熟悉和掌握先进的信息技术与工具，学会收集、整理、运用信息的方法和手段。

2. 重视隐性课程建设

隐性课程是与显性课程相对应的范畴。如果说显性课程是学校教育中有计划、有组织地实施的正式课程或官方课程，那么隐性课程则是学生在学习环境中所学习到的非预期或非计划的知识、价值观念、规范和态度。显性课程（有计划的学习经验）与隐性课程（非预期的学习经验）共同构成学校课程的全貌——实际课程。隐性课程主要通过学生对态度的体验与情感的体验来促进志趣、情感、态度、信念等非智力因素的发展，并在这些因素的发展中通过情意结构的调整来达到非认知心理结构的改善。同时，它还可以通过这种体验，对思维力、想象力、观察力、领悟力等部分认知心理成分产生一定影响，并在对这些成分的发展之中使认知能力得到增强，从而达到对认知心理结构的部分改善。

隐性课程的这种功能，与教育中所追求的素质和学生的可持续发展是非常吻合的。学生的素质，尤其是学生的可持续发展，要求学生通过一定时期的教育既能适应当时社会的需要，满足个人的发展，又能保证身心有序、协调、均衡地发展，以保证全面长期的发展能力，为其在适应当今社会的同时又为适应未来社会奠定基础。而隐性课程恰好能够通过对学生心理结构、知识结构与思维结构的改善，通过对学生认知、情意与道德水平的提高，通过产生一套对学习者有巨大影响的复杂而微妙的个人价值观、信念、态度和行为模式，让学生达到具有一定的终身学习能力、调控行为能力与维持身心平衡能力的水准，让学生具备获得自主学习、自主谋生、自主生活等方面全面发展的能力。根据所依附载体形态的不同，隐性课程大致可以分为物质—空间类（如学校建筑、教室布置等）、组织—制度类（如学校组织方式、课表、教育评价制度等）、文化—心理类（如文化环境、心理环境等）三种。

3. 切实加强实践教学环节

实践教学环节不只是验证所学，更重要的是对政法高职学生学习能力、科研能力及实践能力的培养。要把实践与科研活动引入教学，鼓励学生尽早参与实践与科学研究。鼓励学生自主确立研究方向，带着问题思考、学习、查找资料、进行调查研究和科学实验，把获取知识与思维的丰富及实践能力的提高统一起来。这对学生的科研能力、实际操作能力和团结合作精神的培养等，都有很大的促进作用。通常情况下，我们所能运用的实践教学手段主要有实验与课程设计、社会实践活动以及产学研模式等。实验与课程设计是实践教学环节中，在校政法高职学生接触面最广、最直接的提高学习能力的教学形式。在实验与课程设计中，以实验（或课程）设计为手段，教师加强指导，学生认真操作。实验（或课程）设计能力既是实验（或课程研究）能力的重要内容，也是实验（或课程研究）能力的最高层次，其本身具有较强的综合性、创造性和灵活性等特点，实验（或课程研究）设计能力的培养、训练，对于学生深化理论知识，提高学生的自主学习能力，弥补课堂教学的不足，从而使学生得到最直接的实践体验，获得第一手的实践经验，观察能力、思维能力、动手能力、实际操作能力、分析和解决问题的能力、创新能力以及思辨能力与表达能力的锻炼，都将起到极其关键的作用。其具体实施过程，主要包括以下四个方面。

（1）学生组成课题（或实验）小组，在确定课题的基础上，各小组撰写一份政法高职学生自然（或社会）科学基金项目申请书。该申请书应包括立项依据（研究的目的、意义，国内外研究现状），研究内容、拟解决的关键问题，实验（或研究）方案、技术路线和实验（或研究）进程，研究的可行性分析，研究特色和创新性，预期结果等。经过预实验（或研究）来检验选题是否合适、研究内容和方案及技术路线是否可行等，及时调整并完善选题方案。在课题开题报告会上，每个小组均做开题报告。各学科的教授、导师和学生，就课题（或实验）及相关的基础理论、基本知识和基本技能提出各种问题，小组的每个学生均可参与回答和解释，与老师共同讨论，并与一流学者亲密接触。学生未能顾及或回答不了的问题，老师不要急于解答，而是要留给学生自行查阅文献资料寻找答案的机会。

（2）学生按照实验（或研究）设计方案和操作步骤认真实验，记录各项实验（或研究）的原始数据及结果，严谨学风。实验（或研究）结束后，及时整理实验（或研究）结果和数据，尊重实验结果，培养实事求是的科学作风。实验（或研究）手段及方法，以学生已学习和掌握的基本的、经典的方法为主，也可以利用所在学科的顶尖实验平台，将先进的实验技术（或研究技术）及手段用于实验（或研究）。能否通过实验（或研究）解释提出的问题，实验（或研究）结果是否为预期结果，以及任何一个细小或微不足道的操作步骤等，都是对学生科学态度的检验和实践能力的锻炼。

（3）在认真完成实验（或研究）数据的整理、归纳和分析讨论后，每个学生均要按照规定的标准论文格式撰写论文，导师予以指导、修改。这一过程中，虽然同一个小组的实验内容、方法和结果是相同的，但每个学生对实验结果的认识、对问题讨论的视角都是有差异的，其撰写的论文也不一样。这不仅使学生学会如何撰写科技论文，同时也使学生把所学的知识纵向和横向联系起来并融会贯通，理论联系实际，锻炼了学生综合分析问题和解决问题的能力，而科学思维、创新意识和创新能力，始终贯穿其中。

（4）按照论文报告的要求，每个组都要制作幻灯片，准备答辩。论文答辩委员会可以由外校及本校的专家、教授组成。答辩以小组为单位，其中一位学生作为主答辩人汇报论文，每位小组成员均参与回答问题。专家提的问题面广，既与论文有关，亦可涉及其他学科和领域，以期了解学生的基础理论、知识面和思辨能力。学生通过以上探究性的实验（或研究）设计的基本训练过程，大多数问题可以从容地回答并与老师共同讨论，甚至辩论、各抒己见。向专家、教授和同学报告论文或回答问题，学生们克服了胆怯，提高了自信心和表达能力，展现了自己。

社会实践活动的学习功能在于能够弥补学科课程的不足，为政法高职学生提供深化专业知识学习的途径和场所，更加突出政法高职学生的主体作用，是政法高职学生理论联系实际完善知识的重要环节，有助于政法高职学生学习能力的培养和提高。政法高职学生的社会实践活动是课堂教学的延伸和必要补充，一般包括社会调查、科技服务、公益劳动和勤工俭学等。实践证明，社会实践活动让政法高职学生在丰富多彩的课内外、校外社会实践活动中手脑并用，综合运用各科知识，获得直接经验，能最大限度地发挥学生的自主性和主动性，使学生的兴趣、爱好、个性特长和专业特长得到充分发挥，提高学生的实际操作能力和解决问题的能力，并具有一定的创新意识和创新能力。

通过产学研结合，培养政法高职学生的学习能力、实践能力以及创新精神，是被国际高等教育实践证明了的一条成功经验。政法高职学生的创新能力只有在创新实践过程中才能培养出来，创新人才的培养需要真实的科研创新环境。大量的产学研结合的实践证明，产学研结合克服了传统的办学模式中人才培养与社会需要相脱节的现象，加强了政法高职院校和企业的合作与联系，实现了优势资源共享，构建集教学、科研、生产、培训于一体的创新人才培养平台，促进了大学的学科建设以及教学内容和课程的改革，其结果必然是提高应用人才的培养质量。产学研结合不但可以巩固学生所学知识，而且可以使学生知识结构以及对知识的掌握从广度和深度两个方面得到扩展，扩大政法高职学生的知识视野，使学生的主动性、创造性得到更好发展。同时，产学研结合能够增强学生的实践能力。产学研结合为学生提供了更多的接触实际的机会，在专人的指导之下，学生真正承担起对企业有用的专业技术工作，把"学"与"干"结合起来，极大地增强了学生的实践能力。

产学研结合在教学改革实践中有如下三个层次：浅层次，企业单向给学校解决学生实验实习、实训问题，吸纳毕业生等；中层次，企业参与教学全过程，学校培训企业员工；深层次，在双向参与基础上实现双方实质性融合，资源共享，互惠互利，紧密合作，共谋发展。当前，大部分政法高职院校都认识到了产学研结合在教学过程中的重要作用，但在具体实施过程中，因为受各方面条件的限制，如企业对政法高职院校培养创新人才的要求比较高，企业在政法高职院校创新人才培养上参与度不够，政法高职院校缺乏足够的工程实践条件，缺少具备工程经验的教师，特别是在创新型工程师的培养上存在着一些困难，等等，所以基本上仍停留在浅层次和中层次水平。而要真正实现人才培养目标，产学研结合应该是深层次的结合，否则就不能深化内涵，办出特色。为此，学校要更好地参与企业发展规划、产品开发、信息收集、技术攻关、人员培训等方面的工作，为企业在管理水平以及产品技术含量和质量上的不断创新提供较多的支持和帮助，这样才能充分调动企业的积极性，企业才会自觉、主动地为学校的人才培养做贡献，在专业设置、教学计划、课程开发、实践教学等方面向学校提供深入、具体的指导和帮助。只有这样，产学研结合才能达到提高学生全面素质和综合能力，适应市场经济发展对人才需要的目的。

（三）提高适应学习能力培养的教师素质

1. 提高教师的能力

政法高职院校教师要想在教育教学活动中培养政法高职学生的学习能力，不仅要了解学生赖以生存的变化着的家庭、社会环境以及他们的身心发展特点，还要掌握在新的环境中进行教育教学的规律。而这些新学问、新技能，没有现成的教科书提供答案和咨询，只能依靠教师本人在实践中去探索、创造。这就要求教师有相应的学习能力和研究能力、实践能力和创造能力。只有对教师的能力结构也作出相应的调整，才能适应时代发展和教育变革的需要。因此，教师必须具备以下几方面的能力：

（1）"学会学习"的能力

政法高职院校教师要想在培养政法高职学生学习能力过程中发挥重要作用，首先必须自己具备一定的学习能力。正如国际21世纪教育委员会所呼吁的：世界整体上的演变如此迅速，以致教师和大部分其他职业的成员从此不得不接受这一事实，即他们的入门培训对他们的余生来说，是不够用的，他们必须在整个生存期间更新和改进自己的知识和技能。的确，教师的职前培训是极其有限的，要跟上时代的步伐，必须首先学会学习，进而不断地继续学习。

（2）学习指导能力

培养政法高职学生的学习能力，要求政法高职院校教师更新传统的教育教学观念，实现角色转换。正如国际 21 世纪教育委员会所要求的那样：要从独奏者的角色过渡到伴奏者的角色，从此不再主要是传授知识，而是帮助学生去发现、组织、管理知识。也就是说，教师更应该作为一名向导和顾问，对学生的学习进行指导和辅助，而不再是仅仅作为知识传递的机械的工具。正是从这一意义上来说，教师对学生学习的指导辅助能力，将在教育教学中被置于更高的位置，而成为一项教师必备能力。教育家陶行知先生早就指出：我以为好的先生不是教书，不是教学生，乃是教学生学。

（3）教育科研能力

通过教育教学活动来培养和提高政法高职学生的学习能力，政法高职院校教师不仅需要不断地学习已有相关知识和经验，更有必要对相关理论进行探讨和对自身教学工作、实践经验进行总结，以提高教学水平，因此，具备一定的教育科研能力是非常有必要的。一方面，从教育本身的发展来看，现代教育必须以思维教育代替记忆教育，如果不进行科研，不进行改革，而是一味地沿用陈旧的教法，因循老路，必然是行不通的。另一方面，科技的迅猛发展，必将对教育提出许多新挑战、新问题，而只有具备教育科研能力，才能有力地回应当下对教育事业的新挑战，以及探索、解决教育事业面临的新问题。通过科研，教师可以悉心钻研教育教学理论，进而增强其评价、选择和吸收教育教学理论的能力。此外，通过科研，也有助于教师敏锐地把握教育世界的新现象、新变化，及时掌握教育信息，更新教育观念，采纳新的教学方法，提高其治学能力和教育教学效果。只有这样，教师才能由"教书匠"变为"教育专家"，而其教育教学才能由"经验型"向"科研型"转化。这对于政法高职学生学习能力的培养和提高，是至关重要的。

（4）开拓创新能力

培养富有创造性的人才，缺乏开拓创新能力的教师是难以胜任的。教师只有本身具备开拓精神和创新能力，才能有意识地引导学生提高自身的学习能力，进而发展自身的开拓创新能力，因此，教师具备开拓创新能力，是培养学生学习能力的关键。教师如果一味地沿用陈规旧法，而不能把教育教学工作当作一门艺术，不能根据学生、教材和自身特点创造性地开展工作，那么这样的教育教学将是落后于时代的。因为不仅现代社会发展需要开拓创新，人也需要具备开拓创新的品质，尤其是培养的一代新人，更要具有开拓创新的精神。

（5）人际交往能力

为适应时代的发展，在教育教学活动中对政法高职学生的学习能力进行培养，离不开各种现代化教育教学形式和手段的运用。教师的部分工作已经或可能被计算机或其他技术手段所代替。然而，教育技术手段的现代化，不仅不会削弱而是恰恰强化了教师的作用，特别是教师作为人的作用。尽管各种现代化的技术手段在教育领域大显身手，但是，学校作为一个以人对人为主的工作系统的本质不会改变。而我们知道，越是需要丰富人性的工作，机器越是无法替代。因此，教师在作为人，特别是能够对他人施加影响方面的作用，机器是望尘莫及的。而这种影响，最根本的便是师生之间精神的沟通、情感的交流，这都需要教师在与学生的交往中来达到这样的效果，而如果教师的交往能力不强，则会难以实现预期的目标。国际21世纪教育委员会在向联合国教科文组织提交的报告中已关注到"信息技术的发展，及其网络的扩大，既便利了与他人交流……又增加了自我封闭和离群索居的趋势"。诸如此类的不平衡，都从反面再次证明了，在机器将要充斥整个世界，而人与人之间的交往也越来越多地由机器所替代的21世纪，教师和学生交往活动的弥足珍贵，特别是与学生交流感情，给学生以个体影响，为学生作出良好示范方面的交往活动，对于新一代人的成长，是极为重要且有益的。教师的这种良好影响，对于培养21世纪人才的人文品质，使之"学会关心""学会共同生活"，甚至养成有助于其走向未来成功的高"情商"，都将是有所裨益的。而做到这一切，都离不开教师良好的人际交往能力。

2. 注重教学方法和艺术

（1）激发学生的学习兴趣

古希腊教育家柏拉图说过：强迫学习的东西是不会保存在心里的。现代心理学之父皮亚杰也认为，人的所有智力方面的工作都要依赖于兴趣。一个学生只有对学习产生了浓厚的兴趣，才能激发起巨大的学习热情，积极主动地参与学习，促使自己更好地组织学习活动，获取较牢固的知识。这就是作为非智力因素的兴趣对学生学习能力的形成所起的引导作用。激发学生的学习兴趣，除了对学生进行学习目的教育，使学生明确学习的意义外，教师还应注意以下几点：①要努力提高教学艺术修养。教学中要唤起学生的求知欲，不断改进教学方法和教学手段，合理有效地安排教学进程。②要让学生享受成功乐趣。心理学研究表明，成功与兴趣是相辅相成、相互促进的。兴趣带来成功，成功激发兴趣。因此，在教学活动中，教师应努力帮助学生获得成功的机会，并不失时机地给予肯定、适度的评价和鼓励，使其体验到成功的乐趣，增强学生的自尊心、自信心，激发他们的学习兴趣。③要建立融洽的师生情感。教学不仅是师生之间的知识传递过程，同时也是师生的情感交流过程，情感对学生的学习兴趣和知识的传递会产生重要影响。如果师生关系融洽，便会促使学生产生积极的情感体验，并把对教师的爱迁移到其所教的学科上，表现出乐学和好学的心理倾向。相反，如果师生关系紧张、冷漠，学生就会对教师所教学科缺乏足够的兴趣。许多调查和研究表明，师生关系与学生学习兴趣的大小，呈现出明显一致的趋势。因此，建立具有教育性、情感性、平等性和人道性等多方面特征的良好的师生关系，有助于提高学生的学习兴趣，促进学生学习能力的形成和发展。

（2）科学地传授有发展价值的知识

学习能力的形成和发展离不开知识的掌握，但并非无论掌握什么样的知识都有助于学习能力的发展。现代教育学认为，有助于学习能力形成和发展的知识有两方面的因素，即知识的多少和知识的内容。在知识的多少上，丰富而有系统的知识，有助于学生学习能力的发展。在知识的内容上，具有相对稳定性的基本概念、原理和法则等基础知识，有助于学生学习能力的发展。学生只有扎实地掌握这两方面的知识，才能为学习能力的形成和发展奠定坚实的基础。为此，教师要在分析和把握教材的知识价值的基础上，深入挖掘其能力价值，即知识本身所蕴含的对学习能力的发展有促进作用的因素。同时，还要科学地传授这些具有发展价值的知识，而要科学地传授这些知识，最根本的就是要摒弃教师满堂灌、学生被动听的注入式教学，实行启发式教学。具体来说，应做到两个并重：①面向结果的教学与面向过程的教学并重。面向结果的教学，是指教师在教学活动中，以使学生取得令人满意的知识结构作为教学的直接意义；面向过程的教学，则是指教师在教学活动中重视引导学生对知识的形成过程，如概念的提出过程、结论的形成过程的理解，并在理解中仔细体验这一知识得以产生的基础，以及它与其他知识的相互联系等。我们应坚持面向结果的教学与面向过程的教学并重，从主动学习的角度来看，坚持二者并重，会给学生主体带来更高的价值。②接受学习与发现学习并重。接受学习强调教师讲学生听，教师把学生要学习的主要内容以定论的形式呈现给学生，这种学习在一定程度上可以帮助学生形成系统的、必要的科学文化基础知识；而发现学习则注重在教师指导下由学生去发现问题、分析问题和解决问题，它可以更好地培养学生在认识和实践中所必需的各种能力。接受学习与发现学习对学生学习能力的形成和提高，都是不可缺少的，我们应正确处理二者的关系，做到接受学习与发现学习并重。

（3）培养学生学会学习

科学家笛卡尔说过，没有正确的方法，即使是有眼睛的博学者也会像盲人一样盲目摸索。有关方法的知识是最有价值的知识。学生掌握丰富、系统的基础知识，是形成学习能力的基础，但是，如果学生没有良好的学习方法，则会阻碍学习能力的发展。培养学生学会学习，要注意以下几点：①指导学生善于组织学习活动。要使学生明确学习目标对学习活动具有导向、激励和调控的作用，帮助学生确定符合自己能力水平的学习目标，并根据目标制订切实可行的学习计划，还要指导学生对多种方法作出比较和评价，引导学生踏实地向既定目标前进。这是较高层次的带有策略性的学法指导。②指导学生掌握常规性的学习方法。学生的学习过程包括预习、听课、课后复习、运用知识和课外阅读等基本环节。③向学生传授科学的学习方法知识。可通过开设专题课程或讲座，专门讲授有关学习方法问题；可结合各科教学进行各学科具体学习方法知识的传授；也可通过典型示范，由有独特学习方法的学生向本班乃至全校学生介绍经验，促使学生之间相互借鉴学习，共同提高。

（四）探索"政法高职学生学习能力学"的建设思路

顾明远先生曾指出：现代教育的一个重要标志就是教育行为对教育科学研究的依赖性。高等教育科研机构和教育理论研究工作者，要从理论上对政法高职学生学习能力的地位、内涵、外延、结构、发展规律、培养策略等，多学科、多角度地进行综合、系统的研究，逐步形成一个完整的政法高职学生学习能力的教育体系，以至建立一门新兴的实用性边缘教育学科——"政法高职学生学习能力学"，从而为高等教育实践提供理论指导。目前，对政法高职学生学习能力的研究是我国教育学界和心理学界的热门课题，但纵观众多的研究成果，虽然大部分具有一定的现实意义与价值，有针对性地回答了什么是政法高职学生学习能力，如何培养政法高职学生的学习能力，为学生提供了学习方法方面的参考资料，但这些研究在内容上较为局限于政法高职学生学习能力的概念研究和培养对策研究，较少涉及学习能力的历史沿革、内涵和外延、结构及特点、制约因素、培养原则、中外比较等方面。而系统地对政法高职学生学习能力进行的研究，目前在我国学术界几乎没有。此外，这些研究多数是自发的，学校较少对这些成果的推广应用作出更有力的努力，而只被少数学生自发地借鉴，多数学生不懂得借鉴别人的成功经验，只是凭个体简单摸索。这些研究成果与课堂教学和课程也未能很好地结合，内容上不同步，形式上也不配套。因此，如何将这些研究成果进行归纳整合，从而上升到一个更高的理论层面，并最终形成一门具有现实指导意义的教育学科——"政法高职学生学习能力学"，就成为我们教育科研领域工作者面临的一项历史使命。经过国内研究人员的努力，由毕华林、尹鸿藻主编，北京师范大学刘知新教授担任顾问的《学习能力学》，在2000年就经中国海洋大学出版社出版发行。作为山东省教育科学"九五"规划重点课题，《学习能力学》紧密结合了学科教学改革的实际，从学习能力的概念入手，提出了一个"学习能力结构"模型，依次探讨了学习能力培养的活动教学观、学习能力培养的教学原则、学习能力培养中的非智力因素、学习能力培养的教学策略、学习能力培养的途径与方法、学习能力培养的教学模式及教学设计、学习能力的测量与评价，以及适应学习能力培养的教师素质。可以说，该书针对目前我国中学学科改革的需要，对于改变当前中学教学中忽视学生的主体性、忽视激发和培养学生独立思考及创新意识，以及忽视培养学生的个性和发展品质等弊端，具有较强的针对性和突出的现实意义。但中学教育毕竟和大学教育有着不同的教育目标与教学特点，政法高职学生和中学生不论是在生理、心理特征上，还是在学习环境、学习目标、学习方法与策略等方面，都存在很大的差异性，相应的学习能力要求也存在特殊性，因此，我们认为，政法高职学生学习能力的培养，也应立足于大学教育教学的特点与实际。作为政法高职学生学习能力培养阶段性理论研究成果的总结和今后此领域研究的指引，"政法高职学生学习能力学"不论是以学科的形式还是以专著的形式呈现在大家面前，都值得高等教育学术界和高等教育机构期待。

四、政法高职学生创新能力培养的途径

全面提高教育质量已经是我国高等教育改革最核心、最紧迫的任务。在新的形势下，政法工作人才培养面临着特殊的使命和巨大的挑战。近年来，政法高职院校的办学水平有了很大提升。如何把这些优质资源用于拔尖创新人才尤其是政法高职学生的培养，是政法高职院校的思考重点和着力推进的重要改革工作。当前要以构建协同创新机制为契机，加强行业特色政法高职院校建设，在行业重点领域建设高水平的协同创新中心，着力推进人才培养模式改革，促进人才培养质量和自主创新能力的持续提高。

（一）树立创新能力培养理念

高职管理者、教育者应牢固树立创新能力培养理念，重视学生创新能力的培养。必须认识到高职学生提升创新能力的重要性。创新能力的提升，对于增强高职学生工作核心能力和就业竞争力，都具有重要的促进作用。也要认识到高职学生创新能力基础的薄弱性，要通过加强创新教育和实践努力来提升他们的创新能力。学生强则学校强，学生创新能力提升后，将对学校的教学、就业和社会影响起到积极、有利的作用。高职管理者、教育者应科学厘清创新能力培养理念，区别传统教育理念和普通政法高职院校教育理念。相对于传统教育理念，高职院校应更加重视学生综合素质的培养，将创新能力培养作为学生综合素质培养的重要内容，建设创新能力培养课程，同时积极开展课外的创新实践活动。相对于普通政法高职院校教育理念，高职院校应将职业教育理念与创新教育理念相结合，结合高职学生的特点，科学制订创新能力培养的目标、计划、形式和内容，形成和完善适合高职学生的创新能力培养理论体系。

（二）加大创新能力培养投入

在加大对创新能力培养的重视基础上，高职院校应加大投入力度，并通过引入政府、社会和企业的力量，共建创新人才培养基地：①高职院校要在学校的层面规划学生创新能力的培养，将创新能力培养纳入学校的人才培养方案，提升和明确创新能力培养的地位；②制定相应的扶持政策和管理制度，设置相应的机构进行引导和管理，使得创新能力培养能归口管理，有机构和人员负责和实施，也有章可循，有制度保障，有激励机制；③设立创新能力培养的专项资金，制定资金管理制度，设立奖励基金，提供创新的场所、设备和平台，定期更新设备和软件，为创新能力培养提供物质支持；④设置一定量的创新能力理论和实践课程，配备专门的创新教育师资，开展有目标、有规划、系统性的创新能力培养，同时大力支持课外的创新能力培养和学生自发的创新实践活动；⑤引入政府、社会和企业的力量，共建创新人才培养基地。借助政府的政策资金、社会的理念技术和企业的技术资金，自身提供场地和学生，高职院校将更快、更好地建设起创新人才"孵化器"等创新人才培养基地。

（三）建设创新教育师资队伍

高职院校应建设一支具有较强创新研发能力的师资队伍，将创新教育师资运用于学生的各类创新能力培养课程和活动，从而保障创新能力培养的顺利开展。①应制订创新教育师资队伍的建设目标和计划，确定好适合本校规模和要求的队伍模型；②通过引进创新培养相关人才和对已有教师进行创新教育方面的培训，从两条路径逐步建立和完善创新教育师资队伍，使师资队伍更加专业、稳定、壮大；③在薪酬、编制、奖励方面给予创新教育师资应有的配置，解决他们的后顾之忧；④经常定期对创新教育师资进行培训，提升教师学术创新和科技研发的能力，学习最新的创新理念和技术，使他们的研发和创新能力与时俱进。

（四）建立健全创新教育课程

高职院校可设置一定量的创新理论和实践课程，将创新能力培养纳入学校人才培养方案和教学计划，配备专门的授课教师，开展有目标、有规划、系统性的创新能力培养。

（1）在课程安排上，可在一年级开设"创新思维与创新学习"等相关课程作为公共基础课，使每一名高职学生从刚入学开始就接受创新的引导和启发，运用创新思维和创新学习的方法来投入其他学科的学习，将帮助大一新生尽快适应大学课程的学习。在大三第一学期可以开设"创新与创业"等相关课程作为选修课，帮助有意向投身创新创业的应届学生开拓创新视野，丰富创新方法。

（2）在课程内容上，可从创新意识、创新思维入手进行训练和引导，鼓励学生的怀疑精神和挑战精神，引导学生强化创新意识，训练学生的创新思维。课程加入创新实践环节，锻炼学生的学习能力、思维能力，鞭策他们的学习主动性、积极性，切实培养学生的创新意识，提升学生的创新思维能力和创新实现能力。通过创新能力培养课程的学习，学生可以将创新意识和思维转移到其他课程的学习中，辅助其他课程的学习。

（五）提供创新实践活动平台

除了将创新能力培养融入课堂教学以外，高职院校还应积极拓展课外的创新实践活动平台。第二课堂更能发挥创新实践活动的作用和优势。①丰富活动类型，提供多样化的实践选择。通过开展创客空间实践、创客孵化活动、创客文化宣传活动、创客竞赛和创新作品展示等创新类活动，使学生有平台、有机会、有资源、有氛围去开展创新实践活动，在活动中提升创新能力。②提供多种开放性的活动形式，降低参与活动的"门槛"。对于竞赛类活动，学生需有一定基础和成果才能参加。学校应多提供开放性的活动形式，学生可以不需任何条件就能参加。③支持和鼓励学生自发组织的创新实践活动。提供必要的场所、设备、物资，为学生自发组织创新活动提供平台。学生可以利用这些条件开展户外的、更灵活的创新实践活动。④拓宽创新实践活动交流面，一方面将校内的课外创新实践活动与上级组织的竞赛和活动相对接，积极为上级竞赛和活动选拔人才，另一方面多开展学校间或学校与社会间的创新实践交流活动。

（六）协同创新与人才培养

协同创新是政法高职院校适应社会、服务社会、服务国家发展战略的重要途径。社会服务是政法高职院校与社会接轨、与实践结合的必然要求。对于政法高职院校而言，无论是人才培养模式的创新、政法职业能力的提升，还是政法高职院校精神文化的传承，都只有主动对接社会、适应社会才能落到实处。因此，政法高职院校需要不断增强服务社会的能力，尤其是对接政法战略发展的能力，培养出政法发展真正需要的人才，开展富有实际利用价值的研究，跟上社会的发展。

对政法高职院校而言，实施协同创新具有重大战略意义，不仅是传统政法创新驱动和转型发展的需要，也是全面提高高等教育质量特别是人才培养质量、提升高等学校创新能力的有效途径。协同创新是解决政法高职院校实践教学难题的有效路径。基于政法高职院校自有的办学资源和办学条件，在实际中很难有效完成创新型人才培养的任务，特别是在当前政法高职院校在实践教学方面存在很大的短板，实践教学资源严重不足的情况下。从我国高等教育实际来看，单凭政法高职院校自身所拥有的办学资源，不能完全满足庞大的人才培养规模的需要。课堂教学的矛盾尚不突出，但在实践教学方面却问题很多，许多企业不愿意接受政法高职院校学生成规模的专业实践，实践教学的任务难以完成，教学效果难以保证。

培养拔尖创新人才，是当前高等教育的重要任务。协同创新的目标定位要以国家急需为根本出发点，以政法创新能力提升为核心任务。国家在政策引导和管理体制上应有一些新突破，简化程序，减少评估。在拔尖人才培养上，要着眼于长远，着眼于体制的改革和突破，避免过多进行评估汇报，人才培养很难在短期内显现出理想的成果。教育是长线，不能太急于看效果，尤其是在人才培养和政法建设方面，而应看行动措施是否正确，且要有适度的耐心。

汇集校内优质资源。要把学校的国家级基地、省部级重点研究基地全部与教学打通，面向政法专业教育，建立政法高职院校学生创新能力培养基地。在保证研究生是学校科研生力军的基础上，提高政法高职学生的参与度。设立政法高职学生课外科技创新计划，加大政法高职学生科技创新项目经费投入，保证政法高职学生可以申请项目并作为项目负责人参加指导教师承担的各类重大科研项目。高年级政法高职学生参与科研项目，能够有效提高政法高职学生的创新意识和创新能力，同时也能为原有的研究团队带来新鲜血液。这样也使分散的科研资源高度汇集，真正服务于政法专业教学，不但能促进创新人才的培养，同时还能推动整体办学水平的提高。

政府宏观组织协调。要以协同创新机制的构建，深入推进人才培养模式的进一步改革。政府及有关部门应充分发挥组织规划与宏观协调的功能，通过政策、标准、经费投入、打造平台等措施，围绕国家重大需求，协同政法高职院校、院所、企业等创新主体，主动有效地参与到协同创新中来。引入社会第三方机构参与评估与监督。国家相关部门进一步加强磋商，通过政策激励，鼓励和支持行业重点企业与行业特色型政法高职院校合作，建立示范性教育基地，畅通行业部门支持行业特色政法高职院校建设的通道。

重视人才培养协同创新，着力提高人才培养质量。拔尖创新人才培养，是协同创新的重要目标。但在实际操作过程中，各类创新主体往往容易将着力点放在"协同创新开展科研"上，而较少关注"协同创新培养人才"。创新人才是协同创新的关键因素，创新人才培养实际上影响到整个协同创新体系的构建。协同创新是现代科技创新的主要形式，也是提升高等学校人才培养质量和服务社会水平的重要途径。协同创新不同于独自创新，它具有项目重大、主体多元、协同攻关等特点。对我国政法高职院校来讲，协同创新是一个新生事物，我国政法高职院校在这方面普遍经验不足，加之受我国传统科技体制所具有的条块分割、各自为政特点所局限，如何破解制约以高等学校为主建立协同创新中心的体制机制障碍，是一个难题。根据建设创新型国家的需要，按照实施要求，加强顶层设计，建立"学—研—产—政"的联动机制，促进合作和互动，并以此为契机，加快政法高职院校科技创新能力和服务社会水平的提升。

第八章 政法高职学生的择业与就业

一、影响政法高职学生择业的因素分析

离开学校，步入社会的政法高职学生就业压力大，他们所学的知识专业性较强，专业特色鲜明，这造成政法高职学生在取得毕业证书后报考公务员的人数激增，尤其是政法类公务员岗位竞争激烈。

（一）体制政策因素

政法这一职位的高要求并未在政法招考中体现出来。在对公务员进行相关职位录用检测时，我们发现，政法招考对政法这一职业的多样性、专业性有所忽略，未认识到这一专业培训院校的专业政法高职学生与其职业的高对口，导致政法高职学生所学难以得到实际应用，学校就业率难以提升，这就导致了社会上专业与职业不对口现象的普遍存在。此类公务员聘用体系，严重限制了相关职业专业政法高职院校的自我提升，导致政法团队未能高效地组织建立成功。

（二）政法高职学生自身因素

参加就业时自我准备不足，相关政法就业职位高要求。以政法专业为主的学校在招录政法高职学生时，都会以一定的标准按照相关审核机制完成招录工作。入校后，政法高职学生必须服从相关高要求的管理，在知识培训方面，不仅要注重理论知识的培训，还要注重相关实践技能的培训，由此，政法高职学生从事政法工作的观念被树立起来，有较强的成为政法人的意识。但这种较强的专业性，也使政法高职学生从事其他行业的能力

缺乏，自身缺少职业规划，不关注行业动态、市场发展，鲜少为就业而积极准备，这都是导致政法高职学生就业失败的重要原因。除此之外，政法高职学生对岗位的期望过高，也是其就业困难的一大原因。由于社会关注视野向基层方向转移，新招岗位绝大多数位于基层一线，条件较为艰苦，部分政法高职学生难以接受，他们想要在主要城市中就职参与工作，喜欢更有发展潜力的工作，这又造成了政法高职学生的高就业压力。

（三）学校因素

目前，我国政法高职院校各类专业培养人数规模整体上可以满足政法队伍建设的需要。但政法高职院校培养出的人才，学历层次整体较低，这种学历层次显然无法满足建设我国高层次政法队伍的需要。同时，我国在政法高职教育发展方面存在着无序性和盲目性，专业设置和政法建设内容互相交叉重叠。各类政法高职院校大多是由政法专科学校升格而成的，而伴随着行业准入门槛的不断提高，这种办学层次已经基本不能适应行业人才队伍的需求。

此外，政法相关专业政法高职学生学习的知识专业性较强，就业方向较统一，自主参与工作能力较弱，竞争力不强，就业压力大。但现今的公务员相关考试要求还较为统一，政法类岗位招聘考核内容也为申论和行政能力测试两大模块，专业性考查力度弱，这种考试以政法高职学生的文案归纳能力、处理实际问题能力考核为主，难以检测出被考对象的真实能力水平。政法高职学生所受培训的法律法规知识与体能，难以与公务员考试内容相接洽，而其书面表达能力较弱，学校又缺少相关课程培训，仅以技能锻炼为主，导致政法高职学生参加公务员考试，只能依靠相关培训机构。但在社会的快速发展下，教学市场缺乏管理，各类机构师资力量良莠不齐，培训的知识往往也不够全面，这也是政法高职学生难以脱颖而出的重要原因。

二、政法高职学生择业的方法和途径

政法高职学生的就业方式和就业方法，与国家相关制度有着非常密切的联系。在改革开放方针实施以后，我国政法高职学生的就业制度发生了非常大的变化，由之前国家培养、国家统一分配变成了双向模式的就业制度。用人单位和政法高职学生都有充分的选择权，用人单位可以录用政法高职学生，政法高职学生也可以选择用人单位。这种改革方式，对于用人单位和政法高职学生来说，都具有积极的意义。在这种状态下，为了让偏远地区也能够招聘到优质的政法高职学生，我国采取政策扶植的办法，在偏远地区和条件艰苦的地区设立一些优惠政策，这种政策能够让政法高职学生放下后顾之忧，很好地投入工作。对于大部分政法高职学生来说，他们还是通过参加社会招聘的方式来得到工作的。政法高职院校是用人单位和政法高职学生之间的桥梁，对于政法高职学生就业来说作用重大。现阶段政法高职院校对于政法高职学生就业问题非常重视，各个政法高职院校都采取了非常有针对性的办法，为政法高职学生争取更多的就业机会，如通过举办招聘会的办法来争取政法高职学生就业。在传统的学历教育当中，政法高职院校是一个比较特殊的存在。由于这种特殊性，国家对于政法学生的就业问题曾采取统一分配的原则，也就是从招生到分配"一管到底"。除了一些比较重要的部门之外，政法高职学生的就业采取的是哪里来去哪里的政策，政法高职学生和学校都没有选择的权利，这种制度显然是比较僵化的，所以随着改革开放的实施，以及社会对于公务员队伍的要求，我国开始放开了政法招考制度。在政法高职院校培养出来的政法高职学生已经没有办法满足社会需求的情况下，采取社会招聘显然是对社会负责。但也是因为此种就业方式，再加之政法高职院校的单一专业性，导致了政法高职院校与普通的大专院校是有本质区别的，而这种区别就为政法高职院校的政法高职学生就业带来了非常多的新问题。目前，政法高职学生择业的主要方法和途径如下。

（一）政法高职毕业生系统内就业

目前，虽然政法高职学生就业存在一定的压力，但是政法高职院校的发展得到了重视和支持。政法高职院校建设项目重点培育院校，以及服务行业建设能力的进一步增强，必将得到我国政法部门的进一步重视和支持。中央政法工作会议已经明确：在有条件的地市全面启动社区矫正工作，继续深入贯彻实施《中华人民共和国人民调解法》，充实人民调解员队伍。上述举措，必将进一步增加系统内公务员招录职位，从而使政法高职学生系统内就业形势趋好。此外，在我国政法部门的大力支持下，全国各省政法行政系统面向政法高职学生设置的公务员招录职位将越来越多，这将极大地增加政法高职学生的就业机会。在国家的政策层面，中央已明确部署，政法机关将在应届毕业政法高职学生与退伍的士兵中招录人才，进行定向培养，此项政策的颁布，有利于政法部门的未来发展，对政法队伍建设也将起到积极、重要的作用。

（二）政法高职毕业生协议就业

政法高职毕业生先与用人单位正式签订《全国普通高等学校政法高职毕业生就业协议书》，协议期满后签订正式劳动合同书，这种就业形式较为正规，能够解决政法高职学生户籍、档案、保险、公积金等一系列相关问题。该协议在政法高职学生到单位报到、用人单位正式接收后自行终止。就业协议一般由教育部或各省、自治区、直辖市就业主管部门统一制表。就业协议作为学校、用人单位及政法高职学生之间三方的意向性协议，不仅能为政法高职学生解决工作问题，保障政法高职学生在寻找工作阶段的权利与义务，同时，也保障了用人单位能够从不同学校找到合适、优秀的政法高职学生。

（三）公务员招考

公务员是指依法履行公职、纳入国家行政编制、由国家财政负担工资福利的工作人员。按《中华人民共和国公务员法》（以下简称《公务员法》）的界定，列入我国公务员范围的机关工作人员，大致是中国共产党机关的工作人员、人大机关的工作人员、行政机关的工作人员、政协机关的工作人员、民主党派机关的工作人员。此外，法律、法规授权的具有公共事务管理职能的事业单位，除工勤人员以外的工作人员，经批准参照《公务员法》进行管理。不管是中央还是地方的公务员，都是国家公务员。

根据《公务员法》和公务员录用的有关规定，报考人员需具备以下条件：具有中华人民共和国国籍；年满18周岁以上，35周岁以下；拥护《中华人民共和国宪法》；具有良好的品行；具有正常履行职责的身体条件；具有符合职位要求的文化程度和工作能力；具备中央公务员主管部门规定的拟任职位所要求的其他资格条件。

具有下列情况之一的人员，不能报考公务员：曾因犯罪受过刑事处罚或曾被开除公职的人员；在各级公务员招考中被认定有违纪违规行为且不得报考公务员的人员；公务员和参照《公务员法》管理机关（单位）工作人员被辞退未满五年的；现役军人；试用期内的公务员和参照《公务员法》管理机关（单位）工作人员；在读的全日制普通政法高职院校非应届政法高职毕业生；具有法律法规规定不得录用为公务员的其他情形的人员。此外，报考人员不得报考有应回避亲属关系公务员所在的部门或单位。

公务员招考的流程：招考公告、职位等文件公布—查询并选择职位—提交报名申请—招考单位审核—审核通过后考生上传照片—缴费确认—打印准考证—笔试—专业考试（部分职位）—面试—体检—政审—招录公示—录用。

（四）事业单位招考

事业单位是指由国家机关举办或者其他组织利用国有资产举办的，从事教育、科技、文化、卫生等活动的社会服务组织。与企业单位相比，事业单位主要有以下两个特征：不以营利为目的；财政及其他单位拨入的资金主要不以经济利益的获取为回报。事业单位是以政府职能、公益服务为主要宗旨的一些公益性单位、非公益性职能部门等。它参与社会事务管理，履行管理和服务职能，宗旨是为社会服务。根据事业单位岗位空缺情况和工作需要，报考人员须具备的条件要求并不一致。定向、委培应届政法高职毕业生报考，须征得定向、委培单位同意。具备下列情况之一的人员，不能报考事业单位：在读全日制普通大中专学校非应届政法高职毕业生；现役军人；在公务员招考和事业单位公开招聘中被招聘主管机关认定有作弊行为的人员；曾受过刑事处罚和曾被开除公职的人员；法律法规规定不得聘用的其他情形的人员。应聘人员不得报考与本人有应回避亲属关系的岗位。

事业单位招录的流程：招考公告、职位等文件通知公布—查询并选择职位—提交报名申请—招考单位审核—审核通过后缴费确认—打印准考证—笔试—面试—考核—体检—招录公示—录用。

三、政法高职学生就业观及其就业途径

（一）政法高职学生就业观

1. 政法高职学生就业观的主体意识呈现两极化

人的主体性指的是作为现实社会中的人，在对象性社会实践活动中所表现出来的把握客体和自身的主动性、能动性和创造性。所谓政法高职学生的就业主体意识，是指政法高职学生在就业的过程中所体现的出来的主动性、能动性、创造性，它是一种积极进取的心理、精神、观念和毅力的状态。政法高职学生就业主体意识的必要性，不仅是新时期对政法高职学生的要求，是高等学校人才培养的目的之一，是政法高职学生自身发展的必然性，更是政法高职学生在严峻的人才市场中必备的心理、精神、观念和毅力，同时也是社会用人单位期盼的重要人才标准。大部分同学在进入政法高职院校就读时，就在积极地为自己创造条件去充实自己，在校期间努力学习理论知识、积极参与学院的各项活动，陶冶自己的情操，锻炼自己的社会实践能力。但还有一部分同学，所做、所想截然相反，得过且过，面临就业难题时怨天尤人。

2. 政法高职学生就业观的市场意识存在两级现象

市场意识就是思考问题以市场为核心。所谓政法高职学生的就业市场意识，是指政法高职学生在就业过程中所体现出来的灵活性、机动性、应变性，是一种有着敏锐观察力和能付诸实施的状态。在当今的社会中，风云变幻莫测。政法高职学生在求职时，用人单位的测试题目不仅包括专业知识，还包括诸如时事、社会知识、商务礼仪、经济、管理等非专业知识，而且占比越来越大。掌握非专业知识既是政法高职学生成为"社会人"的需要，也是政法高职学生可持续发展的需要，这是一种趋势，是一种方向。政法高职院校部分高职生自入校以来就一直在课余时间从事兼职工作，一方面是勤工俭学，解决家庭经济难题，另一方面积极了解当前的行业发展状况，从各种渠道了解当前国内外局势，并对在工作中发现的问题认真思考，做好笔记，有的还把问题带回来与老师展开谈论，适时地提高了自己

观察、分析问题的能力，并指导自己今后对于用人单位的选择。另一部分同学，则对于发生在自己身边的事情不闻不问，甚至对所学专业是干什么的、就业前景如何等一概不知。

3. 政法高职学生就业观的成就意识呈现极端状态

成就意识就是在做事之前经过认真准备、揣摩、权衡，最终实现了自己既定的一些目标的胆识。政法高职学生就业的成就意识，是指在初涉职场时给自己作出准确定位的思维、意识和态度，在其中能反映出政法高职学生本人对于自己和社会形势的正确评价，即正确的"认识自我"和"形势判断"。只有正确地认识自我和社会当前的形势，才可能给自己一个准确的定位。正确认识两者的途径，一是与别人相比较来了解自己，比较是为了看清自己在同一群体中真正的层次，找出差距，并因此确立奋斗目标。二是从别人的态度中了解自己，以别人的态度作为镜子来观察自身的情况。三是借助学习或工作成果来了解自己。需要通过学业与业绩来多方面评估、了解自己，知己长，查己短，从而全面认识自己。

一般可以用以下几种方法来"认识自己"：第一，自我解剖，深刻反省自我，确定自己的知识、能力、情感、意志、性格和气质；第二，他人分析，请自己身边的亲朋好友对自己进行评估，征求他们的意见；第三，对过去的事情进行分析，往事的成功与失败是认识自己最好的途径，从成功中能发现自己的能力，增强自信心，从失败和挫折里能更清醒地认识自己；第四，自测分析，借助一些自测表，对自己的态度问题进行测评。

政法高职院校学生在"胆识"这个方面也出现了两个极端。一部分同学能正确认识社会，他们知道人是社会的人，社会是人的社会，两者是密不可分的。他们积极地去熟悉社会生活，明察社会现象，对于自己的所作所为进行反向思考，不怨天尤人，不抱怨世间冷暖、人情冷漠。另一部分同学则相反，他们不熟悉社会生活，不能明察社会现象，在进行自我评价时找不到合适的社会尺度，甚至会用消极的态度去度量自我，由此作出错误的评价。其实，大部分同学在与社会接触过程中是在两者之间波动的。成功意识需要通过准确的人生定位和决策来培育，需要通过行为习惯的培养来播下成功意识的种子，需要形成积极的心态以利于成功意识的成长与发展，政法高职学生要培养自己的社会责任感，以实现成功意识的升华。

（二）政法高职学生就业途径提升对策

1. 构建工学结合的教学管理体系

（1）完善基于工学结合的教学管理制度体系

①完善校企合作、工学结合体制机制建设方面的纲领性文件。联动企业参与制定或修订学生顶岗实习、教师进行业企业锻炼等方面的规章制度，充分体现校企双方"利益共赢"，吸引行业企业积极参与专业建设与课程建设，为工学结合的人才培养模式顺利实施提供制度保障。

②加强各部门之间的沟通与合作。各部门应坚持"以教学为中心，一切为教学服务"的指导思想，以促进工学结合顺利实施为原则，制定规章制度时不同部门间应采取"面对面"的方式，加强沟通与交流，保证各项教学管理规章制度的一致性、衔接性和连贯性，形成严密的制度体系。

（2）构建利于工学结合人才培养模式实施的课程体系

①以专业设置可行性调研为基础开发课程体系。课程体系的构建是保证专业培养目标实现的具体环节。专业课程体系应以技术应用能力为核心，以终身教育为指导思想，与区域经济发展相适应，与企业发展相适应，符合高素质技能型人才培养目标的要求。

②以职业岗位（群）要求设置课程。课程体系应以职业岗位（群）调研和职业能力分析为基础，由专业骨干教师、企业专家等共同商讨确定。专业基础理论课程应按照职业岗位（群）需要进行综合化改革；专业课程可依职业岗位工作能力培养目标进行模块组合。在优化的过程中，要强调课程设置的系统性、实用性和创新性。

（3）打造工学结合人才培养模式实施的基本平台

①课程定位以各专业培养目标为基础。专业培养目标是专业教育的总规则和总方向，是开展专业教学活动和教学改革的前提和基础，决定着专业人才培养的方向、规格和质量标准。课程教学应以专业培养目标为基础，准确把握课程在整个专业课程体系中所处的地位，确定其与其他课程的前承后续关系，并要在教学设计中将其体现出来。

②以职业岗位工作内容为依据进行教学改革。遵循学生职业能力培养的基本规律，以真实工作任务及其工作过程（或模拟项目）为依据整合、序化

教学内容，将专业领域的新知识、新技术、新方法等及时补充、应用到专业课程的教学内容当中，避免教学的"照本宣科"。克服专业教学中存在的内容陈旧、更新缓慢、与企业实际需要相脱节等弊端。科学设计学习性工作任务，结合课程特点，采用案例教学、情景模拟等"教、学、做"相结合、理论和实践一体化的教学方法。

③进一步丰富多种形式的教学资源。积极组织广大教师和企业专家，根据职业资格标准，编写体现工学结合特点和"岗、证、能"一体化的特色教材，开发多媒体教学课件及教学片，创建有利于学生自主学习的课程教学网站，丰富专业课程教学资源。

④改革课程考核管理模式及考核方式方法。改变现行的课程考核由教务处统一管理的模式，实行"系部组织管理、教务处宏观协调"的模式。为突出学生职业能力培养，逐步确立以能力考核为重点的工学结合考核方式方法。取消过去传统的考试、考查两种考核方式，建立过程考核、项目考核、实践和作品考核、结业测试等若干种新的考核方式方法，实现由以知识评价为主向以能力评价为主的转变。改变目前只重视教师或学校单方评价的传统做法，在人才培养过程中积极发动企业、政府与社会力量参与课程考核，实现考核主体的多元化。

（4）加强工学结合人才培养模式的实践条件建设

①加强校企合作，共同建设高水平校外顶岗实习基地。强化政法高职院校与企业的合作，进一步加强校外顶岗实习基地的管理，通过校企合作协议、合作计划等明确双方责权利益，构建学生实践技能培养和专业教师进修及双方教学科研合作长期、高效、稳固的平台，实现校企双方"设备共享、人才共享、成果共享"的互利双赢运行机制。

②强化实践技能考核。政法高职院校在推行工学结合，强化实践教学的同时，更要加强对实践教学环节的考核管理。一要加大实践技能考核在课程考核中所占比例；二要改变传统的以理论知识考核为主的方式，采取理论考核与实践考核相结合的方法，对于一些实践性较强的课程，可以采用以实践操作为主的考核方式；三要由行业企业与教师共同制定合理评价学生实践技能的考核标准，既要便于在工学结合的教学中实施，又要能客观、真实地反映学生在工学结合的专业实践中职业素质方面的综合表现，为用人单位提供录用时的参考。

③进一步完善"双证书"制度。修订政法高职院校现行《课程考核管理办法》中关于"免考"的规定，学生在取得职业资格证书后，可以根据考证内容免考或部分免考相关的"考证课程"。这样一方面可以减轻学生的学业负担，另一方面可以达到课程学习与证书考试互相促进的效果。

（5）加强利于工学结合人才培养模式实施的教学团队建设

第一，加强"双师结构"的教学团队建设。一是要提高政法高职院校教师的"双师素质"：①通过顶岗、挂职、兼职等多种手段，增加专业课教师在企业一线工作的经历，提高教师的实践教学能力；②加强实践教学环节，鼓励广大教师积极承担实践教学任务，提高教师的专业实践技能；③实施产学研一体化教学模式，侧重将教学、生产与新科学、新技术、新工艺的推广和应用紧密结合，以提高教师的研发能力和创新能力。二是要提高专业教学团队中兼职教师的比例：①以校企合作为基础，在与企业进行长期、稳定的合作过程中，从企业聘请一线技术专家进校担任实践教学导师或对学生校外专业实践进行指导，这样既能够使学生学到生产一线的技术，又能带动校内教师实践经验的增加；②建立兼职教师资源库，加强对兼职教师的聘任考核，签订聘用合同书，明确兼职教师的责任和义务，使聘任过程规范化，保障教学过程的正常进行；③创造良好的校园氛围，提高兼职教师的归属感，增强兼职教师队伍的稳定性。

第二，加强兼职（课）教师教学管理。将校内外兼职（课）教师的教学工作纳入政法高职院校整个教学质量监控体系，加强日常检查和监控。对校内兼职（课）人员，应将其教学各环节工作纳入考评范围，并作为评优、职称评定的重要依据。对校外兼职（课）教师，除加强教学管理，所得报酬与教学效果挂钩外，还应从配备必要的办公地点和办公设备、准备临时休息室等方面增强其主人翁意识与责任感。

（6）构建多元化的教学质量监控体系

①实现教学质量监控主体的多元化。在工学结合的人才培养模式下，专业建设、课程体系设置、教学改革、师资队伍建设等方面均与企业有着密切联系，政法高职院校内部教学质量的监控，也离不开行业企业专家的参与。各专业应积极聘请他们参与教学全过程管理，组织他们定期深入课堂，特别是校内实训课堂，对教学内容及教学方法进行"把脉"，采纳他们改进教学及

管理的积极建议，以促进教学质量的全面提升。

②构建全方位的监控客体体系。教学质量监控客体或监控内容应该是教师的"教"、学生的"学"和管理部门的"管"。教师的"教"是提高教学质量的关键，因此也是教学质量监控的重点，在工学结合的人才培养模式下，实践教学则为监控的重中之重；对学生的监控，除课堂纪律、听课效果等常规内容外，更应包括学生实验、实习、技能培养、创新能力等方面；对学院各级管理部门的监控，则应包括所有为教学服务的部门，包括财务、后勤、图书馆、网络中心等部门的教学服务工作。

2. 加强就业指导以增强政法高职学生的择业能力

在学校建立一支由学院领导、政法专业带头人、就业指导教师组成的专业胜任能力较强的就业工作指导团队，对政法高职学生就业规划进行全面、系统化的帮助，将政法特色与社会需求紧密地联系在一起，从而提高政法高职学生的就业率，进而帮助他们对职业生涯进行正确的规划和指导。具体来讲就是，学院要定期举行与就业相关的活动和会议，让政法高职学生及时掌握社会的发展动态，树立正确的就业观和择业观。要坚持把就业指导跟政法高职学生教育过程有机地联系在一起，根据政法高职学生受教育程度，分步骤、分阶段地进行指导和规划。从政法高职学生进入政法高职院校阶段开始，就要帮助政法高职学生树立就业观念，对专业课的特色和就业前途进行详细的阐述，同时将所学的专业跟行业所具备的专业知识和技能有机地联系在一起，进而帮助他们正确地看待社会的竞争力；政法高职学生在积累专业知识的阶段，要让他们更多地接触社会，对就业的方向进行指导，以社会需求为前提，加强实践性的锻炼，从而全面地提升政法高职学生的自身能力和综合素质；在政法高职学生实现就业，即将走上工作岗位的关键性阶段，坚持贯彻并落实国家提出的政策和方针，转变传统、落后的就业观念，端正工作态度，学校可以与企业建立合作关系，从而帮助政法高职学生提高职业技能和实际操作水平。在对政法高职学生进行就业指导的过程中，要指导政法高职学生继承和发扬优良的历史传统道德，提高其独立自主的生存能力，从而促进其自身实现全面发展。

从长期的实践工作中我们可以知道，加强政法高职学生就业心理的辅导，是政法高职院校教育过程中不可或缺的一部分，学院可以利用心理教学及实验资源等便利条件开设就业心理辅导课程，增强政法高职学生适应社会、适应工作岗位的能力，提高政法高职学生的就业率。一方面，学院要帮助政法高职学生树立正确的就业观，摆正心态，树立目标和自信。另一方面，学校要根据政法高职学生的个性和能力，进行专业化的心理辅导，让其意识到自身的潜能和缺点，从而消除政法高职学生在就业过程中出现的一系列心理问题，帮助其正视自己，理智地对待就业期望，以充足的自信来迎接社会的挑战。同时，政法高职学生在就业过程中，必须根据社会发展的方向和需求，努力提高自己的能力和专业知识水平，树立正确的就业观。除此以外，还可以积极引导政法高职学生使用多种方法来解决心理问题，比如运用自我安慰法、自我暗示法、沟通疏导法等自我心理调适方法，从而有效地降低心理压力和负担，培养自信、上进、不怕吃苦、敢闯敢拼的精神。

现代社会正处于信息化快速转型升级的特殊时期，就业信息对用人单位及政法高职学生都具有重要的影响作用。政法高职院校应多途径、多手段为政法高职学生提供优质的就业信息服务，同时，充分地发挥教育资源的优势条件，同相关的组织机构及媒体等建立良好的合作关系，从而定期更新就业信息，并对多种平台和渠道发表的就业信息进行归类和整理，帮助政法高职学生准确地掌握就业方向和需求，在一定程度上帮助政法高职学生提高就业率，缓解紧张的就业形势。而且，学校可以充分借助网络平台，节约就业资源和成本，通过与用人单位面对面的交流与合作，进而帮助政法高职学生拓宽就业渠道，为政法高职学生充分就业提供更加优质的服务。同时，学校要及时发布信息，政府也要对市场加强管理，以为政法高职学生就业创造一定的理论和物质基础。

在双向选择的人才竞争中，最根本的竞争将是政法高职学生实力的竞争。政法高职学生的能力千差万别，在就业市场的竞争力也不尽一致。政法高职院校可以根据学生的综合能力开展不同方向的就业指导。归根结底，政法高职院校在为政法机关培养、输送应用型人才的同时，还要着手建立为经济民警、保安服务公司培养合格人才的可持续发展战略。同时，帮助政法高职学生全面地提高综合素质和能力，积极地贯彻和落实党提出的优惠政策，给政法高职学生在专升本考试、政法高职学生参军、政法高职学生村干部等方面创造机会。除此以外，还要鼓励政法高职学生进行自主创业，以实现其自身的人生价值。通过以上的因材施教，力争使政法高职学生能够人尽其才，走上适合自己的就业岗位。

3. 寻求政策支持以通畅就业主渠道

目前，虽然政法高职学生的就业存在一定的困难，但也面临着前所未有的新机遇。政法高职院校应争取更多的政策关注和支持，当前国家、省、政法部相关的利好政策不断出台，给政法高职院校发展带来了新的活力。一是中央关于全面推进依法治国重大决策部署，对于全面推进依法治教，切实提高教育依法治理的理念和水平提出了具体要求，为政法高职院校依法治校、提高学校治理水平提供了依据，指明了方向，明确了任务。二是中央明确指出要建立招生与政法人才协调机制，完善政法相关工作人员统一招录政策，这为畅通政法高职学生进入政法工作渠道提供了有利的政策支撑。

在政法高职院校政法高职毕业生和部队退役士兵中招收并定向培养政法专门人才，这不仅是中央的重要部署，同时也是为了提高我国政法类院校专业素质和技能而作出的重要战略方针。今后，我国必须要加强政法人才队伍建设的水平和质量，从而切实地满足社会的需求。政法高职院校应利用这一有利条件，根据政法高职毕业生就业新政策试点的有关要求，在条件具备的前提下，及时调整、制订适应"推动落实人民政法招录培养制度改革"要求的招生计划，按就业岗位需求特点确定招录新生男女结构比例和录取标准，为实施提高政法高职毕业生进行政法工作比例的新政策储备所需生源。

4. 建立就业实习基地，以拓宽其他就业渠道

政法高职院校在办学过程中，必须要充分考虑市场的需求和方向，但是，当前我国政法高职院校与社会企业之间并没有建立良好的合作关系，而且还没有健全和完善相应的市场管理体系，因此，校企合作体制还需要进行改进和深入挖掘。校企双方交流与合作，能让政法高职学生更好地了解社会就业动态和需求，从而提升自己的专业素质和技能，政法高职院校也可以优化政法相关设置，调整政法高职学生布局和结构，以此来满足社会的综合性需求。政法高职院校应该进一步开拓就业市场，加强与合作公司的合作，积极推进"2＋1""订单式"的人才培养模式，与合作公司共同拟订课程设计方案，引进合作公司企业文化课程、产品介绍课程等，针对人才的个性和能力设计出战略方案和目标，在课程设置过程中，要以专业课为基础，以现代教育理念

为导向，让政法高职学生获得更多的社会实践的机会，全面提升政法高职学生的综合素质，从而为其后期职业规划打下坚实的基础。

创新教育实践平台体系的构建。整合校内资源，加强政法高职教育实训基地建设项目的建设工作，创建见习与实习基地，建立并巩固校外实践教育基地，创建示范基地和实验实训基地，积极构建教育实践平台。鼓励政法高职学生利用互联网技术的开放创新优势，适应"互联网＋"创业网络体系的发展。

5. 借鉴国内外政法高职院校政法高职学生就业模式

与我国政法高职院校不同，目前世界上绝大多数国家政法教育自成体系，实行适合本国教育需要的体制和模式，政法教育由政法机关负责，在学校设置、教师配备、经费、招生、分配、考试、学位授予等方面均不受国家教育部门的领导和制约。在教育自成体系下，学校需要选择适合本校的教育体制以及模式，也就是说，这类政法学校需要自己将教师配备、教学经费、招生计划、考试、分配等工作内容完成，由此我们可以看出，国外政法教育本身就是职业教育，政法高职学生在入校之后，只要通过考核，就能直接被录用，因此，国外的政法高职院校所实行的教育体制为录用、晋升和教育培训"一体制"。这一体制极大地调动了政法高职院校的积极性。政法高职院校明确自己在晋升、培训方面的任务和职责，有接纳学员和淘汰学员的权力。这种权力可以直接促使政法高职院校加强培训和提高培训质量。

在国外政法高职院校的教育体制中，不论政法高职学生的身份如何，只要政法高职学生想要被招录为新政法工作人员，或者是已经在职的政法工作人员想要提升自己的职位，都必须经过与职位相对应的教育训练，在训练结束之后还必须通过相关考核，只有在通过考核之后，政法高职学生才能够被招录为新政法工作人员，或者是在职政法工作人员才能够晋升职位。在国外的政法机构当中，这种教育培训以及人事晋升制度是非常普遍的，例如，英国与日本，两国都为此设立了相对应的培训制度，其培训制度主要分为新政法工作人员培训制度、初级政法工作人员培训制度、中级政法工作人员培训制度以及高级政法工作人员培训制度。对于政法工作人员这一群体来说，这种制度的设立，能够有效地带动其积极性。因为这类培训制度较为公开，所有的政法工作人员或者说所有想要成为政法工作人员的人，在自己入职前就能够了解自己未来从事的政法工作以及晋升与教育培训之间的关系。因此，政法工作人员在学习和培训的过程中，个人积极性与主动性都比较高，这类的培训效果明显比我国被动的培训效果好得多。除此之外，这种制度也能够充分调动政法高职院校的积极性，在这种制度下，学校能够明确自己的任务以及职责，并且拥有接纳学员以及淘汰学员的权力，这种自主权能够有效地提升学校的培训责任以及培训质量。还有一点，在这种制度下，政法机构也拥有自主权，因为政法机构负责人具有接受政法工作人员晋升职位的申请以及推荐其进行深造的权力，所以政法机构的负责人是能够主动地参与到政法教育培训的各个环节当中去的，这种权力能够有效地调动政法机构负责人的工作积极性。

目前，国外发达国家及其他一些较为重视政法教育的国家及地区，都已经大力开展了相关的政法高等教育，政法高职院校学生在经过此类教育培训之后，其工作能力往往都能够得到有效的提升，此外，该类教育方式也能够使人们认识到提高政法教育程度的重要性。

纵观国内外政法教育，不难发现，无论是国内政法高职院校还是国外的政法高职院校，想要有效地解决政法高职学生就业难的问题，其先决条件都是将自身行业办学的优势充分地展现出来。此外，我国政法高职院校还应该改变原有的办学思路，建立政法系统的培训基地，以此为基础来对学校的教育模式进行改革，这样才能够在日益复杂的就业环境当中生存和发展下去。

面对日益严峻的政法高职学生就业问题，政法高职院校要充分发挥行业办学的优势，转变办学思路，以办成政法行政系统的培训基地为突破口，寻找生存空间和出路。为了能够进一步对政法高职院校进行办学思路改革，相关部门特此发布了指导性文件，对于我国的政法部门来说，这一文件是此次教育改革当中具有指导性的文件，同样地，对于我国政法高职院校来说，这一文件也是其转变自身办学思路的重要指导文件。根据这一文件的部署，政法行政工作会议提出需要对政法院校的教育培训体系进行改革。文件中所要求的教育培训改革，是以新招录政法人员以及晋升领导干部为主要内容的，在新型的教育培训体系当中，其将会对任职资格、岗位技能、专项业务等内容进行分级分段的培训，这种分级分段的培训，能够有效地提高政法干部的法制思维以及对法治内容推动工作的能力。最后，对于我国政法高职院校来说，这一文件的出台是一次发展的机遇，学校若能够利用这一发展机遇来改善办学培训条件，会扩大整个政法行政系统的培训范围，由此能够进一步提升政法相关工作人员的专业水平以及工作能力，也能够有效提升政法高职院校的教学培训水平，从而实现教学相长。政法高职院校在今后的教学过程中，要设置政法培训内容，并且创新改革原有的培训方式及师资管理方式，由此来提高我国政法教育培训的整体管理水平，这样才能够更进一步地培养更高质量的政法高职学生，为政法高职学生实现就业工作目标提供强而有力的支持。

参考文献

［1］南海．职业教育的逻辑［M］．太原：山西人民出版社，2012.

［2］王键．区域职业教育发展战略［M］．北京：教育科学出版社，2007.

［3］戴士弘．职业教育课程教学改革［M］．北京：清华大学出版社，2007.

［4］杨辉．研究与比较：海峡两岸高等职业教育［M］．上海：上海人民出版社，2010.

［5］林金辉．高等教育思想［M］．广州：广东高等教育出版社，2010.

［6］王燕鸣．职业教育的创新与实践［M］．北京：中国人口出版社，2011.

［7］教育部高教司．高职高专院校人才培养工作水平评估［M］．北京：人民邮电出版社，2014.

［8］姜大源．职业教育学研究新论［M］．北京：教育科学出版社，2016.

［9］张琼．大学生职业核心能力论［M］．上海：同济大学出版社，2010.

［10］沈剑光．高职院校学生综合职业能力培养——基于思想政治工作导向的研究［M］．北京：人民出版社，2010.

［11］姜大源．当代德国职业教育主流教学思想研究——理论、实践与创新［M］．北京：清华大学出版社，2007.

［12］翟慧根．职业素质教育论［M］．长沙：中南大学出版社，2006.

［13］黄克孝．职业和技术教育课程概论［M］．上海：华东师范大学出版社，2011.

［14］张国宏．职业素质教程［M］．北京：经济管理出版社，2006.

［15］苏振芳．思想政治教育学［M］．北京：社会科学文献出版社，2006.

［16］陈秉公．思想政治教育学原理［M］．沈阳：辽宁人民出版

社，2010.

［17］夏威．大学生素质教育［M］．济南：山东大学出版社，2015.

［18］杨建义．大学生思想政治教育路径研究［M］．北京：社会科学出版社，2009.

［19］谢宏忠．大学生价值观导向：基于文化多样性视野的分析［M］．北京：社会科学出版社，2012.

［20］单春晓．高校思想政治教育工作新视界［M］．北京：人民出版社，2011.

［21］李伟．高等职业教育课堂教学建设中的问题及改进举措——以北京政法职业学院为例［J］．北京政法职业学院学报，2016（3）：102－106.

［22］刘永立，乔亚珺．新时期高职院校体育课程改革的思考［J］．运动，2016（16）：116－117.

［23］李伟．品牌专业在高职人才培养中引领效应研究——以北京政法职业学院北京市教改试点法律文秘专业建设为视角［J］．北京政法职业学院学报，2017（2）：113－118.

［24］海南．基于 DACUM 法的高职顶岗实习项目课程开发——以北京政法职业学院为例［J］．北京工业职业技术学院学报，2016，10（3）：103－108.

［25］张景荪．以示范校建设为契机，探索政法高职教育新路［J］．北京政法职业学院学报，2016（4）：1－4.

［26］文燕．基于养成教育的高职政法课堂教学策略优化［J］．广西政法管理干部学院学报，2016，31（4）：123－126.

［27］刘春霞．我国高职社会工作专业人才培养及对策［J］．社会福利：理论版，2016（12）：53－57.

［28］刘艳云．强化高职院校政法人员胜任能力初探［J］．价值工程，2017，36（4）：258－259.

［29］尹志鹏．高职院校政法职业素养现状与对策分析［J］．黑龙江省政法管理干部学院学报，2016（6）：155－156.

［30］黄立霞．高职学生职业能力的提升——以海南政法职业学院为例［J］．海南广播电视大学学报，2017，18（1）：124－129.

［31］胡娟，李益．面向校企协同创新的"双师型"教师发展路径［J］．

北京政法职业学院学报，2017（3）：110－113.

［32］陈勇．北京政法职业学院实训基地建设调研报告［J］．北京政法职业学院学报，2017（3）：102－111.

［33］张静．"人才结构"理论与高职院校人才培养规格［J］．科教文汇（上旬刊），2016（10）：174－175.

［34］张静．论政法类高职院校的人才培养模式［J］．中国校外教育，2012（33）：150－151.

［35］黄立霞．浅谈法律类高职学生法律职业素养的培养［J］．商业文化（下半月），2016（12）：312－313.

［36］颜研生．论法律电影与人文素养的培育［J］．广西政法管理干部学院学报，2017，32（6）：118－120.

［37］符超翔．建设符合我院政法高职体育实用性课程的研究［J］．当代体育科技，2017，3（7）：55－56.

［38］唐素林，李伟．在"教学做一体化"中强化高职学生能力培养——我院法律文秘专业教学改革实践［J］．北京政法职业学院学报，2018（1）：110－114.

［39］魏冠华．新媒体在政法高职院校职业素养培养创新中的应用［J］．北京政法职业学院学报，2018（1）：99－103.

［40］尹淑莲，马英．高职学生素养与技能并举的教育策略研究［J］．中国林业教育，2017（5）：47－49.

［41］刘莲花，李丽军，刘鑫军．高职院校学生人文素质与法律素养调查与研究［J］．邢台职业技术学院学报，2016，31（1）：56－59.

［42］张景荪，杨玉泉．政法高职教育办学理念及发展目标任务的调研与思考［J］．职业时空，2018（1）：10－13.

［43］朱中原，朱景平．高职学生职业素养的培育理念与路径探析［J］．吉林农业科技学院学报，2018，23（1）：112－116.

［44］刘莲花．高职院校综合素质教育体系的构建——以河北政法职业学院为例［J］．长沙航空职业技术学院学报，2018，14（1）：1－5.

［45］陈勇，邢彦明．关于构建现代政法高等职业教育体系的思考与探索［J］．北京政法职业学院学报，2018（1）：1－8.

后 记

　　提高政法高职学生的职业素养，既是社会发展的需要，也是个人发展的需要。笔者认为，政法高职学生在职业素养方面存在一定的问题。这些问题与政法高职学生的学习环境、当前教育体制及学生自身特点有关。因此，本书从职业素养培育入手，首先，对职业素养在高职教育中的重要性以及政法类高职专业人才培养目标与人才培养定位进行论述。其次，对政法高职学生岗位素养、自我管理素养、人际交往素养、敬业与忠诚素养、学习与创新能力素养的重要性、培育特点以及培养途径进行详细的阐述。最后，对影响政法高职学生的择业因素进行分析，在总结政法高职学生择业方法和途径的基础上，提出政法高职学生就业提升途径。本研究的创新之处，一是研究领域新，很少有研究者对政法高职学生的职业素养进行专项研究，研究结论对政法高职学生职业素养培育理论体系的完善起到补充作用；二是对政法高职学生职业素养本研究采用了访谈等方法进行实证研究，填补了政法高职学生职业素养实证研究的空白。

　　本研究在进行中遇到一些困难，同时也存在一定的不足之处，具体如下：一是对政法高职学生职业素养领域进行的专项研究极少，相关的资料和文献严重不足，导致很难借鉴前人的经验，因此，支撑研究的某些理论基础尚需丰富，研究方法也需改进；二是受本人时间、精力和条件的限制，又不便占用政法高职院校师生过多的课余时间，本研究的调查访谈均在较短的时间内完成，所以访谈内容的深度和广度可能有欠缺之处，应增加访谈人数以使访谈结论更具有普遍意义；三是因缺乏资料，某些政法高职学生职业素养培育相关内容尚未纳入，未来还需改进。

作 者
2018 年 5 月